U0630038

BLUE BOOK

智 库 成 果 出 版 与 传 播 平 台

京津冀蓝皮书
BLUE BOOK OF BEIJING-TIANJIN-HEBEI

京津冀制造业发展报告（2023）

ANNUAL REPORT ON THE DEVELOPMENT OF BEIJING-TIANJIN-HEBEI
MANUFACTURING (2023)

协同发展的挑战与对策

主 编／李双杰 祝合良

社会科学文献出版社
SOCIAL SCIENCES ACADEMIC PRESS (CHINA)

图书在版编目（CIP）数据

京津冀制造业发展报告 . 2023：协同发展的挑战与
对策／李双杰，祝合良主编 . --北京：社会科学文献
出版社，2023. 11
　（京津冀蓝皮书）
　ISBN 978-7-5228-2584-7

Ⅰ.①京…　Ⅱ.①李…②祝…　Ⅲ.①制造工业-经
济发展-研究报告-华北地区-2023　Ⅳ.①F426.4

中国国家版本馆 CIP 数据核字（2023）第 187007 号

京津冀蓝皮书
京津冀制造业发展报告（2023）
　　——协同发展的挑战与对策

主　　编／李双杰　祝合良

出 版 人／冀祥德
组稿编辑／恽　薇
责任编辑／孔庆梅
文稿编辑／张　爽　李惠惠　白　银
责任印制／王京美

出　　版／社会科学文献出版社·经济与管理分社（010）59367226
　　　　　地址：北京市北三环中路甲 29 号院华龙大厦　邮编：100029
　　　　　网址：www. ssap. com. cn
发　　行／社会科学文献出版社（010）59367028
印　　装／天津千鹤文化传播有限公司

规　　格／开　本：787mm×1092mm　1/16
　　　　　印　张：25　字　数：376 千字
版　　次／2023 年 11 月第 1 版　2023 年 11 月第 1 次印刷
书　　号／ISBN 978-7-5228-2584-7
定　　价／169.00 元

读者服务电话：4008918866

编委会

许爱国　河北省工业和信息化发展研究院区域经济研究所所长　研究员

郝　园　河北省工业和信息化发展研究院数字经济研究所所长　研究员

李双杰　北京工业大学经济与管理学院学术委员会主任　北京现代制造业发展研究基地首席专家　博士生导师

祝合良　北京工业大学经济与管理学院教授　品牌研究院院长　应用经济学科博士点负责人　博士生导师

主编简介

李双杰 中国社会科学院经济学博士、金融学博士后。现为北京工业大学二级教授、经济与管理学院学术委员会主任,省部级研究基地"北京现代制造业发展研究基地"首席专家。担任中国技术经济学会未来产业专委会副主任兼秘书长,中国电子商会智能电动汽车专委会副理事长。曾担任爱尔兰都柏林大学全职访问教授(2018年10月至2019年10月),多年来与都柏林大学合作培养博士生、合作发表论文。曾获北京市科技进步奖二等奖、北京市哲学社会科学优秀成果奖二等奖。在国内外权威期刊发表论文60余篇,出版专译著3部;主持或参加国家级、省部级和企业课题30余项。

祝合良 经济学博士,美国哥伦比亚大学访问学者。现为北京工业大学经济与管理学院教授,博士生导师,品牌研究院院长,应用经济学科责任教授。长期从事贸易与品牌方面的研究工作。曾任首都经济贸易大学经济学院副院长兼MBA教育中心常务副主任、发展规划处处长、科研处处长。目前兼任商务部流通经济专家,中华老字号品牌专家,中国商业史学会副会长和老字号专业委员会主任,中国商业经济学会副会长,中国高校贸易经济教学研究会副会长,北京市社科联常委等。主持多项国家社会科学基金、国家自然科学基金项目,参与北京市社科基金及省部级项目30余项,参与各类科研课题20余项。出版专合著、教材38部,发表论文130余篇。专著《中国期货市场的规范与发展》于2014年获北京市第十三届哲学社会科学优秀成果奖一等奖；主编的"京津冀蓝皮书"《京津冀发展报告（2018）：协同发展的新机制与新模式》和《京津冀发展报告（2019）：打造创新驱动经济增长新引擎》获全国"优秀皮书奖"一等奖。

摘　要

　　加快构建以制造业为主的现代化产业体系是推动京津冀产业高质量协同发展的重要保障。本书首先从整体上分析了京津冀制造业发展的现状，并从体制机制建设、"三链"融合、数字化发展、世界先进制造业集群打造等角度，探讨推进京津冀制造业协同发展面临的主要问题及关键路径，并选取信息技术产业、医药健康制造产业、新能源智能汽车产业、钢铁产业、智能制造业软件产业 5 个重点产业分析其协同发展的现状及未来发展的主要突破点，为推动京津冀制造业高质量发展提供决策参考。

　　2010~2022 年长三角地区工业增加值占比始终保持在 20% 以上，京津冀地区工业增加值占比由 7.84% 下降至 6.25%，制造业增加值占地区生产总值的比重快速下降，以工业为主的实体经济部门动力不足致使京津冀三地经济增长动力明显弱化，基于此，本书提出"双 10%"的底线思维，即三地地区生产总值占全国 GDP 的比重、工业增加值总量占全国工业增加值总量的比重均不得低于 10%。京津冀三地产业结构变化存在趋同性，京津两地以制造业为主的实体经济部门同步出现加速弱化现象。京津冀制造业体系存在较为突出的独立化、孤立化现象，主要工业产品间不仅互补性较弱，还存在一定程度的同质性竞争现象。自 2014 年京津冀协同发展战略实施以来，京津冀三地制造业部门的支柱产业并未形成产业链、供应链合理分工、协同发展的格局，反而呈现孤立式、竞争式增长的基本特征。北京高科技创新成果未能实现在京津冀区域内优先转化和产业化。当前，在推进三地产业协同发展的过程中，最突出的体制机制问题是如何正确理解和把握区域内各产业链供应链环节、现代金融、

科技创新和人力资源等要素资源的集聚效应抑或分散效应的内在规律。

本书认为，京津冀协同发展战略持续向纵深推进的核心动力在于首都北京充分发挥"领头羊"作用，即在京津冀协同发展不同阶段发挥不同性质的领头作用，在产业链、供应链、创新链、人才链、资金链协同发展体系中发挥牵头作用。在构建以制造业为主的现代化产业体系、推动京津冀制造业高质量协同发展过程中，首先，从战略角度重新思考北京发挥"领头羊"作用的新型架构。其次，重新认识北京发挥"领头羊"作用的三个特定阶段。第一阶段，"产业直接竞争占据主导地位+产业有限溢出"阶段（辐射北京南部区域边界50公里范围内的河北和天津产业开发区）；第二阶段，"产业竞争和协同发展格局的主导地位+产业初步溢出"阶段（辐射北京南部区域边界100公里范围内的河北和天津产业开发区）；第三阶段，"产业链体系的有效分工和协同发展主导格局+京津冀区域内高端制造业和高端生产性服务业有序分工与协作体系"阶段。最后，积极发挥北京在重要产业布局中的"领头羊"作用。

为破解当前京津冀制造业协同发展过程中出现的难题，基于京津冀制造业发展现状与战略目标，结合国内外制造业区域协同发展的先进经验，本书提出以下几点建议。首先，北京应牵头发展全产业链、全创新链的世界级先进制造集群和战略性新兴产业融合集群，作为促进京津冀以制造业为主的现代化产业体系协同发展的核心途径和重要抓手；其次，加快落实《京津冀产业协同发展实施方案》，进一步细化落实京津冀制造业协同发展的顶层规划设计，破除体制机制障碍，统领三地产业链、供应链、要素链和创新链的分工协同发展任务，彻底破除京津冀三地各自支柱产业的孤立化、碎片化、同质化及重叠化问题，发挥"1+1+1>3"的协同倍增、共同发展效应；最后，要高度重视和统筹解决京津冀三地制造业增加值占地区生产总值的比重均持续下滑的问题，建立世界级先进制造集群和战略性新兴产业融合集群。

关键词： 京津冀 制造业 现代化产业体系 协同发展

目 录 ↖

Ⅰ 总报告

Ⅱ 分报告

III 产业篇

IV 借鉴篇

皮书数据库阅读 **使用指南**

总 报 告
General Report

B.1

京津冀制造业协同发展报告

张 杰　李双杰　祝合良*

摘　要： 加快构建以先进制造业为主导的现代化产业体系，打造协同分工的世界级先进制造业集群和战略性新兴产业融合集群，是京津冀制造业协同发展的新使命。京津冀地区应在实体经济、科技创新、现代金融、人力资源四个关键要素领域真正做到协同统一和有序分工，着力形成京津冀以现代制造业集群发展为主的产业链、供应链、创新链、资金链、人才链的分工协作体系；加快解决京津冀三地制造业不同程度上的孤立化、碎片化、同质化问题，扭转京津冀工业增加值全国占比持续下降的不利局面；汲取全国先进经验，进一步细化落实京津冀协同发展的制造业顶层设计，破除体制机制障碍，创造"1+1+1>3"的协同倍增、共同

---

* 张杰，中国人民大学首都发展与战略研究院副院长，中国人民大学中国经济改革与发展研究院教授，博士生导师；李双杰，北京工业大学经济与管理学院学术委员会主任，北京现代制造业发展研究基地首席专家，教授，博士生导师；祝合良，北京工业大学经济与管理学院应用经济学博士点负责人，教授，博士生导师。

发展效应。

关键词： 京津冀　制造业　产业集群　协同发展

一　加快构建京津冀制造业协同发展新格局的背景与意义

2014年2月26日，中共中央总书记、国家主席、中央军委主席习近平在北京主持召开座谈会，专题听取了京津冀协同发展工作汇报，强调实现京津冀协同发展。①

2015年4月30日，中共中央政治局会议审议通过《京津冀协同发展规划纲要》，指出推动京津冀协同发展是一个重大国家战略，核心是有序疏解北京非首都功能。京津冀整体定位是"以首都为核心的世界级城市群、区域整体协同发展改革引领区、全国创新驱动经济增长新引擎、生态修复环境改善示范区"；北京市定位是"全国政治中心、文化中心、国际交往中心、科技创新中心"；天津市定位是"全国先进制造研发基地、北方国际航运核心区、金融创新运营示范区、改革开放先行区"；河北省定位是"全国现代商贸物流重要基地、产业转型升级试验区、新型城镇化与城乡统筹示范区、京津冀生态环境支撑区"。②

2024年是京津冀协同发展重大国家战略正式提出的第10年。如何持续、系统、深入推进京津冀协同发展，强化京津冀地区在推动中国高质量发展进程中的重要作用，使京津冀地区成为中国式现代化的先行区、示范区，将京津冀先进制造业加快打造成中国现代化产业体系的重要组成部分，强化

---

① 《习近平主持召开座谈会听取京津冀协同发展工作汇报》，中国政府网，2014年2月27日，https：//www.gov.cn/ldhd/2014-02/27/content_ 2624901. htm。
② 《京津冀协同发展领导小组办公室负责人就京津冀协同发展有关问题答记者问》，新华网，2015年8月23日，http：//www.xinhuanet.com//politics/2015-08/23/c_ 1116342156. htm。

京津冀地区在平衡南北均衡发展中的关键地位，已经成为新阶段推进京津冀协同发展的核心问题。

制造业是国民经济的主体，是立国之本、兴国之器、强国之基。打造实体经济、科技创新、现代金融、人力资源协同发展的现代化产业体系，是实现中国式现代化的重要前提，而保持全球具有领先竞争力的制造业是构建现代化产业体系的重点。18世纪中叶开启工业文明以来，世界强国的兴衰史和中华民族的奋斗史证明，没有强大的制造业，就没有国家和民族的强盛。打造具有国际竞争力的制造业是我国提升综合国力、保障国家安全、建设世界强国的必由之路。因此，加快推动京津冀制造业协同发展，构建以先进制造业为主导的现代化产业体系，打造协同分工的世界级先进制造业集群和战略性新兴产业融合集群，应成为京津冀协同发展战略下一阶段的核心工作任务，对于今后一个时期深入推进京津冀协同发展具有重要意义。

第一，当前到了加快推动京津冀形成以先进制造业为主导的现代化产业体系协同发展新格局的关键窗口期。京津冀地区推动以制造业为主导的现代化产业体系的协同发展，特别是世界级先进制造业集群和战略性新兴产业融合集群的协同发展，在很大程度上将最终决定京津冀协同发展重大国家战略目标的落实。其中尤为需要关注的基本逻辑是，不是要求京津冀三地全部做到产业一体化，而是推动形成京津冀三地产业协同发展新格局，做到区域产业一体化。

第二，首都北京率先基本实现社会主义现代化的基础支撑条件不仅取决于北京构建自身的高精尖产业体系，还在相当程度上取决于北京主导的京津冀世界级先进制造业集群和战略性新兴产业融合集群的培育和发展壮大。实现这个目标，意味着北京这个超大城市要在2020~2035年实现GDP翻一番，2035~2050年再增长至少70%。而当前北京制造业增加值占GDP比重只有11%左右，仅依靠既有的经济和产业基础以及首都核心功能定位的约束条件，北京最终率先基本实现社会主义现代化这个目标存在一定的制约和障碍。因此，首都北京要真正依靠和统筹京津冀区域内资源、要素和产业的

协同分工，创造性塑造北京率先基本实现社会主义现代化的基础性力量和关键条件。

第三，天津、河北推进中国式现代化的基础支撑条件不仅取决于自身以先进制造业为主导的现代化产业体系的构建，还在相当程度上取决于北京主导的京津冀世界级先进制造业集群和战略性新兴产业融合集群的培育和发展壮大，以及京津冀在实体经济、科技创新、现代金融、人力资源这四个关键要素领域真正做到协同统一和有序分工。值得关注的是，京津冀三地在这四个核心要素领域各有不足：北京缺乏区域内以制造业为主的产业链供应链基础的强力支撑条件；天津和河北这四个核心要素在全国均不具备系统性、综合性、融合性的领先优势，必须全面利用好与北京协同发展的契机。具体到天津和河北的现代化发展目标，天津要在2020~2035年实现GDP翻一番，2035~2050年至少再增长70%；河北则要在2020~2035年实现GDP至少翻一番，2035~2050年再翻一番。目前情况是，天津制造业增加值占GDP比重为23%左右，培育和发展特色产业和新兴产业能力、各种高端要素资源条件整体上不具备领先优势；河北制造业增加值占GDP比重虽然达29%，但仍然是中低端制造业主导的发展模式。天津、河北推进实现中国式现代化建设目标不仅要依靠和统筹京津冀区域内资源、要素和产业的协同分工，创造性塑造实现目标的基础性力量和关键条件，还要克服诸多制约条件和障碍因素。

第四，京津冀三地产业结构的互补性、协同性、分工性优势还未得到充分发挥，产业链、供应链、创新链、人才链、资金链的协同分工优势以及"1+1+1>3"互补优势还未得到充分释放。这些问题会影响三地世界级先进制造业集群和战略性新兴产业融合集群的构建，以及未来京津冀高质量发展与中国北方经济的重新崛起。当前，京津冀三地的产业结构均不同程度地存在扭曲问题。

一是北京制造业增加值占GDP比重相对较低。《北京市2022年国民经济和社会发展统计公报》显示，北京市工业增加值占GDP比重为12.1%，制造业增加值占比为 11%①，第三产业增加值占比为 83.68%。根据"鲍莫尔成本病"理论，在第三产业增加值占 GDP 比重如此高的情况下，很难实现未来 15 年人均 GDP 水平翻一番的发展目标。这就意味着，北京单纯依靠第三产业难以支撑 GDP 在今后一个时期的中高速增长态势。

二是天津制造业高端价值链优势有待大幅提高。《2022 年天津市国民经济和社会发展统计公报》显示，天津市工业增加值占 GDP 比重达 33%，制造业增加值占 GDP 比重达 23%，不及全国制造业增加值占 GDP 比重为27.7%②的水平，离天津市"制造业立市"目标尚有一段距离，真正具有全国领先优势的特色产业和新兴产业并不具备绝对突出优势，资源型制造业和中低端制造业占比过高问题仍然突出，在全国乃至全球有影响力的先进制造业集群和战略性新兴产业融合集群仍待大力发展，尚未成为对天津经济高质量发展的强力支撑。

三是河北制造业亟须通过京津冀制造业协同发展实现转型升级。《河北省 2022 年国民经济和社会发展统计公报》显示，河北省工业增加值占 GDP 比重达 34.6%，制造业增加值占 GDP 比重约为 29%③，超过了全国 27.7%的平均水平，但河北省制造业体系主要以资源型制造业和中低端产业为支撑，高端制造业增加值占 GDP 比重相对较低。更重要的是，在支撑中高端制造业发展的产业链、供应链、创新链、人才链、资金链等基础领域，河北均存在明显短板。

---

① 工业由采掘业、制造业、电力热力生产和供应业组成。2020 年北京市实现彻底退出煤炭采掘业，工业的主体是制造业。北京"十四五"规划起草组成员于 2021 年 1 月介绍，到 2025 年，北京高精尖产业增加值将占地区生产总值的 30%，其中制造业增加值占地区生产总值比重将回升到 13%以上，力争达到 15%。笔者根据以上两点按照每年增长 1 个百分点、2025 年占比 14%估算所得。

② 《2022 年全国工业增加值突破 40 万亿元大关　新型工业化步伐显著加快》，"工信微报"百家号，2023 年 3 月 3 日，https：//baijiahao.baidu.com/s？id=1759352456056896319&wfr=spider&for=pc。

③ 根据 2021 年和 2022 年《河北省国民经济和社会发展统计公报》和《河北统计年鉴》估算而得。

二 京津冀制造业发展现状

（一）京津冀工业增加值①及其占全国工业增加值的比重均低于长三角

一是京津冀工业增加值上升但远低于长三角。2013～2022年，京津冀工业增加值从16998.8亿元增加到25114.44亿元，年均增长4.43%。长三角工业增加值从49165.46亿元增加到102051.44亿元，年均增长8.45%。2022年，长三角工业增加值是京津冀的4倍以上（见图1）。

图1 2013～2022年京津冀、长三角工业增加值

说明：2008年9月，国务院发布《国务院关于进一步推进长江三角洲地区改革开放和经济社会发展的指导意见》，当时长三角指上海、江苏、浙江三省市。2018～2019年，长三角区域一体化发展上升为国家战略。2019年12月，中共中央、国务院发布《长三角区域一体化发展规划纲要》，进一步把长三角区域范围正式定义为苏浙沪皖四省市全部区域，2019年长三角数据开始包括安徽省。

资料来源：根据《中国统计年鉴》计算整理。

二是京津冀工业增加值占全国工业增加值比重缓慢下降。2013～2022年，长三角工业增加值占全国工业增加值的比重从22.11%上升到25.41%，

---

① 京津冀三地制造业增加值数据部分缺失，此处以与制造业增加值数据最接近的工业增加值表征。

始终保持在 20% 以上，而京津冀工业增加值占全国工业增加值的比重缓慢下降，占全国工业增加值比重从 7.65% 下滑到 6.25%（见图 2）。

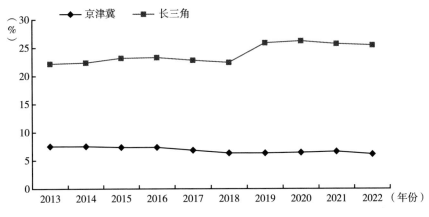

图 2　2013～2022 年京津冀、长三角工业增加值占全国比重

资料来源：根据《中国统计年鉴》计算整理。

（二）京津冀三地工业在 GDP 中所占份额均呈现收缩的现象

北京、天津、河北以制造业为主的工业部门发生同步性下滑的态势，第三产业上升态势明显。2013～2022 年，北京工业增加值占 GDP 的比重由 18.1% 下降到 12.1%，下降 6.0 个百分点，工业增加值占比降速较快，反映了北京疏解非首都功能效果显著。金融业增加值占比由 14.5% 上升到 19.7%，信息传输、计算机服务和软件业占比由 9.0% 上升到 17.9%，这两个行业增加值占比均大幅超过工业增加值占比，已成为北京两大支柱产业，说明北京经济结构向金融、信息技术等高端生产性服务业日益集中。2013～2022 年，天津工业增加值占 GDP 比重由 46.3% 下降到 33.1%，下降 13.2 个百分点，河北工业增加值由 47.0% 下降到 34.6%，下降 12.4 个百分点。同时，津冀第三产业增加值占 GDP 比重大幅上升，超过第一、二产业，上升幅度分别为 13.2 个百分点、13.1 个百分点（见表 1）。制造业是工业的主体，北京、天津、河北工业增加值占比发生同步性下滑的态势，一定程度上

可看出北京疏解出的大量一般制造业企业，有可能未转移至津冀两地，造成京津冀工业增加值占全国工业增加值的比重持续下降。

表 1　2013 年和 2022 年京津冀产业结构

单位：%

产业	北京		天津		河北	
	2013 年	2022 年	2013 年	2022 年	2013 年	2022 年
第一产业	0.8	0.3	1.3	1.7	11.1	10.4
第二产业	22.3	15.9	50.6	37.0	52.6	40.2
工业	18.1	12.1	46.3	33.1	47.0	34.6
第三产业	76.9	83.8	48.1	61.3	36.3	49.4

资料来源：相应年份《北京市国民经济和社会发展统计公报》《天津统计年鉴》《天津市国民经济和社会发展统计公报》《河北经济年鉴》《河北省国民经济和社会发展统计公报》。

（三）京津冀三地制造业专业化优势凸显和协同水平提升

一是京津冀三地制造业分工定位愈加清晰。由京津冀制造业区位熵特征可知，京津两地专业化程度高的制造业行业集中在资本和技术密集型行业，河北则集中在劳动力密集型行业。如根据主营业务收入计算的区位熵，北京区位熵排名前三的行业为金属制品、机械和设备修理业，仪器仪表制造业，计算机、通信和其他电子设备制造业。天津区位熵排名前三的行业为有色金属冶炼和压延加工业，废弃资源综合利用业，铁路、船舶、航空航天和其他运输设备制造业。河北区位熵排名前三的行业为皮革、毛皮、羽毛及其制品和制鞋业，木材加工和木、竹、藤、棕、草制品业，纺织业。

二是京津冀三地制造业协同发展水平提升。2014～2021 年，北京—天津—河北制造业优势产业的耦合协调度呈现波动上升趋势，由 2014 年的 0.62 上升至 2021 年的 0.67①。在信息技术产业领域，京津冀三地的耦合协调度均呈缓慢波动上升趋势。汽车产业逐步形成以商用车、乘用车、改装车

---

① 参见本书分报告《京津冀制造业区位熵特征与协同发展路径研究》表 6 "2014～2021 年京津冀制造业优势产业耦合度与耦合协调度"。

（专用车）以及汽车模具、发动机、轮毂等零部件为主体，品种相对齐全、技术水平较高的产业体系，区位竞争力优势明显。

（四）京津冀制造业企业间已形成一定的供应链创新链合作

一是京津冀专精特新制造业企业间已形成一定的供应链合作。基于企查查数据发现，京津冀国家级和省级4231家制造业"专精特新"企业中，三地上下游协作的企业共1482家，占总体的35.0%。其中，京津冀三地合作的企业有494家；京冀两地合作的企业有596家；津冀两地合作的企业有238家；京津两地合作的企业有153家。

二是京津冀制造业企业间协同创新效果凸显。基于国家知识产权局专利检索与分析系统数据发现，京津冀地区企业协同创新呈现以省市内部合作为主、跨省市合作为辅的特征。省市内部企业合作申请专利共1429项，占京津冀联合申请专利的69.7%[①]，跨省合作中，北京与河北、天津协同创新联系最为紧密，而津冀地区合作专利数量及跨三地联合申请专利数量较少。京冀合作专利数量最多为309项，约占跨省份合作专利的一半，京津合作专利246项，津冀地区合作专利仅67项，三地联合申请专利数量较少，仅90项[②]。

三　京津冀制造业协同发展问题分析

（一）京津冀仍然存在深层次的体制机制障碍制约区域制造业发展

一是京津冀制造业协同合作机制不完善。三省市政府和相关部门以文件或联席会议形式进行协调和沟通，缺乏有效的行动和实施措施，各方签订的共识、框架协议或备忘录等文件中原则性、意向性条款和内容多，对签署各

---

① 参见工信部网站、国家知识产权局专利检索与分析系统。
② 参见工信部网站、国家知识产权局专利检索与分析系统。

方约束条款和内容少。

二是三地尚未形成由市场机制牵引的产业协同格局。尚未建立市场主导的企业迁移、分工协作、优势互补的区域产业协同发展体制机制，政府和市场未形成良性互动。

三是行政壁垒和政策壁垒阻碍制造业发展。京津冀产业转移以行政干预推动为主，制造业转移和合作以北京为主导，受行政区划限制和地方政策影响。

四是区域制造业数字化协同发展机制有待完善。京津冀地区总体统筹规划不够，没有建立统一的区域协调建设领导机制，虽在新型基础设施建设层面已形成联动格局，但在关键技术研发、政策资源互通、产业标准化等方面尚未形成清晰的协作框架。

（二）京津冀三地制造业和高端服务业耦合程度不高

京津冀三地产业呈现"孤立式""碎片化""断裂式"发展特征。一是北京偏向于金融业和信息技术产业等高端服务业主导的发展模式，高端生产性服务业面向全国，与天津和河北制造业的产业联系程度较弱，2022年，北京金融业企业与信息传输、软件和信息技术服务业企业新增对外投资中，有49.53%流向区域外，40.39%流入北京，仅10.08%流入津冀[①]。二是天津与北京的高端生产服务业存在直接竞争关系，造成天津的高端生产性服务业发展空间受到抑制，从而难以形成高端制造业和高端生产性服务业相互支撑的融合发展体系，在一定程度上阻碍了天津制造业转型升级。三是河北的"制造强省"战略，在缺乏地区高端生产性服务业有效支撑的情形下，偏向于投资规模驱动型的低附加值发展模式。而北京和天津制造业已经全面弱化和相对衰退的发展能力和空间难以与河北的制造业体系形成区域内产业链循环体系，造成了河北省制造业增加值占GDP比重过早过快下滑的现象。

因此，三地缺乏以制造业为主的产业链供应链分工和循环体系，制约着

---

① 根据龙信数据计算整理。

北京高端生产性服务业的金融资源、创新资源和人力资源与京津冀区域内以制造业为主的实体经济部门相互融合。

（三）京津冀未形成产业链、供应链深度分工合作体系

以集成电路产业体系为例，截至 2023 年 2 月，全国集成电路产业相关企业共有 28418 家，其中京津冀分别有 997 家、247 家和 117 家；上海、江苏、浙江、安徽分别有 3416 家、5410 家、1731 家、883 家。长三角地区的集成电路产业相关企业数量远远高于京津冀地区。关键的问题在于长三角地区的集成电路产业相关企业已经形成强大的产业链、供应链体系，而京津冀地区并未形成产业链、供应链深度分工合作体系。具体来看，长三角地区在集成电路产业体系中的链主企业数量分别为上海 158 家、江苏 124 家、浙江 72 家、安徽 47 家，而京津冀三地在集成电路产业体系中的链主企业数量分别为北京 114 家、天津 15 家、河北 16 家，两个地区的差距较大（见表 2）。

表 2　截至 2023 年 2 月部分省份集成电路产业相关企业数量

单位：家

省份	企业	链主企业	上市企业	专精特新企业	高新技术企业
广东省	9322	341	101	277	1014
江苏省	5410	124	57	93	706
上海市	3416	158	48	142	422
浙江省	1731	72	29	56	222
北京市	997	114	29	96	228
陕西省	971	26	8	19	111
山东省	911	56	12	50	131
安徽省	883	47	12	43	125
四川省	816	51	12	46	128
福建省	691	32	7	28	99
湖北省	447	33	13	21	67
江西省	387	45	3	43	68
湖南省	307	10	3	7	56

续表

省份	企业	链主企业	上市企业	专精特新企业	高新技术企业
辽宁省	264	31	7	28	45
河南省	249	21	7	15	41
天津市	247	15	4	14	43
重庆市	235	9	1	8	30
河北省	177	16	3	14	25

资料来源：上奇产业通，https：//www.chanyeos.com/smart-ke/#/homePage。

（四）京津冀在新兴产业领域的生产制造能力竞争优势不足

从新能源汽车产业体系来看，2022 年京津冀三地的新能源汽车总产量为 9.4 万辆①，长三角四地新能源汽车总产量为 231.56 万辆②，珠三角地区中广东新能源汽车产量为 129.73 万辆③，2022 年全国新能源汽车产量为705.8④ 万辆。对比发现，京津冀新能源汽车的生产制造能力已经远低于长三角和珠三角，竞争劣势尤为明显。而且京津冀区域内新能源汽车产业的绝大部分设备、零配件和元器件均依靠长三角地区的供应，没有相应的独立产业链供应链体系。

再如集成电路产业，2022 年京津冀三地集成电路产品生产总量为245.45 亿块⑤，长三角地区集成电路产品总产量为 1511.72 亿块⑥，珠三角地区中广东集成电路产品产量为 516.87 亿块⑦，2022 年全国集成电路产品

① 根据《北京市 2022 年国民经济和社会发展统计公报》《河北省 2022 年国民经济和社会发展统计公报》，北京和河北的新能源汽车产量分别为 3 万和 6.4 万辆。天津无公开数据，《南方都市报》2022 年新能源汽车品牌产量排行榜 TOP50 中无天津汽车厂商，而第 50 名厂商新能源产量 5082 辆，因此笔者推测天津新能源汽车产量可以忽略不计。
② 根据 2022 年上海市、浙江省、江苏省、安徽省《国民经济和社会发展统计公报》计算。
③ 《2022 年广东省国民经济和社会发展统计公报》。
④ 参见中国汽车工业协会于 2023 年 1 月发布的 2022 年汽车工业产销情况。
⑤ 国家统计局、《河北省 2022 年国民经济和社会发展统计公报》。
⑥ 国家统计局、《2022 年江苏省国民经济和社会发展统计公报》。
⑦ 《2022 年广东省国民经济和社会发展统计公报》。

总产量为 3241.9 亿块①。对比发现，京津冀地区集成电路产品的生产制造能力也远低于长三角和珠三角，竞争劣势非常明显。

（五）京津冀制造业发展基础差异明显，内生动力不足抑制产业要素市场化流动

一是三地创新能力差距明显。2021 年，北京平均每家制造业企业拥有的授权发明专利数为 3.79 件，居三大城市群首位，天津为 0.24 件，而河北仅为 0.05 件②。创新差距显著造成北京科技创新成果难以在京津冀区域内得到有效转化。

二是京津冀产业链分工协作难度较大。一方面，三地之间的产业转移基本是从北京一般制造业企业向河北单向转移，实质上缺乏按照产业链分工协作内在需求而发生的产业转移布局，承接平台数量过多且分散，承接产业相互重叠，平台之间缺少统筹协调，竞争大于合作，使得转移后三地制造业仍存在较大的协同困难。另一方面，津冀两地产业配套能力欠佳，北京不少制造业企业并未转移到河北、天津，而是转移到营商环境更优越、产业链配套条件更完善的东南沿海经济发达地区，对河北和天津产业发展的拉动作用相对有限。

三是区域营商环境分化。京津冀三地在营商环境、政策体系方面存在较大差距。根据《中国营商环境指数蓝皮书（2021）》，北京和天津营商环境指数分别居全国第 2 和第 6 位，均高于全国平均水平，河北营商环境指数居全国第 18 位，低于全国平均水平。这些问题造成京津冀区域内存在显著的、短期之内难以消除的市场非一体化现象，特别是科技创新、现代金融等关键要素市场的非一体化，阻碍产业要素的市场化流动。

（六）京津冀主要工业品互补性较弱和一定程度的同质性竞争并存

京津冀制造业体系存在较为突出的独立化、孤立化的特点，主要工业品

---

① 《中华人民共和国 2022 年国民经济和社会发展统计公报》。
② 根据龙信企业大数据平台的数据计算整理。

同时存在互补性较弱和一定程度的同质性竞争特征。具体来看，北京制造业体系以高技术制造业为主，主要集中在集成电路、移动通信手持机（手机）、数控金属切削机床、相对中高端的基本型乘用车（轿车）等领域；天津制造业体系以一般技术制造业和高技术制造业的"双轮"驱动为主，一般技术制造业集中在中成药、化学药品原药、发动机、电梯、金属集装箱、自行车等领域，高技术制造业集中在医疗设备仪器及器械、电子元件、光电子器件、锂电子电池等领域；河北制造业体系呈现以一般技术制造业为主和高技术制造业逐步兴起的格局，一般技术制造业集中在服装、电力电缆等领域，高技术制造业集中在新能源汽车、锂电子电池、太阳能电池、集成电路、单晶硅等领域。

四　京津冀制造业协同发展的路径分析

京津冀协同发展战略持续纵深推进的核心因素在于首都北京要发挥全局的领头作用，在京津冀协同发展不同阶段发挥领头作用，特别是在决定京津冀协同发展成效的产业协同发展体系中起到整体牵头作用。2021年1月，《北京市国民经济和社会发展第十四个五年规划和二〇三五年远景目标纲要》对首都北京如何发挥对京津冀产业协同发展的领头作用做出战略部署。概括而言，就是立足产业链、供应链、创新链、人才链、资金链"五位一体"的基本原则，打造"4带1园"。

"4带"分别是：京津走廊产业带，打造科技研发转化、现代服务业、高端制造业发展带；京保石走廊产业带，打造先进制造业发展带，强化北京创新资源与保定产业发展结合，推动产业协作项目落地，提升装备制造、生物医药、节能环保等合作水平；京唐秦走廊产业带，打造产业转型升级发展带，共建唐山曹妃甸协同发展示范区，推进首钢京唐二期等项目建设；张承生态环保产业带，加快张北云计算产业基地建设，发挥"科技冬奥"带动作用，推动节能环保、新能源汽车等领域合作。"1园"是北京沧州渤海生物医药园，巩固完善产业链协同。

北京"十四五"规划确定了京津冀产业协同发展目标和具体计划，在有效落实和推进时需要制定更科学、更智慧、更具可操作性的具体举措。在具体操作过程中，还需要考虑以下几个问题。第一，应充分考虑到河北和天津与北京的距离不同，因此其产业协同发展模式和阶段存在差异性。第二，在既有的首都北京对京津冀产业协同发展的牵头作用之中，还要带动河北省石家庄之南的邢台和邯郸，这两地是京津冀区域内重要的工业区。第三，在首都北京众多区域特别是北京南部产业带高精尖产业体系和战略性新兴产业体系发展仍然相对不足的情形下，京津冀培育和发展有特色的世界级先进制造业集群和战略性新兴产业融合集群面临一定的挑战，当前阶段首都北京对河北和天津产业链、供应链、创新链、人才链、资金链的领头作用和溢出效应仍需加强。为此，本文提出京津冀制造业协同发展路径如下。

（一）从战略角度重新思考发挥首都北京在京津冀构建以先进制造业为主导的现代化产业体系中的领头作用

推动构建以先进制造业为主导的现代化产业体系，可以将首都北京对京津冀区域内产业协同发展的领头作用分为三个不同层次、不同类型、不同影响范围的圈层结构。

第一个层次是产业链紧密分工协作圈（50km）。符合首都北京国际科技创新中心等发展定位的新一代信息技术产业、高精尖制造业体系和战略性新兴产业体系的逐步培育和发展壮大，必然会对天津、河北的产业开发区或产业园区直接产生以产业链密切分工和协作为主要特征的溢出效应和联动作用，形成以首都北京为中心的产业链紧密分工协作圈。这个协作圈，不是均匀分布的，也不会舍近求远，原因有两个。一方面，北京北部和西部区域被定位为生态涵养区，这就决定了北京的高精尖产业主要分布在以新一代信息技术、人工智能、数字经济为主的海淀—昌平北部产业带，以高精尖制造业体系、高端生产装备研发和制造基地、战略性新兴产业研发和世界级先进制造业集群为主的通州—大兴—北京经济开发区—丰台—房山东南部产业带。

因此，北京对京津冀地区形成的产业链紧密分工协作圈中，制造业应该主要集中在河北和天津与北京南部和东部邻近的区域。另一方面，从产业链和供应链的角度来看，受物流运输成本、信息交易成本、人才流动成本、营商环境成本等现实条件的制约，北京高精尖产业的辐射范围有限，短中期内，协作圈可重点布局在与北京直线距离 50km 范围之内，主要包括津冀与顺义、通州、丰台、北京经济开发区、大兴和房山邻近的相应地区。尤其应关注北三县和涿州地区，发挥它们在京津冀协同发展中的排头兵作用。

第二个层次是中期创新链转化嫁接圈（100km）。要有效转化、承载和嫁接首都北京的创新链资源，天津和河北相应区域必须有匹配的集聚和潜在集聚的高端产业要素、资源和制度环境，对转化地、承载地和嫁接地的综合条件提出了较高的要求，因而首都北京牵头的创新链转化嫁接圈，在相当长一个时期不是在京津冀区域内任意分布。鉴于创新链资源和要素在产业链、供应链层面的就地转化和嫁接需要相对较低的信息交流成本、要素流动成本和制度摩擦成本，有必要将创新链转化嫁接圈布局在邻近北京 100km 范围内，即包括北京市全域、京津两城（含）间、京雄保三城（含）间、京唐两城（含）间。

第三个层次是中长期高端生产性服务业辐射带动圈（京津冀全区域）。要充分发挥首都北京对京津冀产业协同发展的重要领头作用，本质上有两条核心路径，一条是把首都北京的创新链资源转化为京津冀区域内产业链、供应链以及世界级先进制造业集群的发展路径；另一条是首都北京利用高端生产性服务业资源优势（如现代金融市场和创新资本市场），渗透和辐射京津冀区域内既有的产业体系、产业集群和产业园区，促进区域内制造业和首都北京高端生产性服务业的充分融合和相互支撑，进而促进天津和河北既有产业向高端制造业体系、战略性新兴产业体系乃至世界级先进制造业集群转型升级。因此，首都北京在京津冀区域内布局产业链紧密分工协作圈、创新链转化嫁接圈之外，还需要充分利用自身的高端生产性服务业资源综合优势，拉动京津冀整个区域产业结构的转型升级、产业基础能力的提升和产业链现代化水平的提高。

（二）发挥首都北京在京津冀构建现代化产业体系中的领头作用，积极布局重要产业方向

第一，优先与北三县、涿州打造以产业链紧密分工协作圈为主要特征的京津冀产业协同发展带，以集成电路国产化、自主化为发展契机，在京津冀区域内布局和打造2万亿元以上产值能级集成电路产业世界级先进制造业集群：以集成电路产业集群为抓手，以设计为龙头，以集成电力高端装备、关键材料和关键零配件为依托，以通用芯片、特色芯片的智能制造为基础，打造京津冀区域内集成电路产业链、供应链、创新链、人才链的新型生态系统。同时打造以北三县、涿州产业链紧密分工协作圈为主要特征的京津冀产业协同发展带，探索深入推进京津冀产业协同发展的新模式、新经验和新路径。

第二，"十四五"期间天津和河北均将现代医药医疗生物健康产业作为主导产业，北京需要协同发展有一定市场竞争力的医药医疗生物健康产业，打造更密切的供应链、创新链和要素链全面合作关系。"十四五"期间，北京定位于培育以生物医药产业带动大健康制造与服务配套发展的万亿级产业集群，聚焦新药、新器械、新服务等细分产业方向，推进生物医药与健康产业协同发展，支持龙头企业建设覆盖创新药物研发中心、中试平台、临床前CRO、制药CDMO产线、检验中心、临床试验、药物警戒、联合实验室、研究型医院等全链条共性服务平台，实施医药孵化器提升计划，开展园区联动型孵化试点，重点建设全球健康产业创新中心、概念验证和中试型孵化器，创建一批具有国际水平的研究型病房和研究型医院。因此，北京除了培育和建设中关村生命科学园、大兴生物医药基地、医疗器械产业园、华润生命科学园、京东方生命科技产业基地、生命与健康科学小镇、国际数字健康应用创新中心、中医药改革示范区、小汤山美丽健康产业园区等生物医药研发和医护康养产业集聚区外，还要积极推动这些产业园区与天津、河北的相关产业园区展开密切合作，共同打造2万亿元以上产值能级的医药医疗生物健康产业世界级先进制造业集群。

第三，客观来看，京津冀地区新能源智能网联汽车产业极具发展潜能，可以考虑整合河北的长城汽车公司、北京的北汽汽车公司以及三地的配套企业，联手培育覆盖新能源新动力（如氢）研发、新型车体设计与制造、汽车关键零配件和关键材料研发与制造、智能网联开发和应用、新型汽车服务业等全创新链和全产业链的2万亿元以上产值能级的新能源汽车产业世界级先进制造业集群。在"十四五"期间，北京的目标是加快发展新能源智能网联汽车产业，聚焦新能源汽车研发、制造和服务全价值链环节，支持形成一批生态主导型龙头企业，培育万亿级新能源汽车产业集群。加快推动新能源高端车型量产，在电池、电极、电控以及传感器、专用芯片等领域形成领先优势。加快汽车生产线智能化建设，支持龙头企业建设智能制造科研中心、新能源汽车高端智能工厂，实现在京新产整车自动驾驶功能全面覆盖。支持建设新能源汽车与智慧能源、智能交通融合创新平台，加快建设国家智能网联汽车创新中心。在车载基础软件、车载计算平台、车载感知元器件、车联网等核心技术领域，落地一批产业化项目，培育一批独角兽企业。目前北京汽车产业体系还包括一些著名外资企业，如福田戴姆勒高端重卡、奔驰高端汽车、福田康明斯发动机等，加强国际创新合作也具有优势。北京的新能源智能网联汽车产业发展布局不能仅局限在北京，应扩大到津冀，加强与天津、河北既有汽车企业的协同发展，做优做强做大，成长为新能源汽车产业世界级先进制造业集群。

五　推进京津冀制造业协同发展的重点改革突破口与具体政策举措

第一，将首都北京牵头发展全产业链、全创新链的世界级先进制造业集群和战略性新兴产业融合集群，作为京津冀构建以先进制造业为主导的现代化产业体系的核心路径和抓手。如果北京以原始创新、基础研究为导向的自主创新能力与培育高精尖制造业内生能力和发展空间不匹配，不仅北京会出现制造业空心化现象，天津和河北制造业空心化现象也会加剧，最终结果是京津冀区域内的制造业增加值占 GDP 比重持续下滑。从当前阶段的发展约束条件来看，北京完全具备发展高精尖制造业世界级先进制造业集群的基础条件，天津、河北在金融体系、创新要素资源、营商环境、制度环境方面尚有不足。因此，北京应优先培育和发展好自身的高精尖制造业体系，牵头打造京津冀世界级先进制造业集群，将制造业增加值占 GDP 比重尽快提高到 15% 及以上，充分发挥首都北京在京津冀协同发展中的领头作用。

第二，加快落实《京津冀产业协同发展实施方案》，统领京津冀三地的产业链、供应链分工协同发展任务，彻底打破京津冀各自支柱产业的孤立化、碎片化、同质化、重叠化发展格局，落实京津冀三地"十四五"规划中的产业协同发展目标。虽然三地"十四五"规划都提出一系列促进京津冀产业协同发展的政策举措，但对于构建三地以先进制造业为主导的现代化产业体系的具体突破口和切实可行的行动计划仍然处于探索之中。为保障京津冀地区在"十四五"期间实现高质量发展，把握发展机会、增强发展动力，找准切入点和核心抓手，应根据《京津冀产业协同发展实施方案》尽快制定京津冀制造业协同发展战略层面的规划，从顶层设计层面出台有效的政策举措。

第三，提高京津冀地区制造业增加值占 GDP 的比重。京津冀推动构建以先进制造业为主导的现代化产业体系，需要具备"双 10%"的底线思维，即京津冀地区 GDP、工业增加值总量在全国的占比均不低于 10%。"十四五"期间，北京锚定以高精尖制造业和战略性新兴产业为主的制造业增加值占 GDP 比重提高到 15%，天津将以高端装备制造业、战略性新兴产业体系为主的制造业增加值占 GDP 比重提高到 25%，河北将打造世界级先进制造业集群为主的制造业增加值占 GDP 比重稳定在 32%~35%。要有效推动京津冀区域内以制造业为主的实体经济部门高质量增长，就需要推动形成由产业链、供应链、创新链、人才链、资金链等构成的内部循环体系。因此，应实现京津冀协同发展在管控体系、规划体系、标准体系、政策体系上的统一，尤其是优先落实和发挥北京与雄安、北三县"四统一"的示范作用。

第四，积极探索推进京津冀制造业协同发展的有效举措。通过优先布局和打造京津冀协同创新共同体，推动京津冀区域内创新资源开放共享，营造京津冀一体化的创新生态环境；加快构建以北京"科创中心"为主导的世界级创新平台，将其作为推动形成京津冀区域内产业链分工协作体系的突破口；开创式构建京津冀区域内"产业基金+智能制造"模式，完善"研发共同投入、产业化共同受益"合作机制，通过"主产业链+分产业链+子产业链"新型产业合作模式，在京津冀区域内布局和打造万亿级以上的世界级先进制造业集群。

重点改革方向包括以下几点。一是建立联合攻关机制，聚焦基础科学、核心前沿技术等领域形成合力，合作共建协同创新载体平台，建设好京津冀国家技术创新中心；聚焦先进制造、电子信息、生物医药等领域，建立有效的项目筛选机制，加快布局和落地国家重大战略任务。二是在天津、河北建立成果孵化与中试基地，共建重大科研基础设施、产业技术创新平台、创新创业服务平台，加强京津冀技术市场融通，促进创新要素跨区域高效配置。深化京津冀全面创新改革试验，推动设立协同创新研究院。三是加快推动京津冀区域内的产业链、供应链、创新链联动，实施京津冀传统产业升级赋能计划。四是支持京津冀三地自贸区打造产业合作新平台，创新产业对接模式，探索建立自贸区联合授信机制，完善一体化征信体系。加快推进京津冀政务服务"一网通办"，优化区域营商环境。

一方面，京津冀三地应尽快联合成立京津冀制造业千亿级基础研究基金、3000亿级关键核心技术创新突破基金以及5000亿级产业协同发展基金，鼓励采取"产业基金+智能制造"方式，引导北京创新资源和龙头企业在津、冀布局一批带动力强的项目，吸引上下游企业集聚，共同完善企业供应链和产业生态圈。特别是以新一代信息技术、新能源智能网联汽车、生命健康生物医疗等领域为突破口，完善京津冀产业链规划布局。另一方面，面对三地产业链定位同质化竞争难点，引导和鼓励三地同一大产业链中的不同分产业链和子产业链分别发展，从而形成"主产业链+分产业链+子产业链"的新型产业合作模式。

第五，在首都北京利用自身优势培育和打造覆盖全创新链、全产业链的世界级先进制造业集群和战略性新兴产业融合集群，牵引和带动京津冀协同发展的过程中，应遵循产业协同发展的基本规律和内在逻辑，统筹推进和系统实施。当前京津冀协同发展正处于布局产业链紧密分工协作圈的关键时期和布局创新链转化嫁接圈的启动时期。在首都北京高精尖制造业体系主导的世界级先进制造业集群尚处于初步发展阶段的背景下，要将打造北京东部、南部产业发展带与天津、河北邻近的产业链紧密分工协作圈，作为"十四五"期间纵深推进京津冀协同发展的主要抓手，同时应统筹推进，避免冒进思维，将突破产业链紧密分工协作圈形成和京津冀产业协同发展的各种机制体制障碍，作为今后一个时期京津冀制造业协同发展工作的重点。

分 报 告
Sub-reports

B.2
京津冀制造业协同发展的体制机制研究

许爱国　张智杰　李正煊　姚雪敏*

摘　要： 京津冀协同发展战略提出以来，三地锚定各自功能定位，创新区域协同发展体制机制，不断推动产业协同合作，振兴区域制造业：北京高端先进制造业比重不断提升，天津现代工业产业发展良好，河北加快建设全国产业转型升级试验区取得显著成效。由于行政区划限制和产业层次、资源环境等因素的差异，京津冀制造业协同发展依然存在体制机制障碍。本报告梳理京津冀制造业协同发展体制机制及取得的成效，对京津冀制造业协同发展的体制机制障碍进行剖析，有针对性地提出继续完善顶层架构、加强制造业产业链区域合作、发挥市场和企业主体能动作用等振兴京津冀制造业的政策建议。

* 许爱国，河北省工业和信息化发展研究院区域经济研究所所长，研究员，研究方向为京津冀协同发展、区域经济和县域特色产业集群等；张智杰，河北省工业和信息化发展研究院院长，研究员，研究方向为数字经济、区域经济发展战略等；李正煊，河北省工业和信息化发展研究院区域经济研究所副研究员，研究方向为京津冀协同发展；姚雪敏，河北省工业和信息化发展研究院副研究员，研究方向为区域经济、县域特色产业集群等。

关键词： 京津冀　制造业　产业协同

京津冀作为我国重要的工业基地，其制造业占据重要地位。京津冀协同发展战略实施以来，三地针对各自产业定位，突破体制机制束缚，贯彻区域协同发展理念，推动制造业高质量发展，取得显著成效。

北京围绕"科技创新中心"定位，疏解非首都功能，限制和疏解一般制造业，以新一代信息技术、医药健康两个支柱产业为引领，以集成电路、智能网联汽车、智能制造与装备、绿色能源与节能环保四个特色优势产业为基础，推动产业结构向产业链的顶层发展，构建高端先进制造业体系，制造业结构从"大而全"迈向"高精尖"。天津围绕"全国先进制造研发基地"定位，以智能科技产业为引领，壮大发展新能源、新材料、生物医药等战略性新兴产业，巩固提升装备制造、汽车、石化、航空航天等优势产业，加快构建"1+3+4"现代工业产业体系。① 河北围绕"全国产业转型升级试验区"定位，深入实施万企转型和工业转型升级系列行动计划，主动调整优化产业结构、转变经济发展方式，实施创新驱动发展战略，改造提升传统优势产业、壮大战略性新兴产业、提质升级特色产业，加快全国产业转型升级试验区建设。

一　京津冀制造业协同发展的提出

京津冀区域合作起源于1981年由京津冀和晋蒙成立的华北经济技术协作区，以及1982年北京市提出的建设"首都经济圈"。此后，从1986年到1988年，由京津冀辽鲁等15个城市发起成立了环渤海地区市长联席会，由北京与环京的河北6市组建了环京经济区，开始京津冀区域协同合作探索。

---

① 《天津市人民政府办公厅关于印发天津市制造业高质量发展"十四五"规划的通知》，天津市人民政府网站，2021年7月1日，https://www.tj.gov.cn/zwgk/szfwj/tjsrmzfbgt/202107/t20210701_5493059.html。

2004 年，国家发展改革委组织召开京津冀区域经济发展战略研讨会，就构建区域市场、推动要素流动、促进产业分工合作和定期协商沟通等问题达成"廊坊共识"，确立京津冀经济一体化发展的思路。在同年 6 月召开的环渤海合作机制会议上，京津冀等七省（区、市）达成《环渤海区域合作框架协议》，建立区域行政首长联席会议制度，明确协调合作机制，推动京津冀合作不断深入。从 2008 年到 2013 年，京津冀三地联合签署系列合作协议和备忘录，探索加强区域科技合作、提升区域创新能力、共建产业园区和经济示范区项目，合力推动产业转型升级，从而振兴京津冀制造业。天津与河北签署了《天津市河北省深化经济与社会发展合作框架协议》《关于加强经济与社会发展合作备忘录》，北京与河北签署了《北京市河北省 2013 至 2015 年合作框架协议》《关于进一步深化经济社会发展合作的会谈纪要》，北京与天津签署了《北京市天津市关于加强经济与社会发展合作协议》①，京津冀协同发展进入实质性操作阶段。2014 年，习近平总书记主持召开京津冀协同发展座谈会，专题听取工作汇报并发表重要讲话，京津冀协同发展上升为重大国家战略。2015 年，中共中央政治局会议审议通过《京津冀协同发展规划纲要》。作为实施重大国家战略的纲领性文件，该纲要在深化体制机制改革、创新驱动发展、统筹协同发展等方面为京津冀协同发展指明了方向。三地根据各自功能定位，制定了贯彻落实《京津冀协同发展规划纲要》的具体实施方案或实施意见，推动京津冀协同发展进入"高速路"，京津冀制造业协同发展驶入"快车道"。

二　京津冀制造业协同发展体制机制建设

京津冀协同发展上升为重大国家战略后，三地贯彻落实习近平总书记重要讲话和系列指示批示精神，在国务院及各部委领导下，不断破除制约

---

① 中国政务舆情监测中心：《京津冀 18 项协议拉开协同发展大幕》，《领导决策信息》2014 年第 35 期。

协同发展的体制机制障碍，创新协同合作体制机制，推动区域制造业协同发展。

（一）构建跨区域多层次协调机制

为统筹指导京津冀协同发展工作，2014 年 6 月，国务院成立了京津冀协同发展领导小组，协调实施京津冀协同发展战略规划、重大政策，承担雄安新区建设相关工作。成立京津冀协同发展专家咨询委员会，为国家进行科学决策提供智力支持。京津冀三地按照中央部署，分别成立了省（市）委书记任组长的协同发展领导小组及办公室，建立了三地常务副省（市）长联席会议、协同办主任联席会议等制度，贯彻落实习近平总书记重要指示精神和党中央、国务院决策部署以及京津冀协同发展领导小组会议精神，协调解决区域协同发展中遇到的问题和矛盾。京津冀三地发改、工信和科技等部门作为制造业主管部门落实国家和省市部署，建立沟通机制，搭建产业转移承接平台，推动三地制造业协同发展。

（二）建立区域协同发展磋商机制

在工业和信息化部的领导下，京津冀三地工信局联合签署《进一步加强产业协同发展备忘录》，建立产业协同发展联席会议制度，形成主要领导、分管领导、负责处室"3+3+3"常态化沟通机制，统筹协调解决产业转移、园区共建、产业链协同等重大问题，履行京津、京冀、津冀战略合作协议，推动重大合作事项和重点项目落地落实。签署《共建先进制造业集群 共推产业协同发展战略合作协议》《关于打造京津冀工业互联网协同发展示范区框架合作协议》《京津冀地区新能源汽车动力蓄电池回收利用试点实施方案》等文件，聚焦京津冀新一代信息技术、生物医药、汽车等优势产业，联手打造先进制造业集群，联合推动京津冀协同发展示范区、产业创新示范区、新能源汽车动力电池回收利用试点等专项协同项目发展。京津冀三地企业联合会和企业家协会建立了企联企协联席会议制度，商讨三地企联共同开展的重大活动，组织三地企业、企业家交流互访，促进三地企业信息资源共享。

（三）顶层设计优化区域制造业布局

在《京津冀协同发展规划纲要》顶层规划的指导下，三地加快推进产业有序转移，提出构建由曹妃甸协同发展示范区、新机场临空经济区、张（家口）承（德）生态功能区、天津滨海新区4个战略功能合作区和若干产业转移承接平台组成的产业布局。京津冀三地相关部门配合工业和信息化部，先后编制出台《京津冀协同发展产业升级转移规划（2015—2020年）》《京津冀产业转移指南》《加强京津冀产业转移承接重点平台建设的意见》等指导文件，进一步明确三地产业重点发展领域、发展方向和空间布局，形成"一个中心、五区五带五链、若干特色基地"（简称"1555N"）的产业发展格局，① 引导产业有序转移和承接，优化生产要素资源配置和产业链衔接，扎实推动区域内重点制造业结构调整和升级。

（四）三地协同推动各项部署落地落实

京津冀三地围绕推动京津冀制造业协同发展签订了一系列协议，扎实推动国家和省市规划工作的部署实施，推动区域制造业振兴。北京和天津为充分发挥北京高新技术研发及天津工业基础雄厚的优势，加快北京科研成果在天津的转化孵化，推动京津双城发展，签署了推进实施重点工作协议、共建滨海—中关村科技园、共同推进市场一体化进程和共同推进未来科技城建设等5个框架合作协议。北京和河北为精准对接北京产业转移重点项目，签署共同打造曹妃甸协同发展示范区、共建北京新机场临空经济合作区、共同推进中关村与河北科技园区建设等7项区域协作协议和备忘录，推动区域产业协同发展。② 河北与天津签署加强生态环境建设合作、推进教育协同发展合

① 《工业和信息化部、北京市人民政府、天津市人民政府、河北省人民政府联合发布〈京津冀产业转移指南〉》，工信部网站，2016年6月13日，https://www.miit.gov.cn/jgsj/zfs/cyzy/art/2020/art_ 9e701ea100204e80adaaf0c7417c743e. html。

② 中国政务舆情监测中心：《京津冀18项协议拉开协同发展大幕》，《领导决策信息》2014年第35期。

作、共同打造冀津（涉县·天铁）循环经济产业示范区、推进区域市场一体化合作和交通一体化合作等"4+1"合作文件。针对京津冀制造业和重点产业协同发展签署《京津冀协同制造工业云战略合作框架协议》《共同打造曹妃甸协同发展示范区框架协议》《京津冀北斗应用示范战略合作协议》《京冀医药产业协同发展框架合作协议》《关于张北云计算产业园项目建设的战略合作框架协议》《关于张家口张北云联数据中心项目战略合作框架协议》等文件，共建京津中关村科技城北京·沧州渤海新区生物医药产业园、张家口（张北）云计算产业园、曹妃甸协同发展示范区、通州·邢台产业园、津冀芦台·汉沽协同发展示范区、河北·京南国家科技成果转移转化示范区、宁河区津冀协同发展示范区、天津滨海—中关村协同创新示范基地等产业园区示范区，推动京津冀制造业协同发展。

（五）创新税收共享模式，探索利益分配机制

京津冀制造业的转移和合作必然涉及三地的财税分成问题，京津冀三地税务部门在国家税务总局的指导下，协调各地发展利益，优化税收营商环境，探索建立税收共享、征缴合作和税收征管一体化等体制机制。财政部、国家税务总局印发《京津冀协同发展产业转移对接企业税收收入分享办法》，确定迁移企业税收分享期限、纳税规模和分享税种等事项，对共建产业园区的税收分享问题给出建议。三地税务局联合印发《关于税收支持和服务京津冀协同发展便利化举措的通知》《京津冀办税事项"最多跑一次"清单》等文件，在执法标准统一、便利办税缴费、优化营商环境和优化执法监管等方面推出19项税收举措，推动实现区域内税收业务流程和征管制度的统一。对依纳税人申请事项办理的申报纳税、证明办理、出口退（免）税等11大类129项业务实行"最多跑一次"等便利举措。

三地打破行政壁垒，创新横向合作和利益分配机制，探索形成共建产业园区税收、节能减排等有利于产业落地和合作共赢的5种模式。一是中关村海淀园秦皇岛分园税收分享模式。入驻企业产生的税收，两地政府各得40%，另有20%将作为扶持资金支持企业发展。二是保定中关村创新中心整

体托管模式。保定市和中关村发展集团共同建立京津冀协同创新基地，交由来自北京中关村信息谷公司的团队运营。三是北京·沧州渤海新区生物医药产业园异地监管模式。入驻园区的京籍药企由北京市食药监局实施认可认证、延伸监管，无须重新进行药品审批。四是秦皇岛固安孵化基地的产学研合作模式。充分利用北京人才、技术、科研成果等优势，京冀共建中科院秦皇岛技术创新成果转化基地、清华大学重大科技项目（固安）中试孵化基地，推动北京科技成果在河北中试孵化和产业化。五是北京亦庄·永清高新技术产业区的全产业链合作模式。园区引入亦庄先进管理模式，实行市场化运作，承接亦庄产业疏解转移、产业链延伸和生产外溢等项目，打造跨区域产业链。[①]

（六）跨区域人才一体化协同推动制造业发展

为解决因京津冀三地行政区划限制和工业化发展阶段差异形成的人才分布不均和流动不畅等问题，京津冀成立了由三地党委常委、组织部部长组成的京津冀人才一体化发展部际协调小组，建立京津冀区域人才合作联席会议制度，协调解决区域人才一体化发展中的重大问题，推进三地人才一体化发展。发布了《京津冀人才一体化发展规划（2017—2030年）》，提出全球高端人才延揽计划和人力资源服务产业园建设工程、京津冀人才互联工程等13项重点工程，到2030年建成世界高端人才聚集区。[②] 签署《京津冀区域人才合作框架协议书》《京津冀专业技术人员职称资格互认协议》《深入推进京津冀专业技术人员继续教育区域合作的实施意见》，在区域人才招揽、人才共享、职称资格互认、人才培训合作等方面形成合力。京津冀相关部门建立"京津冀招才引智合作联席会议"制度，围绕人力资源协作、人才流动保障和人才引育等联合签署《京冀推动人力资源和社会保障工作协同发

---

① 《京津冀产业转移确定 46 个承接平台》，中新网，2017 年 12 月 21 日，https：//www. chinanews. com. cn/gn/2017/12-21/8405539. shtml。

② 吴韬：《2030 年京津冀基本建成世界高端人才聚集区》，《河北日报》2017 年 7 月 7 日，第 2 版。

展合作协议》《关于推进京津冀人力资源和社会保障事业协同发展的实施意见》《关于加快聚集支撑疏解创新创业新人才的实施方案》《关于围绕京津冀协同发展进一步推进京冀干部人才双向挂职的意见》《京津冀集体合同参考文本（用人单位版）》等 30 多项协议，[①] 为推动区域制造业振兴做好人才保障。

（七）创新区域产业链与创新链融合机制

京津冀三地充分发挥北京、天津的创新资源丰富及河北创新成果转化和产业化的优势，探索解决京津冀工业化发展阶段不同、产业发展层次差距大、河北承接京津产业转移承载能力不足、区域内创新链与产业链有效对接融合不充分等问题。三地组建京津冀科技创新协同推进工作小组，建立"1+3"联动机制，围绕产业对接合作、创新平台建设、科研成果区域内转移转化、加快构建协同创新共同体等目标任务，共同签署《京津冀国家技术创新中心共建框架协议》《中关村国家自主创新示范区京津冀协同创新共同体建设行动计划（2016—2018 年）》《推动形成协同创新共同体京津冀区域全面创新改革试验方案》《科技成果转化平台合作协议》《共同推动京津冀国际科技合作框架协议》等系列文件，整合京津冀优质创新资源，构建区域协同创新共同体，联合布局区域创新平台，共享国际科技合作平台，开展区域内科技项目联合攻关成果转移转化。联合建设京津冀国家技术创新中心、河北京南国家科技成果转移转化示范区、天津滨海中关村科技园等协同创新平台等，举办京津冀产业链协同发展对接论坛、产业转移对接论坛和协同创新共同体高峰论坛等对接交流活动，加快区域内创新资源要素流动，加快科技成果转移转化，全面增强区域协同创新能力。

（八）创新金融体制机制，服务区域制造业高质量发展

中国人民银行、国家金融监督管理总局牵头京津冀三地分支机构建立

---

① 黄华：《马克思主义公平理论视域下京津冀基本公共服务均等化研究》，博士学位论文，河北师范大学，2018。

协调机制，制定"京津冀产业链金融支持计划"，通过不断完善金融政策、创新融资模式、优化征信环境、丰富金融产品，促进京津冀产融结合，推动京津冀金融一体化发展。三地相关部门围绕服务产业转移和制造业发展联合签署了《京津冀金融服务一体化战略合作协议》《京津冀三地金融局（办）合作框架协议》《开发性金融支持京津冀协同发展合作备忘录》等系列文件，加大对产业转型和创新发展的金融支持力度，创新中长期建设资金供给方式，建立三地融资对接平台，定期举办产业金融对接活动，积极探索和推动金融机构推出互联网金融等多样化的金融产品，通过金融创新促进产业优化，支持京津冀区域制造业发展，为京津冀产业链、供应链上的小微企业和民营企业以及北京疏解企业提供高效便捷的金融服务。

三　京津冀制造业协同发展面临的体制机制问题

近年来，推动京津冀协同发展进程、振兴京津冀制造业方面取得一些成效，制造业协同发展体制机制基本建立，但仍然存在深层次的难点问题和体制机制障碍，制约区域制造业协同发展。

（一）京津冀制造业协同合作机制不完善

京津冀制造业协同合作主要由国家发展改革委和工信部牵头，三地政府和相关部门以文件或联席会议形式进行协调和沟通，缺乏有效的行动和实施措施，各方签订的框架协议或备忘录等文件中原则性、意向性条款和内容较多，对签署各方的约束条款和内容较少。政府各部门之间的联系和互动较弱，以定期组织召开联席会议、政府各部门间互访为主，日常联络沟通较少。

（二）承接平台产业结构不合理、空间布局分散

在制造业结构上，京冀两地制造业行业领域差异较大，竞争问题不突

出；津冀两地产业差异较小，传统制造业竞争激烈；京津产业差异最小，先进制造业同质化竞争问题突出。从《关于加强京津冀产业转移承接重点平台建设的意见》中 46 个承接平台、天津以滨海新区为主的"1+16"重点承接平台以及河北"1+5+4+33"重点承接平台的分布和承接产业看，平台数量过多且布局分散，承接产业相互重叠，平台之间缺少统筹协调，竞争大于合作。[①]

（三）政府主导协同转移、市场推动不足

从目前出台的京津冀产业协同特别是制造业协同发展的政策看，以政府的行政推动为主导，主要是在党中央、国务院的统筹指导下，国家层面出台产业协同规划，各地方出台本地实施方案，构建区域协同发展的制度环境，推进区域产业合作。三地尚未建立由市场牵引的企业迁移、分工协作、优势互补的区域产业协同发展体制机制，政府和市场未形成良性互动。

（四）行政壁垒和政策壁垒阻碍制造业发展

在京津冀不断创新体制机制推进产业协同领域实现突破、推动京津冀协同发展不断深入的同时，阻碍区域市场一体化、生产要素高效有序流动的行政壁垒和政策壁垒依然存在。京津冀产业转移以行政干预推动为主，制造业转移和合作以北京为主导。按照产业等级，北京将一般型、污染型和劳动密集型制造业向天津、河北转移扩散，将技术密集型高端制造业留在北京。受行政区划限制和地方政策影响，京津冀三地尚面临生产要素配置不均等、金融机构跨区域投资困难、制造业企业跨区域融资困难等问题，生产企业在生产证照、产品质量认证、知识产权等互认互通、高科技人才和劳动力流动等方面依然存在诸多障碍。

---

① 柳天恩、王利动：《京津冀产业转移的重要进展与困境摆脱》，《区域经济评论》2022 年第 1 期。

四　振兴京津冀制造业的政策建议

"十四五"时期，京津冀三地要紧抓协同发展机遇，继续深化区域合作体制机制改革，不断探索和创新利益共享、要素流动、常态化沟通对接等区域合作机制，协同建设区域先进制造业集群，推动京津冀制造业振兴。

（一）继续完善制造业协同发展顶层架构

京津冀三地应立足制造业整体发展，在国家发展改革委和工信部的指导下加强顶层设计，加快制定并实施推动京津冀产业协同发展和制造业协同发展规划，系统性、整体性优化京津冀产业定位和制造业布局，以打造跨区域优势产业链为抓手，优化区域产业分工和生产力布局，加速生产要素、创新要素和资源要素流动，推动京津冀从产业转移向区域内产业链协同合作阶段发展，形成"北京研发、天津转化和河北生产"产业协作体系，[①] 持续推动区域制造业集群式发展。

（二）建立健全制造业产业链区域合作机制

选取生物医药、汽车、新一代信息技术等京津冀重点优势产业链，探索建立区域联合链长体系，由三地工信部门主要领导联合担任产业链链长，合作开展跨区域强链补链延链，推进区域制造业由集聚发展向集群发展。建立和完善产业链区域协作、部门协同的合作机制，围绕京津冀优势产业链条绘制产业链图谱，联合制定产业链延伸协作的政策措施，推动产业链不断完善和优化升级，保障区域制造业产业链供应链安全稳定。加强与京津冀周边地区、长三角、珠三角、成渝等城市群的产业链互动，联合开展产业对接交流、技术合作、共建园区等行动，壮大京津冀制造业。

---

① 李子彪、李少帅：《产业链视角下京津冀产业创新合作发展》，《技术经济》2017 年第 10 期。

（三）发挥市场和企业的主体能动作用

在推动京津冀制造业协同发展的过程中，逐步减少对企业跨区域转移和发展的行政限制，通过政策引导企业市场化运作，以市场化原则配置资源、协调和处理制造业协同发展过程中的各方利益，建立以市场为主体的区域合作竞争机制，促进京津冀区域资源共享、要素流动、市场融通发展。发挥区域产业联盟、行业协会、商会等联结政府和市场的纽带和第三方载体的作用，推动区域资源整合和优化配置、推动企业科技创新、宣传和落实国家政策，促进行业自律。

（四）完善税收一体化和财税分配机制

进一步深化京津冀财税体制改革，完善跨区域财政投资分担、税收利益分享和争端协调处理等机制，加快形成京津冀区域一体化财税管理体制。完善现行财税分配、补偿援助等有效转移支付机制，建立区域内跨行政区的基础设施投入共担、产业园区示范区共建和利益共享的财税分享制度。在现行税法框架下，探索建立统一的跨区域税收征管体制，统一部分税种、税率和税收优惠政策，统一区域产业发展、招商引资、人才引进的财税优惠政策。在京津冀共建产业园区和毗邻地区试点建立联合税务局或联合办税大厅，打破行政界限，采取联合办公形式探索跨省（市）税费征管服务，真正实现区域税收一体化，为区域制造业协同发展奠定基础。

（五）创新资源共建共享和跨区域流动机制

立足区域制造业发展需求，充分发挥政府在区域协同发展体制机制构建中的引导作用，消除制约生产要素在区域内自由、有序流动的体制机制障碍。发挥京津公共服务资源充足、生产性服务业发达和河北制造业发达的优势，创新有利于区域制造业发展的机制，进一步完善创新资源、劳动就业、成果转化等生产要素跨区域共建共享、跨区域流动和市场调节机制，建立跨部门、跨区域公共服务体系，不断完善统一的产业准入政策体系，打造京津

冀区域供需互促、畅通高效的区域循环市场，实现生产要素和市场的一体化
发展。

（六）健全区域制造业监测和评估评价机制

三地联合建立京津冀制造业协同发展信息管理平台，加强跨区域信息共
享，及时跟踪区域制造业产业链协同、转移承载平台建设和重大项目推进等
情况。建立区域制造业协同发展考核评价机制和考核指标体系，做好制造业
区域协同发展数据监测分析和国家政策实施效果评估，引导京津冀制造业有
序转移和区域协同发展。

参考文献

白易彬：《京津冀区域政府协作治理模式研究》，中国经济出版社，2017。

耿于红：《京津冀产业协同发展现状及优化策略研究》，《现代营销》2023 年第
2 期。

崔志新：《"十四五"时期京津冀产业协同发展研究》，《城市》2021 年第 3 期。

张永利：《京津冀协同发展视域下科技人才交流合作对策探究》，《人才资源开发》
2020 年第 5 期。

李慧明：《京津冀金融协同发展模式选择及发展机制构建》，《河北金融》2020 年第
4 期。

《习近平就京津冀协同发展提七点要求》，新华网，2014 年 2 月 27 日，http：//
www. xinhuanet. com/politics/2014-02/27/c_ 119538131. htm。

B.3
京津冀制造业区位熵特征与协同发展路径研究[*]

田学斌　洪帅[**]

摘　要： 京津冀协同发展是优化区域发展布局、打造重要经济增长极的关键力量。京津冀制造业作为我国实体经济的重要组成部分，对于加快推动区域协调发展具有重要意义。本报告以 2014~2021 年京津冀制造业为研究对象，将主营业务收入、企业单位数、流动资产分别代入区位熵计算公式，结果表明京津冀制造业发展基本现状是北京制造业增长优势大于津冀两地，大批制造业企业相继从北京退出并逐步转移至津冀两地，制造业优势行业重叠度小、互补程度高的津冀为北京制造业转移提供了现实空间。从耦合协调度结果看，京津冀面临任意两地间制造业优势产业的耦合协调度不高的挑战。本报告据此提出加快构建京津冀制造业集群梯次培育发展体系、补齐制造业产业链供应链对接短板、推进传统制造业技术转型升级迭代、创新制造业产业合作共建与技术成果跨区域转移合作模式等对策建议。

关键词： 京津冀制造业　区位熵　耦合协调　协同发展

---

　* 本报告系国家社会科学基金项目"京津冀产业协同发展利益共享与补偿机制研究"（项目编号：21BJL073）的阶段性成果。

** 田学斌，经济学博士，河北经贸大学党委常委、副校长，京津冀协同发展河北省协同创新中心执行主任、区域与产业发展研究中心主任，研究员，硕士生导师，研究方向为制度经济学、区域经济学；洪帅，管理学博士，河北经贸大学京津冀协同发展河北省协同创新中心助理研究员，硕士生导师，研究方向为产业经济学。

2014 年 2 月 26 日，习近平总书记发表重要讲话，京津冀协同发展上升为重大国家战略，京津冀地区迎来了发展的新纪元。2015 年 4 月，《京津冀协同发展规划纲要》审议通过，提出要着力改变京津冀三地的产业格局。《中华人民共和国国民经济和社会发展第十四个五年规划和 2035 年远景目标纲要》提出，深入实施区域协调发展战略，加快培育世界级先进制造业集群。京津冀作为我国北方的经济核心区，其制造业具有明显的空间分布特征与特色优势，但受制造业集聚效应的影响，区域制造业越来越专业化和地方化。

一 京津冀制造业区位熵比较及特征总结

（一）现状研判

《京津冀协同发展规划纲要》明确了京津冀三地的功能定位，当前北京仍有部分一般性产业、服务行业、社会公共服务功能、行政事业性服务机构等四类非首都功能等待疏解。非首都功能疏解能够缓解交通拥堵、环境污染、产业布局不合理等问题。因此，研判京津冀三地制造业现状，分析重点行业与优势领域，对推动北京非首都功能疏解与京津冀制造业协同发展具有重要意义。

2014~2021 年京津冀制造业利润总额如图 1 所示。北京制造业利润总额总体上呈上升趋势，其中 2015 年利润总额最低，为 937 亿元，2021 年利润总额最高，达到 3369 亿元。天津制造业利润总额具有明显的缩水趋势，2017 年相比于 2016 年缩减近 2/3。河北作为制造业大省，其 2014~2020 年制造业利润总额均高于北京和天津，且总体上呈波动的趋势，2016 年达到峰值，约为 2383 亿元。《京津冀协同发展规划纲要》确定了 3 个目标年，分别为 2017 年、2020 年与 2030 年。2020 年的目标是缓解北京"大城市病"现象，北京的"减负"为其制造业健康发展拓展了生存空间，2021 年北京制造业利润总额比 2020 年增长近一倍。天津与河北在承接北京非首都功能

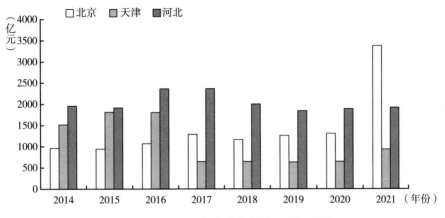

图1 2014~2021年京津冀制造业利润总额

资料来源：根据国家统计局数据绘制。

疏解任务过程中，仍需破解市场壁垒、资源共享与互补缺陷、体制机制障碍等诸多难题。

（二）区位熵比较

区位熵指标从行业角度进行研究[①]，数据更容易获得。区位熵如公式（1）所示。

$$LQ_{ij} = \frac{E_{ij}/E_j}{E_i/E} \tag{1}$$

公式（1）中的 j 代表地区，i 代表产业，LQ_{ij} 表示 j 地区 i 产业的区位熵系数。E_{ij} 表示 j 地区 i 产业的产出指标，E_i 表示 i 产业在所有统计地区的产出指标总和，E_j 表示 j 地区所有统计产业的产出指标总和，E 表示所有统计地区的所有统计产业的产出指标总和。区位熵指标可以分析某行业在某地区专业化的强弱以及是否具备优势。区位熵越大，表明该产业专业化水平越高；区位熵小于或等于1，表明该产业的生产还没有达到专业化水

[①] 孔令丞、柴泽阳、邱丹霞：《区域一体化对城市创新能力驱动研究——基于长三角的实证分析》，《科研管理》2022年第12期。

平。产出指标可以是从业人员、工业总产值、增加值、固定资产投资等①。本报告区位熵分析主要运用主营业务收入、企业单位数、流动资产等3个产出指标。

1. 产业增长优势

将2014~2021年京津冀制造业细分行业的主营业务收入代入区位熵计算公式，得到京津冀三地制造业各细分行业的区位熵。根据2014~2021年京津冀各细分行业区位熵的平均值，绘制出以京津冀为参考系的雷达图，图中折线越突出，区位熵越大，说明产业增长越具有优势，如图2所示。北京共有15个行业的区位熵大于1，天津共有13个行业的区位熵大于1，河北共有13个行业的区位熵大于1。从京津冀三地产业增长优势明显的行业可以看出，北京工业产业地区优势大于津冀两地。

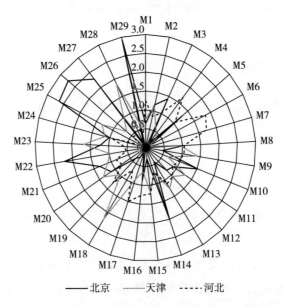

图2 京津冀制造业细分行业主营业务收入区位熵雷达图

---

① 周锦、顾江：《基于区位熵理论的区域文化产业发展分析》，《统计与决策》2013年第17期。

2. 产业规模优势

将 2014~2021 年京津冀制造业细分行业的企业单位数数据代入区位熵计算公式，得到三地制造业各细分行业的企业单位数区位熵。从各年份的区位熵可以看出，北京制造业优势行业主要集中在高技术制造业，而劳动、资本密集型制造业不具有优势，这与北京在《京津冀协同发展规划纲要》中的功能定位一致。根据 2014~2021 年京津冀制造业各细分行业企业单位数区位熵的平均值，绘制出以京津冀为参考系的雷达图，如图 3 所示。北京共有 14 个行业的区位熵大于 1，天津共有 12 个行业的区位熵大于 1，河北共有 11 个行业的区位熵大于 1。从京津冀三地产业规模优势明显的行业可以看出，在北京非首都功能疏解的过程中，有大批制造业企业从北京退出，并逐步转移至津冀两地。

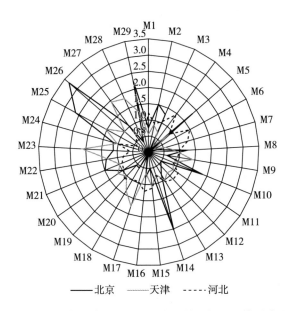

图 3　京津冀制造业细分行业企业单位数区位熵雷达图

3. 产业营运优势

将 2014~2021 年京津冀制造业细分行业的流动资产数据代入区位熵计算公式，得到京津冀制造业各细分行业的流动资产区位熵。根据 2014~2021

年京津冀制造业各细分行业流动资产区位熵的平均值，绘制出以京津冀为参考系的雷达图，如图4所示。北京共有15个行业的区位熵大于1，天津共有14个行业的区位熵大于1，河北共有12个行业的区位熵大于1。天津、河北两地制造业的优势行业重叠度小，说明津冀互补程度较高，这为北京制造业转移提供了现实空间。

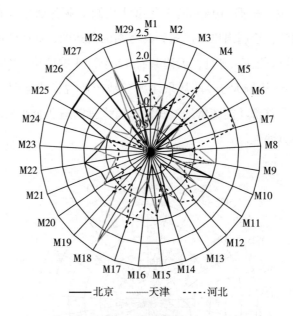

图4 京津冀制造业细分行业流动资产区位熵雷达图

（三）特征总结

综合产业增长、产业规模、产业营运等三个角度的京津冀制造业行业专业化分析，京津两地专业化程度高的制造业发展水平较高，多为知识技术密集型行业。处于后工业化时代的北京，其高技术制造业需要的创新型技术来源更广。天津优势制造业与其功能定位相符，更加注重产业研发和制造。河北专业化程度高的制造业多为劳动、资本密集型产业，具有资源消耗大、产出率低等特征，且正在发挥承接京津制造业转移的重要作用。

优化产业布局是推进京津冀制造业协同发展的必由之路。根据京津冀制造业优势产业和功能定位，推进高效分配和利用资源，形成良好的产业布局，从而发挥京津冀各自制造业优势，以推动京津冀制造业协同发展。河北优势产业相较于北京与天津两地却呈现专业化程度不高的状态，因此可将相关行业的资源向河北倾斜。在推进北京非首都功能疏解过程中，将劳动、资本密集型和部分知识技术密集型产业向河北进行转移，促进优势制造业产业集聚才是推动京津冀制造业协同发展的根本。

二 京津冀制造业耦合协调度及综合评价

（一）优势产业对比

根据计算所得出的区位熵，取其平均数进行降序排列，分别选取京津冀制造业排名前 7 的优势产业，如表 1 所示。京津冀地区制造业的优势产业具有多样性，不同地区的相同优势产业较少，产业分布具有明显的区位特征。

表 1 京津冀三地优势产业部门

北京	天津	河北
仪器仪表制造业	有色金属冶炼和压延加工业	皮革、毛皮、羽毛及其制品和制鞋业
计算机、通信和其他电子设备制造业	废弃资源综合利用业	纺织业
金属制品、机械和设备修理业	铁路、船舶、航空航天和其他运输设备制造业	木材加工和木、竹、藤、棕、草制品业
医药制造业	造纸和纸制品业	黑色金属冶炼和压延加工业
其他制造业	计算机、通信和其他电子设备制造业	农副食品加工业
汽车制造业	通用设备制造业	橡胶和塑料制品业
印刷和记录媒介复制业	橡胶和塑料制品业	非金属矿物制品业

资料来源：根据国家统计局数据整理。

（二）耦合协调度

1. 数据来源

为了更加符合京津冀地区制造业发展的战略要求，选择样本数据的起始年份为2014年，截止年份为2021年。本报告中所使用的数据均来自2015~2022年京津冀三地的统计年鉴以及《中国工业统计年鉴》，对于个别年份缺失的数据，采用线性插值法进行补全。由于烟草制品业和化学纤维制造业的数据缺失严重，已在计算过程中予以删除。

2. 耦合协调度模型

耦合协调度用来衡量各子系统间协调程度。通过计算耦合协调度，既可以定量地反映各个子系统之间的协调状况，还可以避免耦合度解释力不足的局限性。

耦合度 C，如公式（2）所示，反映系统间相互作用的程度，即该值越大，系统间相互作用的程度就越深。

$$C = \frac{n \times \left(\prod_{i=1}^{n} U_i \right)^{\frac{1}{n}}}{\sum_{i=1}^{n} U_i} \tag{2}$$

耦合协调度 D，如公式（3）所示，反映系统间相互协调的程度，即该值越大，系统间的协调程度就越深。

$$D = \sqrt{C \times T} \tag{3}$$

综合协调指数 T，如公式（4）所示，ω_i 为子系统 i 的协调系数，U_i 为子系统 i 的综合评价指数。

$$T = \sum_{i=1}^{n} \omega_i U_i \tag{4}$$

3. 指标体系构建

从制造业优势产业的优势水平、发展水平和活力水平三个方面来测度京津冀制造业优势产业系统的耦合协调度。用制造业优势产业企业单位数区位熵、主营业务收入区位熵和流动资产区位熵分别反映产业的规模优势、增长优势和营运优势，即用可代表地区产业竞争力的区位熵表征产业优势水平[1]；用资产总计和利润总额反映产业发展水平；用 R&D 人员全时当量反映产业活力水平。考虑到指标体系的系统性以及各统计指标样本数据的可得性，本文选取 6 个三级指标，构建京津冀三地制造业优势产业的评价指标体系，如表 2 所示。

表 2　京津冀制造业优势产业耦合协调评价指标体系

子系统层	状态层	指标层	指标方向
地区制造业优势产业 i ($i=1,2,\cdots,n$)	产业优势	企业单位数区位熵	+
		主营业务收入区位熵	+
		流动资产区位熵	+
	产业发展	资产总计	+
		利润总额	+
	产业活力	R&D 人员全时当量	+

为消除各项统计指标属性和计量单位具有差异性带来的不便之处，使用极差法对样本数据进行标准化处理，如公式（5）所示。

$$\begin{cases} x_{ij}{}' = \dfrac{x_{ij} - \min(x_{ij})}{\max(x_{ij}) - \min(x_{ij})} \\ x_{ij}{}' = \dfrac{\max(x_{ij}) - x_{ij}}{\max(x_{ij}) - \min(x_{ij})} \end{cases} \tag{5}$$

其中，i 表示年份（$i=1$，2，$\cdots$，n），j 表示指标（$j=1$，2，$\cdots$，m）。为了避免主观分配指标权重产生的弊端，使用熵值法来获得子系统各项指标的权重系数[2]，并据此计算各子系统的综合评价指数。熵值法如公式（6）所示。

---

① 李健、李鹏飞、苑清敏：《基于多层级耦合协调模型的京津冀工业产业协同发展分析》，《干旱区资源与环境》2018 年第 9 期。

② 田时中、涂欣培：《长三角城市群综合发展水平测度及耦合协调评价——来自 26 城市 2002~2015 年的面板数据》，《北京理工大学学报》（社会科学版）2017 年第 6 期。

$$e_j = -\frac{1}{\ln n} \sum_{j=1}^{n} (X_{ij} \times \ln X_{ij}) \tag{6}$$

其中，X_{ij} 表示第 i 个指标在第 j 年的比重，如公式（7）所示。

$$X_{ij} = \frac{x_{ij}{}'}{\sum_{i=1}^{n} x_{ij}{}'} \tag{7}$$

指标权重的计算，如公式（8）所示。

$$w_j = \frac{1-e_j}{\sum_{j=1}^{m}(1-e_j)} \tag{8}$$

4. 结果与分析

正确分析耦合协调度模型的计算结果，需要对耦合度和耦合协调度的数值进行合理的分类，将计算结果划分为不同的层级。根据现有文献中所使用的取值范围，将耦合度和耦合协调度划分为以下等级，如表3所示。

表3 耦合度与耦合协调度等级划分标准

耦合度 C 值区间	耦合类型	耦合协调度 D 值区间	协调等级	耦合协调程度
0	无序	(0.0~0.1)	1	极度失调
(0~0.3)	低水平耦合	[0.1~0.2)	2	严重失调
[0.3~0.5)	颉颃	[0.2~0.3)	3	中度失调
[0.5~0.8)	磨合	[0.3~0.4)	4	轻度失调
[0.8~1.0)	高水平耦合	[0.4~0.5)	5	濒临失调
1.0	有序	[0.5~0.6)	6	勉强协调
		[0.6~0.7)	7	初级协调
		[0.7~0.8)	8	中级协调
		[0.8~0.9)	9	良好协调
		[0.9~1.0)	10	优质协调

京津冀三地内部制造业优势产业的耦合度和耦合协调度结果如表4所示。2014~2021年，天津、河北制造业优势产业的耦合度基本稳定在

[0.8~1.0) 区间，处于高水平耦合状态，北京在 2016~2020 年也保持着高水平耦合状态。

表4　2014~2021 年京津冀三地内部制造业优势产业耦合度与耦合协调度

年份	北京		天津		河北	
	C	D	C	D	C	D
2014	0.74	0.54	0.91	0.65	0.94	0.66
2015	0.77	0.52	0.96	0.72	0.92	0.68
2016	0.81	0.59	0.97	0.74	0.96	0.71
2017	0.83	0.56	0.91	0.66	0.96	0.56
2018	0.88	0.58	0.90	0.61	0.83	0.41
2019	0.91	0.63	0.78	0.52	0.91	0.61
2020	0.91	0.64	0.80	0.57	0.93	0.69
2021	0.73	0.63	0.83	0.60	0.91	0.78

北京制造业优势产业的耦合协调度在 2015 年和 2017 年分别出现了两次较明显的下降，但在整体上维持着缓慢上升的趋势，2021 年又出现了小幅度的下降。8 年间，北京制造业优势产业的耦合协调度由 2014 年的 0.54 增长至 2021 年的 0.63，由勉强协调状态进入初级协调状态。

天津制造业优势产业的耦合协调度在 2014~2016 年一直维持在相对较高的水平，耦合协调度分别为 0.65、0.72 和 0.74，处于初级协调状态和中级协调状态，而 2017~2019 年出现持续下降，降至 2019 年的 0.52，其耦合协调度退化为勉强协调状态，尽管 2020~2021 年出现了回升的趋势，但涨幅仍然有限。

河北制造业优势产业的耦合协调度在 2014~2016 年总体保持稳定，由初级协调进化为中级协调状态，但 2017~2018 年出现骤降，降至 0.41 的水平，呈现濒临失调的状态。2019~2021 年河北制造业优势产业的耦合协调度又大幅上升，2021 年已经达到中级协调状态。

总体而言，北京制造业优势产业耦合协调状况相比天津和河北更平稳，2016~2019 年并未经历巨大的产业协调停滞，总体上协调程度有所上升。天津制造业优势产业耦合协调度在 2015～2018 年为京津冀三地中最高,2016 年后其制造业优势产业出现了重大变动,且一直没有明显的改善,导致其耦合协调度出现持续下降,并在 2019 年被北京和河北超越。河北制造业优势产业的耦合协调度在 2020～2021 年高于天津并保持优势扩大的趋势。2014 年京津冀三地制造业优势产业耦合协调度由高到低的排序为河北、天津、北京,2021 年则转变为河北、北京、天津,河北制造业优势产业耦合协调度位次保持相对稳定(见图 5)。

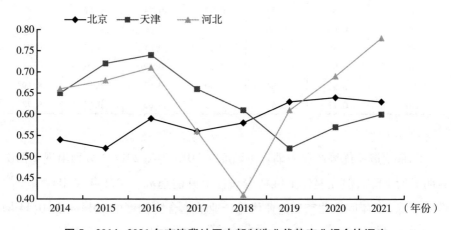

图 5　2014～2021 年京津冀地区内部制造业优势产业耦合协调度

京津冀两地间制造业优势产业的耦合协调度结果如表 5 所示。京津冀三地中,任意两地间的制造业优势产业均表现出较高的耦合度,且 2014～2021 年基本维持着高水平耦合状态。相比于较高的耦合度,北京、天津、河北任意两地间制造业优势产业的耦合协调度却并不高。

表 5　2014～2021 年京津冀两地间制造业优势产业耦合度与耦合协调度

年份	京—津		京—冀		津—冀	
	C	D	C	D	C	D
2014	0.82	0.60	0.83	0.60	0.93	0.66
2015	0.84	0.61	0.82	0.59	0.93	0.70
2016	0.88	0.66	0.88	0.65	0.96	0.72

年份	京—津		京—冀		津—冀	
	C	D	C	D	C	D
2017	0.86	0.61	0.89	0.56	0.92	0.61
2018	0.89	0.59	0.81	0.49	0.82	0.50
2019	0.84	0.57	0.91	0.62	0.84	0.56
2020	0.86	0.60	0.92	0.66	0.86	0.63
2021	0.77	0.62	0.81	0.70	0.85	0.69

如图 6 所示,与河北 2017~2018 年出现的制造业优势产业耦合协调度骤降相对应,北京—河北的耦合协调度和天津—河北的耦合协调度也在 2016~2018 年出现了大幅下降,分别从 2016 年的 0.65 和 0.72 降至 2018 年的 0.49 和 0.50,北京—河北制造业耦合协调度由初级协调状态退化为濒临失调状态,天津—河北制造业耦合协调度由中级协调状态退化为勉强协调状态。北京—天津制造业耦合协调状况则要比北京—河北和天津—河北平稳,除 2018 年和 2019 年退化为勉强协调状态外,其余 6 年的耦合协调度都维持在 [0.6~0.7) 区间,处于初级协调状态。

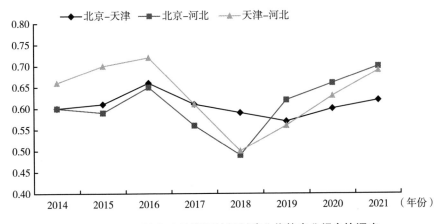

图 6 2014~2021 年京津冀两地间制造业优势产业耦合协调度

对比 2014 年京津冀两地间制造业耦合协调度的排序，2014 年为天津—河北领先、北京—天津和北京—河北相同，2021 年则转变为北京—河北、天津—河北、北京—天津。这与河北落实北京非首都功能疏解有重大关联。

京津冀三地间制造业优势产业的耦合度与耦合协调度如表 6 所示，2014~2021 年北京—天津—河北制造业优势产业的耦合度一直保持 0.80 以上的水平。

表 6　2014~2021 年京津冀制造业优势产业耦合度与耦合协调度

年份	京一津一冀		耦合协调度同比增长率(%)
	C	D	
2014	0.86	0.62	—
2015	0.86	0.63	1.61
2016	0.90	0.68	7.93
2017	0.89	0.59	−13.24
2018	0.83	0.53	−10.17
2019	0.86	0.58	9.43
2020	0.88	0.63	8.62
2021	0.81	0.67	6.35

从趋势上看，8 年间其耦合协调度总体呈波动上升的态势，如图 7 所示。2014~2016 年，京津冀制造业耦合协调度为初级协调状态。2017~2018 年，其耦合协调度出现下降趋势，降幅分别为 13.24% 和 10.17%，耦合协调度由初级协调状态退化为勉强协调状态。2019~2021 年，京津冀制造业优势产业的耦合协调度呈现上升态势，涨幅分别为 9.43%、8.62% 和 6.35%，再次进入初级协调状态。从整体上看，2014~2021 年，京津冀制造业优势产业的耦合协调度呈现出上升—下降—上升的波动趋势，2021 年其耦合协调度略高于 2014 年水平。

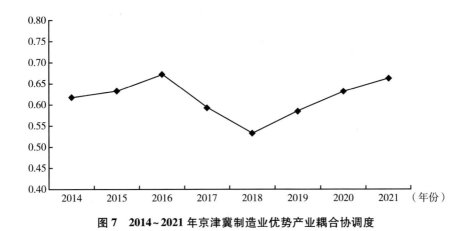

图7　2014～2021年京津冀制造业优势产业耦合协调度

（三）综合评价

通过观察京津冀制造业优势产业不同系统层级间的耦合协调度走势可以发现，除北京制造业优势产业系统外，其余系统的耦合协调度在2017～2018年都出现了明显的下降，其中河北制造业优势产业系统的耦合协调度降幅最大，而在2018年后又有强有力的回升，且2020年以后高于其他系统的耦合协调度。通过分析曲线大致可以判断，天津—河北制造业优势产业耦合协调度曲线形态与河北制造业优势产业耦合协调度曲线形态较为相似，北京—天津制造业优势产业耦合协调度曲线形态与北京制造业优势产业耦合协调度曲线形态较为相似。

北京—天津、天津—河北、北京—河北、北京—天津—河北制造业优势产业的耦合协调度在2017～2018年的下降与河北和天津制造业优势产业的耦合协调度骤降有关。2018年后，河北在推动京津冀制造业优势产业协同发展过程中发挥着主导作用；2019年后，天津在京津冀制造业优势产业协同发展过程中发挥了较为积极的作用；北京在推进京津冀制造业优势产业协同发展过程中表现平稳，发挥了稳定器的作用。

京津冀制造业协调发展与北京、天津、河北制造业的发展息息相关，只依靠单个地区制造业的进步难以推动京津冀制造业的协同发展，多主体协调

才是京津冀制造业协同发展的源头动能。各系统层级高耦合水平、低协调水平的现状也说明京津冀三地制造业的产业布局、分工协作等方面仍有较大的优化空间。

三　京津冀制造业协同发展的挑战

（一）功能定位精准助推京津冀制造业协同发展

依据京津冀精准的功能定位，从整体上推进京津冀制造业深度协同迈上新台阶，加速促进非首都功能疏解及制造业发展呈现新面貌，三地需要从以下领域实现突破。北京力争规模以上制造业企业的数字化、智能化转型升级基本实现全覆盖，锚定深化新一代信息技术和制造业服务业融合，推动医药制造与健康服务有机融合，打造智能网联汽车制造和服务全链条体系。天津着力壮大生物医药、新能源、新材料等新兴产业，巩固提升装备制造、汽车、石油化工、航空航天等优势产业，推动冶金、轻纺等传统产业高端化、绿色化、智能化升级，加快建设全国先进制造研发基地，大力打造制造强市。河北稳定提升制造业比重，基本形成制造业高质量发展良好生态和现代化制造业体系，在钢铁、汽车、信息智能、生物医药等领域共同打造具有全球竞争力的先进制造业集群。

（二）专业化分工是京津冀制造业协同发展的重要基础

京津冀制造业协同发展给京津冀区域经济发展带来前所未有的机遇，而专业化分工发挥着促进京津冀制造业协同发展的基础性作用。对标长三角地区和粤港澳大湾区，京津冀制造业发展存在趋同现象，这说明京津冀制造业协同发展在一定程度上存在不足，主要表现为京津冀制造业产业分工协作力度不够、关联性不高，创新资源没有及时共享，科技人才没有共同利用，区域制造业集中度不够，断链缺链问题明显，难以形成面向国际的强大竞争力。因此，应统筹整合资源、专业化分工协作，依托北京技术、人才、机构和市场方面的优势，天津产业集群的优势，河北制造业基地的优势，推进制造业关键技术研发，加快打造京津冀制造业协同创新共同体，以"产业基金+智能制造"的方式推动京津冀制造业增长极的形成。

（三）集聚效应形成是京津冀制造业协同发展的重要条件

京津冀协同发展重大国家战略实施以来，京津冀三地正从"地缘相接"逐渐走向"深度相融"，京津冀制造业得到了进一步发展，制造业产业规模持续壮大。为适应制造业发展新需求、新形势，注重培育和完善制造业产业体系，加速推进制造业密切协同、资源共享、优势互补，促进制造业产业链共建、供应链共享、价值链共创，制造业集聚效应逐步显现，制造业协同发展向纵深推进。北京生产制造环节在京津冀区域的占比由协同前的24%下降至协同后的6%，制造业"瘦身提质"明显。天津服务业加速发展，生产性服务业区域占比由协同前的12%提升至目前的43%。河北制造业迅猛集聚，制造业区域占比由协同前的46%提升至目前的80%。京津冀制造业集聚效应的形成，为推动制造业协调联动不断增强、全产业链布局加速推进提供了重要条件。

（四）全要素流动是京津冀制造业协同发展的关键环节

从京津冀地区来看，制造业全要素生产率虽呈上升趋势，但与长三角、粤港澳大湾区相比较低。京津冀三地制造业全要素生产率差距明显[①]，表现为北京较高、天津次之、河北较低。目前，京津冀制造业的创新要素和人力资源在一定程度上仍然由津冀向京流动，而在北京减量发展的形势下，一般制造业不断向津冀疏解却并没有扭转津冀制造业增加值占比下滑的趋势。制造业全要素资源的流动融通、集聚链接、互享联动，不断为京津冀制造业实现以创新为引领的高水平协同发展注入新动力，为打破京津冀制造业跨区域循环提供关键支撑。

---

① 武义青、姚连宵：《京津冀区域低碳发展现状及转型路径》，《天津社会科学》2022年第5期。

（五）多主体协调是京津冀制造业协同发展的源头动能

多主体协调是坚持制造业高质量发展的内生动力，更是推进京津冀制造业协同发展的源头动能。加强京津冀主体间横向联合，扭转京津冀三地独立发展的固有、僵化思维，强化制造业在京津冀区域内的广泛合作。发挥北京强大的市场、人才、技术、资本、信息交流优势，部署推动制造业高端化、智能化、绿色化发展。以天津制造业拓展上游、辐射下游、提质增效、挺进高端为目标，真正实现制造业串链、补链、强链。加快河北制造业高端化、智能化、绿色化转型，支持制造业企业"专精特新"发展，提升制造业产业链供应链的韧性和安全水平。发挥制造业企业的主体地位和特色优势，支持其在区域内自由选择合作伙伴，提升制造业专业化分工与差异化发展水平，推动京津冀区域制造业协同发展。

四 京津冀制造业协同发展的政策建议

（一）培育先进制造业产业集群发展

与传统产业集聚区相比，先进制造业产业集群综合实力更强、协同发展水平更高、协作创新关系更紧密、开放合作程度更深入、产业治理能力更现代化。加快京津冀制造业集聚区向区域先进制造业集群转型升级的步伐，培育形成更具国际竞争力、更强产业链韧性、更具本地根植性的先进制造业产业集群是京津冀协同发展必由之路。推动京津冀制造业从量的扩张转向质的提升，促进京津冀制造业迈向全球价值链中高端[1]。将京津冀先进制造业集群打造成制造业创新策源地、"专精特新"制造业企业集聚地、区域制造业发展新高地。对标世界级制造业产业集群培育目标，充分发挥市场在资源配

---

[1] 肖金成、李博雅、邢干：《京津冀空间布局的优化路径》，《河北经贸大学学报》2022年第5期。

置中的决定性作用，推动京津冀制造业集群向世界级制造业集群升级。加快构建京津冀制造业集群梯次培育发展体系，完善央地联动、省市协同的制造业集群交流与合作机制。

（二）强化制造业产业链供应链对接

推动京津冀传统制造模式向需求驱动、产业链供应链协同对接的新模式转型，健全重大突发事件下稳定制造业产业链供应链工作机制[①]。强化京津冀区域制造业供需对接，构建高效健全的制造业供应链体系，形成京津冀制造业有效供给，积极建立京津冀区域制造业品牌与消费者的深层次联结，全面提升京津冀区域制造业亩产效益。依托京津冀区位优势、工业基础、特色产业，深度挖掘制造业线上、京津冀区域内资源，推进制造业无链建链、短链延链，激活制造业产业链供应链"雁阵效应"，补齐制造业产业链供应链短板。强化京津冀制造业龙头企业带动引领作用，推动制造业企业加强"卡脖子"和颠覆性技术攻关，鼓励与高校院所、科研机构、社会资本共建科研平台、共促科研创新、共享科研成果。

（三）突出制造业数字化转型升级迭代

随着京津冀制造业数字化转型进入新阶段，数字技术对制造业发展的创新潜能和创新活力进一步释放，数字技术与制造业加速融合，制造业从要素驱动向创新驱动转变。加速推动京津冀制造业人、机、物全面联结的新型生产方式落地普及，推进京津冀传统制造业工业技术转型升级迭代、提质增效。依托人工技术与大数据，叠加人工智能技术，助力京津冀制造业实现海量供需高效对接与制造业企业降本增效。对京津冀制造业设计、生产、管理、服务等各个环节进行全方位、全链条数字化改造，促进制造业产业链供应链高效协同，不断催生区域制造业协同发展新模式新业态。聚焦制造业数

---

① 李国平、朱婷：《京津冀协同发展的成效、问题与路径选择》，《天津社会科学》2022年第5期。

字化转型发展需要，提升制造业产业链韧性和竞争力，锚定推动制造业数字化、网络化、智能化发展方向，促进制造业数据的联通与共享。

（四）创新制造业企业协同合作模式

进一步增强京津冀制造业区域发展的平衡性和协调性，充分发挥京津冀制造业协同发展的战略纵深优势，拓展京津冀制造业发展新空间，推进京津冀政企携手创新协同合作模式，推动京津冀传统制造业企业转型。加大对制造业的监管力度、深化简政放权改革、完善事中事后监管，探索人工智能监管、大数据监管等新型、高效的制造业监管模式。在产业疏解承接过程中，着力构建研发、制造、服务一体化的京津冀制造业产业链供应链上下游对接合作模式，探索京津冀区域间制造业产业合作共建与技术成果跨区域转移合作模式①。从提供产品扩展到提供与产品相关的服务，增强制造业企业的内生性、柔韧性和竞争优势，加强制造业企业与知识密集型服务企业的合作与互动。

（五）打造核心制造业企业异业联盟

"互联网+"的浪潮下，制造业传统的经营模式正在被颠覆，异业联盟和异业合作已逐渐被行业、市场和众多企业认可并采用。借助异业联盟的力量进行京津冀制造业线上和线下的广泛结合，强化异业联盟提高制造业企业市场运作效能和运营效益的作用，有效集成制造业企业不同的营销资源，降低京津冀制造业营销和交易成本。推进京津冀制造业更多渠道接入线上，推动区域制造业企业相关资源集成与分享，促进京津冀制造业企业有效扭转资源分散、渠道碎片化、终端店面服务体验差的现状。加强不同行业合作，促进京津冀制造业企业资源共享，推动实现京津冀制造业效益提升与合作共赢，打造京津冀制造业彼此引流、相辅相成的异业伙伴关系。

---

① 孙久文、程芸倩：《京津冀协同发展的内在逻辑、实践探索及展望——基于协同视角的分析》，《天津社会科学》2023年第1期。

（六）推进企业创新要素集聚与配置

目前从京津冀制造业实际情况来看，制造业企业的创新动力没有得到充分发挥。京津冀三地应促进资金、技术、人才、管理、知识、数据、平台、项目等创新要素向制造业企业集聚，发挥政府对创新资源一体化配置的主导作用[①]。促进京津冀制造业企业价值创造、资源流动配置与知识生产扩散、资源优化配置相统一，不断塑造提高制造业企业创新资源使用效率的新动能新优势，开辟京津冀制造业协同发展的新领域新赛道。进一步强化京津冀制造业企业科技要素与金融资本的对接，更好发挥科技支撑与融资驱动的作用，提升京津冀制造业产业链、创新链、资金链、人才链深度融合发展效率。探索科技人才向京津冀制造业企业柔性流动新机制，推动高校和科研机构围绕制造业前沿和热点议题形成合作交流机制，完善京津冀制造业科技资源信息公开和共享制度。

---

① 李晓琳、李星坛：《高水平推动京津冀协同创新体系建设》，《宏观经济管理》2022 年第1 期。

B.4

京津冀制造业"三链"融合发展的
挑战与对策[*]

禹海波 张新媛 陈璇 于洪丽[**]

摘 要： 本报告通过对产业链、供应链与创新链融合的相关研究进行梳理，深入分析京津冀产业链、供应链与创新链"三链"融合的研究意义、现状与发展目标、发展问题、融合模式及对策。首先，介绍"三链"及"三链"融合的相关研究，并分析"三链"融合的研究意义。其次，分析京津冀制造业产业链、供应链与创新链融合的现状与发展目标。京津冀研发经费投入逐渐增加，协同创新指数高速增长，发展潜力巨大，但京津冀三地创新能力差距较大，整体结构不均衡。目前，京津冀制造业产业链、供应链与创新链融合面临科技成果转化率偏低、三地制造业"三链"不匹配、产业结构缺乏竞争力等挑战。再次，提出京津冀制造业产业链、供应链与创新链融合的模式，包括政府激励研究机构设计与研发创新及创新成果转化的融合模式、政府引入创新型"链主"企业的创新融合模式，并通过案例分析说明京津冀"三链"是如何实现融合的。最后，提出加大对三地制造业创新产品设计与研发的政策支持力度、搭建三地产学研合作与产

* 本报告系国家自然科学基金重点项目"基于网络生态的智慧供应链金融模式研究"（项目编号：71932002）的研究成果。

** 禹海波，北京工业大学经济与管理学院教授，硕士生导师，研究方向为供应链管理、可持续发展管理；张新媛，北京工业大学经济与管理学院管理科学与工程专业硕士研究生，研究方向为供应链管理、可持续发展管理；陈璇，北京工业大学经济与管理学院管理科学与工程专业硕士研究生，研究方向为供应链管理、可持续发展管理；于洪丽，河北工业大学生命科学与健康工程学院，研究方向为生物电磁技术、脑科学与神经工程。

业化创新平台、引进创新型"链主"企业、围绕重点领域和关键环节强化协同创新、完善产业链供应链运转所需的资金链和建立完善"三链"融合的利益分配机制等6个对策。

关键词： 京津冀制造业　产业链　供应链　创新链　融合模式

一　产业链、供应链与创新链融合研究梳理

（一）产业链、供应链与创新链的内涵

产业链（Industry Chain，IC）是产业经济学中的重要概念。Hirschman将产业链视为具有投入产出联系的一系列产业。吴金明和邵昶认为产业链由四个维度组成，分别是供需链、企业链、空间链和价值链。通过对已有研究成果的整理和归纳，盛朝迅认为各个部门通过某种技术或经济上的联系所构成的"链式"结构就称为产业链，产业链包括产业组织、生产过程和价值实现三个方面。本报告认为制造业产业链包含三个基本环节，即上游（供应各种原材料和零部件的产业）、中游（加工原材料、零部件和制造成品的主体产业）和下游（从事销售与服务的相关产业），制造业产业链基本环节如图1所示。

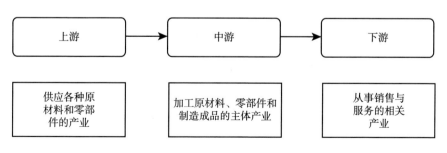

图1　制造业产业链基本环节

供应链（Supply Chain，SC）是从"特定企业"的角度观察和分析企业间投入产出关系及其对企业效率影响的管理学概念，供应链整合了上下游企业的资金流、物流、产品流和信息流，因此供应链上的企业能利用这些信息共同合作，进而使顾客对某类产品或服务感到满意。本报告认为，供应链的宗旨是满足顾客需求，在提高产品质量和效率的基础上，通过资源整合的方式使产品的创新设计、原料采购、生产、销售等全过程高效协同。供应链最重要的作用在于它通过一些技术解决了供需匹配问题和利益分配问题。供应链中的技术包括解决供需匹配问题和利益分配的契约理论、基于信息透明的供应链信息共享方法、供应链快速反应机制以及供应链合作机制等。

创新链（Innovation Chain，IC）的概念最早由 Marshall 和 Vredenburg 提出，他们将其定义为一种在上下游企业之间由多主体构成的以创新为目标的阶段性活动。之后，创新链的定义有了新的解释，具体来说，创新链由基础研究、技术开发、科学实验、成果转化和大规模生产等环节组成，涉及政府、企业、大学、研究所、中介机构、用户等多个主体。本报告认为创新链指以创新为起点，历经多环节和多主体，最终取得成果并实现商业化的一个链条。例如，制造业创新链指创新政策制定、创新研发与改进、创新成果产业化、创新材料或零部件供给、创新产品生产、创新市场销售、创新售后服务、创新组织架构等的链条。此外，创新链还具有基于市场需求、突出价值创造和增值、包含多个创新主体、目的在于创新资源整合等四方面特征。

（二）产业链、供应链与创新链融合的研究

在产业链与供应链融合研究方面，一方面，产业链与供应链两者组合、交织，构成了包含不同产业领域、不同环节、不同企业主体及其关联关系的复杂网络结构。事实上，与产业链供应链有关的最重要的议题之一就是其安全性和稳定性，该议题涉及技术、原材料、零部件、产品、人力、物流、资金等诸多要素。因此，保持产业链供应链安全稳定是一项复杂的系统性工程。2023 年 1 月 31 日，中共中央政治局就加快构建新发展格局进行第二次

集体学习时强调"增强产业链供应链的竞争力和安全性",2月21日进行第三次集体学习时强调"切实加强基础研究,夯实科技自立自强根基",中共中央政治局会议提出"更好统筹发展和安全",由此可见党中央对产业链供应链安全稳定发展的重视上升到一个新的高度。另一方面,关于提升产业链韧性和安全水平的必要性,中国社会科学院工业经济研究所副所长、研究员张其仔在接受《中国经济时报》采访时指出,一是掌握战略主动权,把产业链供应链发展放在自身的力量基点上;二是以提高企业的科技创新能力为目标,加强应用环境的构建,促使创新链与产业链协同发展;三是坚持维护产业链供应链的公共产品属性。2022年10月,工业和信息化部正式确定杭州、武汉、成都等12个城市为首批产业链供应链生态体系建设试点,通过机制创新、政策支持等多种手段推动区域产业链供应链生态体系迭代升级。

在产业链和创新链融合研究方面,胡乐明指出产业链与创新链融合发展对推进供给侧结构性改革、建设现代化经济体系、跨越中等收入陷阱、积蓄长远发展动力具有重要作用。高洪玮指出,当前中国产业链和创新链融合发展的问题在于科技成果转化率低、创新动力不足、配套的相关机制体系不健全等。刘湘和赵琪从实际出发提出,产业链和创新链的深度融合能够调整经济产业结构、优化资源配置、推动区域协调发展。张晓兰和黄伟熔认为,我国产业链和创新链呈现系统性、耦合性、全面性的融合趋势,指出我国要围绕产业链部署创新链,攻克产业关键核心技术,并围绕创新链布局产业链,确立企业创新主体地位,将科技成果转化为经济社会发展的现实动力。刘婧玥和吴维旭从产业政策的角度出发,构建了3条产业链创新链融合发展的路径,其中主要通过搭建创新资源集聚平台等形式,推动创新链与产业链融合。

在产业链、供应链与创新链(以下简称"三链")融合研究方面,李嘉林和侯树立分析了产业链、供应链、创新链之间相互影响且协同发展的内在关系,即产业链和创新链不同环节是彼此融合、协同并进的,供应链和创新链是相互衔接、共同促进的关系,它们的发展都离不开创

新链。在产业链、供应链与创新链的融合模式方面,王介雯提出打造产业链协作、供应链协同、创新链共享的融合发展模式,可使产业链的发展水平得到提升,优化资源配置,从而实现创新体系和产业体系的协调发展。杨晓芳认为高校对京津冀产业链、供应链与创新链融合的作用及促进策略,有利于优化资源配置、增强技术创新竞争优势、加速科技创新成果转化等。

综合上述研究发现,产业链与供应链融合研究的文献较少,京津冀制造业产业链、供应链与创新链"三链"融合文献较少,关于"三链"融合的定量研究很少见到。因此,本报告将运用产业链供应链相关理论,探讨京津冀产业链、供应链与创新链"三链"融合的现状、发展目标、面临的挑战、模式及对策。

二 "三链"融合对京津冀协同发展的意义

(一)综观世界——着力发展制造业产业链已成为各国共识

从国际层面看,随着新一轮技术革命和产业变革的持续推进,新型科技的蓬勃发展以及创新成果的产业化,已成为实现区域经济高质量发展的新动能。中美贸易争端和新冠疫情冲击使得全球产业链遭受巨大挑战,产业链供应链的区域化、本地化及链条缩短的趋势进一步加强。这些因素叠加使全球产业链供应链断裂风险增大,给我国产业发展的安全性和产业循环的畅通性与稳定性带来较大的负面影响。多年来,世界各国都非常重视科技创新,加快推动产业链与创新链深度融合,把握新技术和产业革命的发展契机,是重构全球产业链供应链的关键所在,也是提高我国在全球价值链中所处位置的关键举措。制造业产业链供应链的每一个环节都环环相扣,任何一个环节中断或断裂,都会影响整个链条的正常运转。因此,"三链"的融合发展是提高制造业产业链安全性和稳定性的重要举措,也是推动区域经济高质量发展的重要方式。

（二）审视国内——制造业产业链、供应链与创新链深度融合已成为发展趋势

从国内看，"十四五"规划进一步提出创新驱动发展战略，并将科技自立自强作为经济社会发展的战略支撑。通过"三链"融合发展，加快形成以国内大循环为主体、国内国际双循环相互促进的新发展格局，推动科技成果的落地转化。事实上，"三链"相互依存、相互融合。紧扣产业链供应链部署创新链，事关经济发展的质量变革、效率变革、动力变革。党的二十大报告提出，加快实施创新驱动发展战略，推动创新链、产业链、资金链、人才链深度融合。在"三链"融合方面，2021年3月5日，习近平总书记在参加十三届全国人大四次会议内蒙古代表团审议时强调，要紧扣产业链供应链部署创新链，不断提升科技支撑能力。当前，我国产业链供应链面临部分企业外迁，以及短链、断链的风险，推动"三链"深度融合有助于补齐短链、断链，实现产业链供应链的长链、固链和强链。一方面，推进制造业"三链"融合发展，对夯实我国产业基础和推动产业链现代化转型，推动制造业高质量发展具有至关重要的作用。"三链"融合是提高我国产业链安全性和稳定性的重要方式。另一方面，"三链"融合可以促使我国的优势产业领域从传统的生产制造向高附加值的研发设计、客户服务等环节延伸，使我国经济发展由要素驱动型向创新驱动型转变，实现经济发展的质量变革、效率变革、动力变革。

（三）聚焦京津冀——制造业产业链、供应链与创新链有一定的发展基础并可互为补充

伴随我国区域经济的快速发展及国内外政治经济环境的不确定性，作为我国三大区域经济之一的京津冀制造业协同发展面临前所未有的机遇和挑战。京津冀地区拥有丰富的科技创新资源和深厚的产业基础。制造业作为推动京津冀地区经济发展的重要支撑，同样面临高质量发展的迫切需求。"十四五"规划提出，要推动京津冀产业链与创新链深度融

合。"三链"深度融合是当前破解北京科技成果在津冀落地难、区域产业协同难的关键所在，也是应对全球产业链、供应链重构，推动京津冀打造世界级产业集群的重要举措。京津冀地区的资源互补性很强，河北的优势在于丰富的自然资源和低成本的劳动力，应充分发挥其疏解承接功能；北京拥有丰富的政治、文化、科技等资源，科教实力雄厚，主要发挥辐射功能；天津具有雄厚的工业基础，港口资源是其天然优势。因此，京津冀三地具备丰富的科研创新资源，且三地各有所长，能够形成深度互补，潜力巨大。

三 京津冀制造业产业链、供应链与创新链
融合的现状与发展目标

（一）京津冀制造业产业链、供应链与创新链融合的现状

自京津冀协同的国家战略实施后，京津冀地区在供应链互补、产业链协同、创新链融合方面取得了显著进展，涌现出一大批极具区域特色的产业政策及实践成果，并取得了良好的示范效应。

1. 研究与试验发展经费投入逐渐增加，新兴经济快速发展

近年来，在科学技术创新方面，我国研究与试验发展经费投入强度持续提高，2017~2020 年，全国研究与试验发展经费支出由 17606.1 亿元增加至24393.1 亿元，占 GDP 的比重由 2.12%提高至 2.40%。从京津冀三地来看，2017~2021 年，北京的研究与试验发展经费从 1579.7 亿元增长到 2629.3 亿元，是三地中经费增长幅度最大的地区，远超津冀的研究与试验发展经费，而天津和河北近 5 年的研究与试验发展经费增长幅度较小。2017~2021 年京津冀研究与试验发展经费情况见图 2。

截至 2020 年，企业、高校、科研院所在京津冀地区建立了 90 余个不同类型的产业技术创新战略联盟，有效地促进了三地之间产业链和创新链的融合。2020 年，北京企业与津冀地区签订 5000 多项技术合同，合同金额达

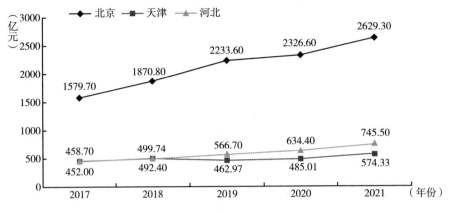

图2 2017～2021年京津冀研究与试验发展经费

资料来源：国家统计局。

347.0亿元，较上年同期增加了22.7%。天津吸收了来自京冀地区的投资，共计1438.4亿元，占天津当年接受国内投资总额的49.1%。创新投资的大幅增长是以创新链为驱动的产业链和供应链发展的基本保障。2022年，北京数字经济增加值由2015年的8719.4亿元增加到17330.2亿元，超过了其地区生产总值的40%；天津高新技术产业增加值占规模以上工业增加值的比重为14.2%；河北高新技术产业增加值占规模以上工业增加值的比重为20.6%。

2. 京津冀三地创新能力差距较大，整体结构不均衡

一是京津冀三大都市圈的创新部门呈现以北京为中心、以天津为结点的态势，但结点的数目较少，并且总体结构极不均衡；京津冀产业链和创新链的整合仍有很大的发展空间。二是京津冀地区的产业活动更加活跃，北京具有显著的外溢效应，天津、河北主动承接北京的一些产业，三地之间已逐步形成了"分工"。但是，北京作为我国经济发展的"中枢"，其对津冀地区经济发展产生较大影响，目前三地还没有形成有效的区域经济联系。三是虽然北京对津冀地区的技术合同交易金额在全国出口总额中所占的比例越来越大，但是，北京对津冀地区的技术创新没能实现有效转换，还有较大的发展空间。

3.京津冀协同创新指数高速增长，发展潜力巨大

《京津冀协同创新指数（2022）》从京津冀整体、三省市和13个地级及以上城市3个层面，分别构建了京津冀协同创新指数，包括创新能力、科研合作、技术联系、创新绩效和创新环境5个一级指标，重点分析了2013～2020年京津冀协同创新指数发展趋势。结果显示，京津冀地区的协同创新指数由100.00上升至417.27，年平均增长率为22.64%，其中2018～2020年保持高速增长态势，显示出近年来京津冀协同创新成效显著。从京津冀三地各自情况来看，2013～2020年，北京的协同创新指数由716.81上升至1132.13，是三地中增长最多的，显示出北京在建设国际科技创新中心方面的成就突出。天津的协同创新指数从2013年的505.01增长到2020年的593.28，2019～2020年，天津协同创新指数增长较快。2013～2020年，河北协同创新指数从100.00增长到263.61，取得了明显的进步。这说明北京在三地协同创新中发挥了引领作用，津冀在三地协同创新方面处于相对弱势地位，同时具有很大的发展潜力。

（二）京津冀制造业产业链、供应链与创新链融合发展的目标

自党的十九大以来，京津冀切实履行主体责任，在产业链、供应链与创新链融合发展方面取得了显著成效。习近平在深入推进京津冀协同发展座谈会上强调，京津冀作为引领全国高质量发展的三大重要动力源之一，要强化协同创新和产业协作，构建产学研协作新模式，提升科技成果区域内转化效率和比重。要坚持问题导向、目标导向，在关键处落子布局，找准"三链"深度融合的联结点、发力点。

一是以创新链为抓手，促进创新要素的集聚和发展，形成创新型产业集群，使创新成果更好地融入产业链和供应链。比如，北京将加强对创新的源头控制，建立颠覆性技术发现和培育机制，产出一批原创性创新成果，并将其应用于信息、医疗等领域，促进京津区域经济社会的协调发展。

二是建立和完善从基础研究到技术应用再到产业转化的全链条，加

大对关键核心技术的研究力度，力争取得更大的突破，推动创新要素的有序流动。创新已有的科技成果转化模式，鼓励科研机构建立创新机制与要素配置平台，重点实施"先用后付"政策，将科研机构的创新成果公开，形成创新成果资源库，努力将创新研究、应用研究和产业化三条渠道打通。

三是抓住创新人才，全方面激发人才的创造力。鼓励企业和京津冀研究院所共建产教融合基地、特色研究院、交叉学科实验室，制定"以行业需求为导向"的培养标准和课程体系，促进高素质人才的快速发展。健全技能人才评价体系，鼓励更多的企业试行新八级工制度。进一步完善科技奖励机制，促使更多的科研人员通过在企业或其他研究机构兼职来获得报酬。推进人才评价体系的构建，以效果、质量、创新能力、贡献为主要参照，激发人才的创造力。

四是抓住企业这一主要创新主体，提升产业链自主可控能力，加快培育"链主"企业，让更多充满活力的高科技企业茁壮成长。聚焦优势产业，加快建设药物制剂、生物制药领域的研发生产等平台，做大做强其他细分行业，如新能源汽车等。例如，在新能源汽车领域实施二手车及乘用车置换补贴政策，以此刺激新能源汽车的消费。

四 京津冀制造业产业链、供应链与创新链 融合发展面临的挑战

当前，京津冀创新资源分布高度不均衡，北京创新资源非常丰富、创新成果也很多，但在河北、天津落地的科技成果较少，三地尚未形成创新驱动产业转型升级的合力。京津冀产业链、供应链与创新链融合面临以下主要问题。

（一）京津冀三地科技成果转化率偏低且落地不充分

一是京津冀三地大部分科研力量和科技成果主要集中在高校和科研院

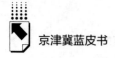
所，企业创新不足，导致科技成果转化困难，存在科技经济"两张皮"的现象。与上海相比，北京超过50%的研究与试验发展经费来自政府，上海60%的研究与试验发展经费来自企业；在北京，50%以上的科技人力资源分布在科研院所，在上海，60%以上的科技人力资源分布在企业；北京超过40%的专利来自高校，上海超过50%的专利来自企业。二是区域内科技成果的落地转化不充分。三省市之间还未形成以创新驱动产业转型升级的合力。在北京对外技术合同成交额中，京内占30%，京外占50%，技术出口占20%。其中，输出到津冀两地的技术合同成交额占比较低，天津承接北京技术合同成交额仅占北京输出技术合同成交额的0.7%，河北仅占京津输出技术合同成交额的3.6%。三是京津冀区域创新分工格局清晰，但缺乏有效的成果转化与对接机制，导致三地之间的产业联系不紧密，北京作为我国产业领域科技创新高地，其创新技术常常跨越津冀区域，流入东南沿海地区。

（二）京津冀三地制造业产业链、供应链与创新链融合不充分

一是京津冀区域内产业链与创新链的联系较弱，没有充分发挥带动和协同作用。以北京为例，从其工业技术创新产出来看，向津冀两地出口的技术合同交易量只占京外地区技术合同交易量的7.7%。与此同时，京津地区的空间基尼系数长期大于0.7，显示出京津冀地区产业技术创新和经济发展之间存在严重的错位，产业创新活动的空间格局不平衡，产业创新链条上出现了断点。二是京津冀地区之间的产业技术创新活动很难形成有效的闭环，因此，很难通过产业链、供应链等环节实现对创新成果的有效集成和利用。另外，从莫兰指数来看，京津冀三地的工业科技创新关联度、融合度和平衡度都需要进一步提升。

（三）京津冀三地制造业产业结构不均衡

近年来，河北的产业转型已取得明显进展。但是与北京和天津相比，河北的装备制造业比重仍然较低，能源和原料产业比重却较高。在利润方面，与北京和天津相比，河北的低端工业如食品加工业和轻纺工业占

据优势地位，但高科技工业如医药、石油化工和装备制造业的利润率显著低于北京和天津。从这一点可以看出，在河北的产业结构中，能源、轻工业所占比重很大，但与北京和天津相比，只在低端具有一定的优势，在高端基本不占优势。轻工业等效率低的行业所进行的产业转移对提升河北竞争力帮助较小，而效率高的行业，似乎不具备转移到河北的条件。因此，只有提升河北产业的竞争力，才能推动京津冀"三链"融合并实现高质量发展。

五 京津冀制造业产业链、供应链与创新链融合的模式

（一）京津冀制造业产业链、供应链与创新链融合的模型

创新链中的新思想、新技术等，一般都需要与产业链、供应链融合，它们的价值才能得以体现，而且在与产业链、供应链融合的过程中，这些新思想、新技术还会对产业链、供应链上的活动产生重要影响，包括产业技术改进、升级与产业链、供应链重塑等；而创新型技术的应用有利于企业开发新产品，这种做法显著提高了企业的市场竞争力，还使得面对激烈市场竞争的企业有了新的研发需求，起到了拉动创新链需求的作用，并不断促进创新活动的调整、改进和深化。

京津冀地区制造业的设计与研发中心主要在北京，而加工、生产等环节主要在津冀地区完成，京津冀制造业产业链、供应链与创新链融合机制如图3所示，下面介绍京津冀制造业"三链"融合涉及的主要过程。

（1）在京津冀制造业产业链、供应链与创新链融合的过程中，政府发挥主导作用。一方面，京津冀的政府管理部门为三地的科研院所、高校等研究机构提供政策上的支持，包括科技、产业、人才、投融资以及信息政策等，对政策链、资金链、人才链、信息链等各类创新要素和产业要素的流动与分配产生影响，鼓励这些研究机构进行颠覆性创新。例如，2021年北京投资天津地区的资金共计1369.80亿元，项目有1076个；北京市政府支持

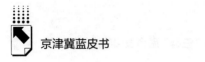
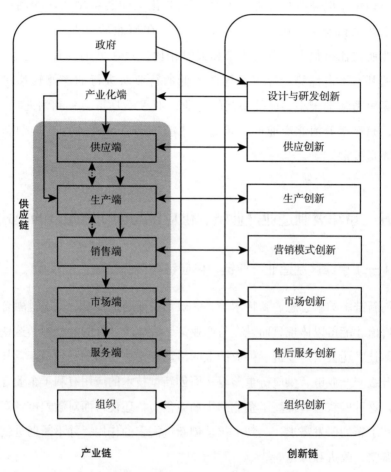

图3 京津冀产业链、供应链与创新链融合机制

一批在京高校疏解转移到雄安新区等政策。另一方面，政府还可以通过引进一家或多家创新型"链主"企业带动区域内原有的企业创新发展。例如，我国引入特斯拉汽车，其在国内建立配套企业，同时向国内的新能源汽车供货，进而帮助中国构建新能源汽车全产业链。国内新能源汽车市场有了巨大改善，同时配套的供应链得到优化与规范。

（2）研究机构包括高等院校、科研院所等，这些机构需要坚持自主创新，大力发展具有自主知识产权的关键技术和核心技术。部分企业也会建立自己的研发机构，其目的在于完成核心技术的积累和未来产品的开发，提高企业的核心竞争力，这也是企业战略管理和企业文化的体现。例如，特斯拉上海研发创新中心专注于特斯拉在华软硬件、流程和技术的开发工作，这不仅是特斯拉本土化战略的再度尝试，也意味着中国新能源汽车的研发已达到国际领先水平。

（3）研究机构的创新成果在京津冀的相关企业落地。一是北京的创新成果（专利）授权给津冀的制造企业并指导其进行成果的产业化；二是津冀的制造企业联合体提供资金用于研究机构的研发创新工作，获得的成果用于津冀制造业；三是京津冀三地搭建产学研一体化平台，实现资源、信息、数据的共享，最终均衡分配获得的利益。

（4）通过科技创新削减成本与提高效率，使供应商的整个供给过程更为精简，达到最佳生产效率，使供应商具有更强的竞争优势。

（5）生产创新本质指生产技术或工艺的创新，它可以简化制造商的生产流程，提高其生产效率，进而帮助制造商缩短产品开发周期、提高产品质量等。

（6）通过商品数字化、会员数字化等新型营销模式可以构建线上、线下融合的新平台，将其运用到传统的零售行业中。零售商接受并运用各种新技术可以顺应时代发展，提升消费者的体验。

（7）在商品流向市场的过程中，创新可以帮助扩大原有的市场或开发新市场，进而创造出新的需求。

（8）服务创新以创造性的服务内容提升、颠覆性的服务模式再造，激活用户更多的潜在需求，保障用户最佳体验。

（9）行业组织基于互联网技术综合应用，即数字化的线上线下高度融合的创新组织管理模式，应用科学的知识和方法，适应外部环境及组织内部条件的变化，从而提高组织活动效益。

（二）京津冀制造业产业链、供应链与创新链融合模式

京津冀制造业产业链、供应链与创新链融合模式有两种：传统的政府激

励研究机构设计与研发创新及创新成果转化的融合模式（模式Ⅰ），政府引入创新型"链主"企业的创新融合模式（模式Ⅱ）。模式Ⅰ是较传统的，而模式Ⅱ较为新颖。

模式Ⅰ：政府激励研究机构设计与研发创新及创新成果转化的融合模式。目前，京津冀三地的创新成果落地不足，北京对津冀地区产业创新技术输出比例较低。基于这样的现状并结合图3中的模型可知，政府应发挥其在技术创新中的主导作用，推动产业链、供应链与创新链深度融合。一方面，在京津冀地区，政府通过出台各类政策，对京津冀"三链"融合过程中出现的各种问题及时进行调整。另一方面，在政府引导下，构建产学研用新型合作平台，充分发挥科技、金融等中介机构在"三链"融合中的纽带作用，强化信息和资金链等要素对"三链"正常运转和融合的支持。此外，还可以通过搭建技术交易平台等，对各类技术信息资源进行整合，满足市场需求，为创新成果转化和产业升级发展提供精准服务。例如，石药集团是一家位于石家庄的创新驱动型医药企业，在政府的政策激励下，石药集团积极与北京、天津进行产业协作，与京津顶尖院校合作进行管理和职业技能培训，通过了国家高新技术企业认定。

模式Ⅱ：政府引入创新型"链主"企业的创新融合模式。为维护产业链的安全稳定，政府推出针对产业链补链、延链、强链的"链长制"。"链长制"最早出现在湖南长沙，随后在浙江全省推行，目的在于推动区域块状特色产业做大做强。"链长制"由"链主"和"链长"两个部分组成，"链长"即政府，除了提供政策支持外，还能通过引入"链主"企业推动产业链、供应链与创新链的融合。在产业链发展过程中，"链主"企业能够协调产业链各个节点的活动，引领产业链发展。

结合图3中的模型可知，在此模式下，京津冀三地的"链长"引入"链主"企业，推动当地产业链、供应链与创新链深度融合。一方面，以市场为导向，发挥"链主"企业的带头作用。市场是创新需求的牵引者，要充分发挥市场需求与"链主"企业的导向作用，鼓励新技术和新产品的研发投资。加强企业的创新主体作用，促进各种创新要素向企业集聚，提高企业资源配置、转化应用的能力，建设创新技术策源地。另一方面，引进"链主"企业有利于改善企业投融资环境，拓宽融资渠道，逐步完善投融资结构，充分发挥市场的作用。加大对产业创新链前端的金融支持力度，对低成本金融资源进行系统整合，采取引导基金带动、贴息政策扶持等措施，降低创新型企业的融资门槛，并降低其融资成本。此外，引入"链主"企业也有助于支持各类创新主体积极参与科研与技术开发活动，激发高端技术人才的创新活力和积极性。例如，2022年全球知名的创新型企业特斯拉在北京设立设计中心，它的电池研发技术属于颠覆性创新。2017年10月，全国第一家特斯拉科技创新中心在北京设立，借此带动京津冀创新链与新能源汽车产业链、供应链的融合发展，这就属于模式 II。

（三）京津冀制造业产业链、供应链与创新链融合模式案例分析

1. 石药集团医药健康产业链供应链创新发展的案例分析

"十四五"规划强调要进一步优化医药产业布局，推进京津冀协同发展，促进医药产业在全国范围内合理布局和有序转移。随着京津冀协同发展上升到国家战略层面，京津冀地区是国家生物医药产业发展的主要集聚区，以北京为中心、天津和河北互补协作的区域协同发展格局正在逐渐形成。

石药集团是一家位于河北省石家庄的集研发、生产和销售于一体的创新驱动型医药企业，在"2022京津冀地区生物医药企业十强"榜单位居第二，拥有一支国际化的研发团队、八大创新研发平台，部分研发技术在国际上处于领先地位。为落实京津冀协同发展战略，石药集团积极与北京、天津进行产业协作。近年来，石药集团与清华大学、北京大学、天津大学等京津顶尖院校合作进行管理和职业技能培训，培养制药工程、药剂学、药学等研发领域的人才。

2023年2月，石药集团在北京设立的研发中心——北京抗创联生物制药技术研究有限公司通过了国家高新技术企业认定，这是对企业科研实力及科研水平的有利证明。该公司主要负责研究心脑血管、肿瘤、内分泌、神经等疾病和生物制剂等产品的开发，在特殊制剂开发方面具备较强的科

技竞争力。2021年4月2日，石药集团与天津市肿瘤医院达成战略合作。双方约定，在临床研究、人才建设、学科建设、智慧医院建设及肿瘤专科合作方面进行全面深入战略合作。双方将发挥各自国内外资源优势，搭建与国外医疗机构的合作平台，并将在互联网医院建设以及多个肿瘤领域开展深度合作。

2. 特斯拉新能源汽车产业链供应链创新发展的案例分析

特斯拉是全球知名的创新型企业，在智能电动汽车设计、科技创新、成果转化、产品制造、商业模式创新、售后服务及废旧品回收再利用等领域，达到世界领先水平。

在新能源汽车设计方面，特斯拉计划2022年在北京设立设计中心，并在北京组建本土设计团队，负责打造新能源汽车。在新能源汽车研发方面，特斯拉于2017年10月于北京设立了全国第一家特斯拉科技创新中心，致力于研究与开发新能源汽车及其零部件、电池、储能设备等。在新能源汽车生产方面，2021年8月26日，首批特斯拉Model Y标准续航版车型在北京交付，特斯拉Model Y标准续航版不仅具有强大的安全性，在设计、空间、实用性等方面都得到了车主们的认可。在新能源汽车营销方面，特斯拉在河北省开设了石家庄万象城体验店、石家庄欢乐汇100体验店等两家体验店，以及石家庄特斯拉中心、保定特斯拉中心、廊坊特斯拉中心等3家体验中心。2021年9月9日，亚洲单体面积最大的特斯拉交付中心——北京蟹岛特斯拉中心正式落成。在新能源汽车售后服务方面，2022年8月30日，特斯拉在北京建立的超级充电站突破100个，北京特斯拉车主15分钟内即可找到充电站点，纯电动汽车带来的出行体验不断提升。

六 京津冀制造业产业链、供应链与创新链融合发展的对策建议

在对京津冀三地制造业"三链"融合的现状、问题和模式深入研究的基础上，提出以下六个方面的对策建议。

（一）进一步加大对三地制造业创新产品设计与研发的政策支持力度，激励三地在产品设计与研发方面开展深度合作，促进三地制造业研发创新的协同发展

在创新产品的设计与研发方面，北京有丰富的资源和较强的实力，吸引了世界知名的科技创新型企业，如特斯拉在京设立科技创新中心和设计中心。从短期来看，京津冀三地尤其是天津和河北两地需加大创新产品设计与研发的政策支持力度，寻求与北京相关研发部门的合作，实现津冀两地研发创新能力的提升。从中长期来看，三地要加强创新型人才的培养、交流与合作，实现津冀制造业创新能力的进一步提升，为京津冀三地制造业转型升级和高质量发展创造有利条件。

（二）搭建三地产学研合作与产业化创新平台，进一步推动三地制造业创新成果的转化

由于三地在创新成果与科技资源分布、产业链供应链布局上存在一些问题，特别是津冀在承接北京创新成果方面存在障碍。因此，三地共建产学研合作与产业化创新平台，利用大数据、数字化技术，实现创新成果产业转化，积极推动颠覆性创新成果在津冀落地，推动三地制造业产业链供应链做大做强。

（三）引进创新型"链主"企业，推进三地制造业产业链供应链的高端化、智能化和绿色化，实现三地高端制造业的协同创新

与长三角、珠三角地区制造业的科技创新实力和融合程度相比，京津冀三地有较大的发展空间。通过引进世界知名创新型企业，带动京津冀制造业产业链供应链的稳步升级。例如，2017 年特斯拉在京设立科技创新中心，2021 年在京成功上线智能电动汽车，该模式可以推广到津冀两地。借助创新型科技公司智能化、绿色化和数字化技术与世界级品牌的影响力，实现三地制造业可持续发展。

（四）围绕制造业产业链供应链重点领域和关键环节强化协同创新

根据《关于北京市推动先进制造业和现代服务业深度融合发展的实施意见》，以及京津冀对高精尖产业发展提出的八个重点领域，包括新一代信息技术和制造业服务业融合、医药制造与健康服务有机融合、智能网联汽车制造和服务全链条体系等，大力支持北京科研院所联合天津与河北研发机构，围绕京津冀产业转型需求，开展技术研发，搭建共同的技术协同攻关平台、制定关键技术"揭榜挂帅"制度等，推动京津冀传统产业转型升级。通过打造一批三地制造业产业链、供应链与创新链融合的典型案例，进一步推动三地制造业的协同发展。

（五）完善制造业产业链供应链运转所需的资金链

通过加大对科技创新的投入，包括加大政府财政对产业基础研究的投入，同时搭建支持制造业"三链"融合的多元化投融资体系平台，充分利用风险投资、银行信贷、资本市场等资金资源，推动京津冀制造业"三链"融合可持续发展。

（六）建立和完善制造业"三链"融合的利益分配机制

在创新成果商品化过程中，收益是否得到了合理分配将直接影响产学研的合作效果，进而影响产业链、供应链与创新链的进一步融合。由于科研院所和企业在创新链与产业链中所处的环节和扮演的角色不同，其对相关创新成果转化的贡献度很难量化。因此，要想实现产业链、供应链与创新链的有效融合，就需要对各个创新主体的利益进行全面协调，减少其利益争议和冲突。

参考文献

褚思真、万劲波：《创新链产业链的融合机制与路径研究》，《创新科技》2022 年第

10 期。

高洪玮：《推动产业链创新链融合发展：理论内涵、现实进展与对策建议》，《当代经济管理》2022 年第 5 期。

国家信息中心信息化和产业发展部、京东数字科技研究院：《携手跨越重塑增长——中国产业数字化报告》，2020。

河北省重点高端智库省社科院京津冀协同发展研究中心：《京津冀协同发展报告（2022）》，经济科学出版社，2022。

胡乐明：《产业链与创新链融合发展的意义与路径》，《人民论坛》2020 年第 31 期。

李国平：《京津冀协同创新指数（2022）》，首都发展新年论坛，2023 年 1 月。

李嘉林、侯树立：《统一大市场背景下京津冀产业链供应链创新链协同融合路径》，《工业技术与职业教育》2023 年第 1 期。

刘粲、赵琪：《创新链与产业链融合发展驱动智慧城市建设》，《市场周刊》2022 年第 4 期。

刘婧玥、吴维旭：《产业政策视角下创新链产业链融合发展路径和机制研究：以深圳市为例》，《科技管理研究》2022 年第 15 期。

盛朝迅：《推进我国产业链现代化的思路与方略》，《改革》2019 年第 10 期。

王介雯：《"双循环"背景下东营市产业链、供应链、创新链"三链"分析》，《中国市场》2021 年第 21 期。

吴金明、邵昶：《产业链形成机制研究——"4+4+4"模型》，《中国工业经济》2006 年第 4 期。

杨晓芳：《高校促进创新链产业链供应链融合发展策略研究——基于京津冀协同发展视角》，《质量与市场》2022 年第 10 期。

杨忠、李嘉、巫强：《创新链研究：内涵，效应及方向》，《南京大学学报》（哲学·人文科学·社会科学）2019 年第 5 期。

叶堂林、申建军：《完善京津冀产业协同创新链》，《北京观察》2021 年第 4 期。

叶堂林、李国梁主编《京津冀蓝皮书：京津冀发展报告（2021）》，社会科学文献出版社，2021。

张厚明：《制造业产业链与创新链融合发展的四个着力点》，《中国经济时报》2022 年 12 月 8 日。

张昆仑：《"产业"的定义与产业化——从马克思的"产业"思想论起》，《学术界》2006 年第 1 期。

张晓兰、黄伟熔：《我国产业链创新链融合发展的趋势特征、经验借鉴与战略要点》，《经济纵横》2023 年第 1 期。

中国社会科学院工业经济研究所课题组：《推动产业链与创新链深度融合》，《智慧中国》2021 年第 12 期。

Christensen, M. Clayton, Michael E. Raynor, *The Innovator's Solution: Creating and*

Sustaining Successful Growth (Boston: Harvard Business School Press, 2003).

A. O. Hirschman, "The Strategy of Economic Development," *Ekonomisk Tidskrift*61 (1958).

J. J. Marshall, H. Vredenburg, "An Empirical Study of Factors Influencing Innovation Implementation in Industrial Sales Organizations," *Journal of the Academy of Marketing Science*20 (1992).

J. T. Mentzer et al., "Defining Supply Chain Management," *Journal of Business Logistics*22 (2001).

J. A. Schumpeter, *The Theory of Economic Development*: *An Inquiry into Profits*, *Capital*, *Credit*, *Interest and the Business Cycle*, Translated from the German by Redvers Opie [New Brunswick (U. S. A) and London (U. K.): Transaction Publishers, 1911].

B.5
京津冀制造业数字化发展现状
与协同推进路径

杜传忠　郝　园　李志巧　李浩伟　赵延文*

摘　要： 调整优化城市布局和空间结构，构建现代化交通网络系统，
提高环境容量，推进产业升级转移，推动公共服务共建共享，
加快市场一体化进程是京津冀协同发展的核心任务。应深入
研究京津冀各区域制造业的发展机制、发展能力、创新能力
差距，综合设计制造业数字化发展路径，通过加强顶层设计、
发挥区域优势、各方协调联动、打通数据壁垒、加强合作共
建、建立联动机制推进京津冀制造业数字化发展，并建立完
善的协同推进保障机制，以全面打造现代化新型首都圈，努
力形成京津冀目标同向、措施一体、优势互补、互利共赢的
协同发展新格局。

关键词： 京津冀　数字化发展　协同发展

---

* 杜传忠，南开大学经济与社会发展研究院教授，博士生导师，产业经济研究所所长，研究
方向为产业经济；郝园，河北省工业和信息化发展研究院数字经济研究所所长，研究方向
为数字经济、工业互联网创新发展及工业信息安全、信息化发展水平评价等；李志巧，河
北省工业和信息化发展研究院数字经济研究所副所长，研究方向为数字经济、工业互联网
创新发展及软件质量等；李浩伟，河北省工业和信息化发展研究院数字经济研究所研究
员，研究方向为数字经济、工业信息安全；赵延文，北京市产业经济研究中心研究员，研
究方向为产业经济、区域经济等。

一 京津冀制造业数字化协同

（一）制造业数字化协同取得的成效或进展

1. 京津冀制造业数字化发展概况

（1）北京制造业数字化发展现状

自"十三五"以来，北京深入落实首都城市战略定位，全力建设国际科创中心，建设数字经济标杆城市。一方面，疏解非首都功能产业，控增量、优存量；另一方面，大力发展新一代信息技术等十大高精尖产业，打造数字经济标杆城市，出台了《北京市加快建设全球数字经济标杆城市的实施方案》《北京市数字经济促进条例》等政策。2022年，北京市数字经济实现增加值1.7万亿元，增速为4.4%，占地区生产总值的比重达41.6%，数字经济的核心产业增加值达9958.3亿元，同比增长7.5%，占地区生产总值的比重为23.9%。[①]

产业数字化是北京数字经济发展的核心之一，北京制造业数字化水平全国领先。全国范围内，北京工业互联网平台数量、接入资源量、国家级智能制造系统方案供应商数量、数字经济核心产业企业专利授权量均居全国第一，培育形成东方国信、用友、航天云网、百度、京东5个跨行业跨领域工业互联网平台。智能制造示范企业关键工序装备数控化率达到80%，数字化研发设计工具普及率、关键工序数控化率、生产设备数字化率均居全国前列。北京市规模以上制造业中每万名工人拥有200台工业机器人，规模以上工业企业上云上平台率大于40%，中小企业上云上平台用户突破20万家。

一是重磅政策密集出台，推动制造业智能化发展。"十三五"时期，北京相继发布《"智造100"工程实施方案》《北京机器人产业创新发展路线图》《北京

---

① 《北京市2022年国民经济和社会发展统计公报》，北京市统计局网站，2023年3月21日，http://tjj.beijing.gov.cn/zxfbu/202303/t20230320_2940009.html。

市"新智造 100"工程实施方案（2021—2025 年）》等政策文件，解决企业数字化发展难题，建设行业标杆性智能工厂，实施智能制造示范应用项目，打造了一批立足北京、服务全国的高水平系统解决方案供应商和单项世界冠军。

二是建设标杆基础设施，筑牢产业数字化根基。以智慧城市建设为着力点，以新基建为抓手，形成"双跨+行业+特定技术"的工业互联网平台体系。2022 年，全市新基建完成投资 935.3 亿元，同比增长 25.5%，占全市投资的比重为 11.1%。[①] 千兆固网累计接入 134.4 万名用户，建成 5G 基站 7.6 万个，实现五环内全覆盖、五环外重点区域和典型场景精准覆盖。建成国家工业互联网大数据中心和顶级节点指挥运营中心，顶级节点接入 17 个，二级节点和主动标识注册数量超 22.7 亿。

三是引入高端平台，精准实施智能诊断。结合《北京市智能制造诊断评估工作规则（试行）》，引入全球知名机构、博世工业 4.0 创新中心及国内科研院所，对市区内百余家重点制造业企业进行智能制造领域咨询诊断，针对具体智能化提升问题提供解决思路，对服务商工作质量进行抽查，建立针对每个行业的专家库、项目库、场景库，形成新技术新产品新场景名录，其典型经验做法在全市推广。

四是打造标杆企业，制造业数字化转型加速。全面推开"新智造 100"项目，北京三一智造科技有限公司等 5 家企业入选工信部 2022 年智能制造示范工厂揭榜单位，SMC（北京）制造等 9 家企业入选 11 个智能制造优秀场景；2022 年培育认定北京市智能工厂 36 个、数字化车间 47 个，206 家老字号实现触网销售。以重点企业为例，福田康明斯通过实施智能工厂项目，获评世界经济论坛全球"灯塔工厂"；三一重工成为全球重工行业首家获认证的"灯塔工厂"。

（2）天津制造业数字化发展现状

天津坚持立足新发展阶段、贯彻新发展理念、构建新发展格局，聚焦数字时代高质量发展。2022 年，全市工业增加值达到 6038.93 亿元，占地区

---

① 《北京市 2022 年国民经济和社会发展统计公报》，北京市统计局网站，2023 年 3 月 21 日，http：//tjj.beijing.gov.cn/zxfbu/202303/t20230320_2940009.html。

生产总值的比重达到 37%。① 其中，重点产业产值占规模以上工业增加值的比重提高至 77.9%。高端装备、汽车和新能源汽车、绿色石化产业利润总额实现两位数增长。产业结构持续优化。全年高技术产业（制造业）增加值增长 3.2%，占规模以上工业增加值的比重为 14.2%。规模以上工业企业利润增长 4.0%，高于全国平均水平 8.0 个百分点。②

同时，天津市政府颁布了《天津市加快数字化发展三年行动方案（2021—2023 年）》与《天津市制造业高质量发展"十四五"规划》。从产业视角看，天津市以智能科技、装备制造、原材料和消费品四个行业，绿色节能和安全生产两个重点领域以及传统产业为主要内容。重点发展信创、集成电路、高端装备、新能源、生物医药等产业链，走差异化发展道路，持续推动重点产业数字化转型。

一是与制造业数字化相关的政策相继出台，提升产业智能化水平。2021～2022 年，天津市相继出台《天津市加快数字化发展三年行动方案（2021—2023 年）》《天津市制造业高质量发展"十四五"规划》《天津市工业布局规划（2022—2035 年）》。在相关政策的推动下，装备制造业、汽车产业、石油化工产业、航空航天产业向智能化、绿色化方向发展，打造智能科技产业创新高地、战略性新兴产业基地、制造业高质量发展示范区，建成制造强市。2021 年《天津市促进智能制造发展条例》出台，服务"一带一路"建设和京津冀协同发展重大国家战略，加快实现智能制造领域创新突破。

二是两化融合水平持续提高。截至 2022 年 9 月，天津大力推动制造业数字化转型，持续普及推广两化融合管理体系，天津两化融合发展指数达到107.2，居全国第 7 位。目前，天津工业关键工序数控化率达 61.5%，数字化研发设计工具普及率达 85.2%，关键业务环节全面数字化普及率达59.5%，均处于全国前列。2022 年，天津新增两化融合贯标达标企业 400 多家。③ 积极推进工业企业上云用云，2022 年天津评选出 50 多个上云平台应

① 数据来自国家统计局，https：//data.stats.gov.cn/easyquery.htm？cn=C01。

② 数据来自天津市统计局，https：//stats.tj.gov.cn/tjsj_52032。

③ 数据来自天津市工业和信息化局，https：//gyxxh.tj.gov.cn/ZWGK4147/gxjgfxwj。

080

用示范项目。天津连续 5 年举办中国（天津）工业 App 创新应用大赛，累计 23 个工业 App 入选工信部优秀解决方案，位列全国第一。①

三是精准实施智能诊断，保障企业数字化转型。结合《天津市关于加快推进智能科技产业发展的若干政策》和《天津市智能制造发展"十四五"规划》，不断完善智能制造体系，推进实施"海河英才""海河工匠"等数字化转型专项政策，实施公有云、混合云和边云协同的云化部署，面向转型制造业提供涵盖设计、生产、管理等制造全过程的服务；针对企业实际情况，推进工业 4.0 时代下企业数字化转型，助力攻克企业转型难点，形成新技术、新产品、新场景的智能制造典型名录，在全市推广实施。

四是新型基础设施不断完善，工业互联网建设持续推进。据《2022 年软件和信息技术服务业统计公报》，2022 年天津市软件和信息技术服务业实现收入 2722 亿元，同比增长 12.3%，在主要省份中排第 8 位。② 目前，天津网络可覆盖率和可承载能力位居全国前列，城市居民家庭千兆网速的覆盖率等多项指标始终保持全国首位，成为全国首批广电 5G 网络服务的试点运营城市。截至 2022 年底，天津市累计建成 5G 基站 5.5 万个，重点区域、场所优先覆盖，农村区域实现村村通 5G。③

五是加速企业数字化，打造智能制造先行区。天津已成功举办 4 届世界智能大会，建成了丹佛斯、海尔第五代移动通信（5G）智能工厂、中科曙光"先进计算设备智能工厂"等一批全球智能制造标杆，累计创建智能工厂、数字化车间 102 家，设立智能制造财政专项资金 100 亿元，累计支持 5 批 1726 个项目，市、区两级财政共支持 52.1 亿元，形成了 1∶20 的放大带动效应。④ 在工信部公示的 2022 年度智能制造示范工厂揭榜单位（99 个）

① 数据来自天津市工业和信息化局，https://gyxxh.tj.gov.cn/ZWGK4147/gxjgfxwj。
② 《2022 年软件和信息技术服务业统计公报》，运行监测协调局网站，2023 年 1 月 31 日，https://wap.miit.gov.cn/gxsj/index.html。
③ 数据来自天津市工业和信息化局，https://gyxxh.tj.gov.cn/ZWXX5652。
④ 《天津市制造业高质量发展"十四五"规划》，天津市政府网站，2022 年 6 月 26 日，https://www.tj.gov.cn/zwgk/szfwj/tjsrmzfbgt/202107/t20210701_5493059.html。

和优秀场景名单（389 个）①中，天津有 4 家企业上榜；企业入选 9 个智能制造优秀场景。以典型智能制造企业为例，天津海尔成功打造全球唯一波轮、滚筒洗衣机的"无人智能化工厂"，将 5G、工业物联网和先进分析技术结合起来，将产品设计速度提高 50%，将质量缺陷减少 26%，将单位产品能耗降低 18%，采取 7×24 小时工厂订单式生产模式，成为全球首个洗衣机行业端到端"灯塔工厂"；②天津力神"动力电池智能制造试点示范"项目所有环节均采用了智能装备和系统，产能与之前相比提升约 6 倍，设备国产化率达 90%，产品研制周期缩短 30% 以上，不良率降低 20% 以上。③

（3）河北制造业数字化发展现状

河北作为我国工业大省，近年来加速发展，逐步形成了以装备制造、钢铁、石化、食品、医药、建材、纺织服装等七大产业为主导，并涵盖 40 个工业行业大类的较为完备的产业体系。

一是信息基础设施建设全面提速。2022 年新建 5G 基站 3.8 万个，全省 5G 基站累计突破 9 万个，排全国第 7 位。持续推动 IPv6 规模部署，全省移动网 IPv6 流量占比超过 45%，固网 IPv6 流量占比超过 13%，较 2020 年底提升 200% 以上，全国唯一 E 波段高容量微波通信试点落户雄安。

二是工业互联网标识解析二级节点高质量建设运营。截至 2022 年底，新建标识解析二级节点 2 个，新奥新智和中钢邢机获得工业互联网标识解析二级节点许可，全省 5 家标识解析二级节点累计接入企业 830 家、标识注册量达 3.2 亿个、标识解析量达 9.9 亿次。沧州市政府与中国信通院签订战略合作协议，全面推进中科物联标识解析二级节点建设。

---

① 《关于开展 2022 年度智能制造试点示范行动的通知》，中华人民共和国工业和信息化部网站，2022 年 9 月 27 日，https：//wap.miit.gov.cn/zwgk/zcwj/wjfb/tz/art/2022/art_95bfc4b9809647baa1994fef2bc6fc9d.html。

② 《智能制造新模式：天津海尔"洗衣机互联工厂"》，中国政府网，2020 年 6 月 23 日，https：//www.gov.cn/xinwen/2020-06/23/content_5521195.htm#1。

③ 《走进天津力神"动力电池智能制造试点示范"项目》，天津市科学技术局网站，2019 年 4 月 1 日，https：//kxjs.tj.gov.cn/ZWGK4143/ZXGZ7816/ZNZZ1470/DXAL213/202008/t20200826_3531759.html。

三是"5G+工业互联网"创新应用持续推进。印发了《河北省5G应用"领航"行动计划（2022—2024年）》，组织开展第五届"绽放杯"5G应用大赛河北区域赛，参赛项目有1410个，20个项目入选全国赛，获得一等奖1个、二等奖3个、优秀奖8个。全年新建5G应用项目383个，其中"5G+工业互联网"项目有95个，39个项目入选河北省"5G+工业互联网"典型案例，56个项目入选全国5G全连接工厂"种子"项目库，数量居全国第5位。

四是加快"1+21"工业互联网平台体系建设。完成省级工业互联网公共服务平台框架设计，培育省级工业互联网平台127个，其中以岭药业、河钢石钢等企业级平台82个，冶金炉料、空压机、钢铁装备等行业平台和石家庄、秦皇岛、唐山等区域平台共45个。河钢数字WeShyper工业互联网平台被认定为"第一个省级跨行业跨领域工业互联网平台"。

五是积极推动国家工业互联网平台在河北落地。阿里与鑫达钢铁合作建设总投资20亿元的钢铁行业工业互联网平台项目全面启动，科大讯飞羚羊工业互联网平台、用友精智工业互联网平台、旭阳云工业互联网平台等一批国家跨行业跨领域工业互联网平台、试点示范平台在河北签约落地。

六是加快工业互联网平台推广应用。河北被工信部认定为全国唯一的工业互联网应用水平评价试点省，全省累计培育工业互联网平台282个，连接工业设备1027万台（套），服务企业13.7万家，累计24个平台被工信部列为试点示范平台，全省工业互联网平台应用水平指数为31.16，工业互联网平台应用普及率达到11.48%，居全国第10位。

2.京津冀制造业数字化协同发展成就

近期，北京一直以疏解非首都核心功能为重点，与其他两地共同探索新发展思路和开拓新举措，以推动制造业更好发展。除此之外，北京还紧紧抓住创新链布局产业链的机遇，通过发展产业链来促进供应链发展，并与其他地区共同规划构建新产业链。鼓励产业链龙头企业在京津冀地区提高配套率，并采取协同创新的思路和措施，以建立良好的合作关系。

京津冀数字经济整体呈现良好的发展态势。2022年，我国数字经济总体规模接近50亿元，同比增长约10%。2022年，京津冀经济总量突破10万亿元，三地产业互补性强，尤其在数字经济领域。2021年，京津冀整体数字经济规模突破4万亿元，占全国数字经济规模的10%左右。北京数字经济规模稳步增长，核心产业优势突出。2021年，北京实现数字经济增加值16251.9亿元，占地区生产总值的40.4%。与此同时，数字经济主导产业增加值达8918.1亿元。① 2022年，河北企业工业设备上云率达19.7%，比上年提高了2.8个百分点，比全国平均水平高2.0个百分点，连续两年保持全国第一。截至2023年3月，全省上云企业总数超过8万家。预计到2023年底，天津数字经济增加值占地区生产总值的比重将达到55%以上。

京津冀协同发展成效显著。京津冀地区在数字产业链供应链供需对接和数据资源要素互通共享维度已取得良好成绩。2022年1月，京津冀工业互联网协同发展示范区正式获得工信部批复，这是我国第三个跨区域工业互联网协同发展示范区。此外，中国信息通信研究院在河北石家庄成立了创新中心，同时设立了工业互联网产业联盟—河北分联盟。河北在全国率先开展工业互联网平台应用评价试点，并在石家庄市组织举办了河北省工业互联网供需对接大会。京津冀三地技术合作网络体系也日益完善，2013~2020年，三地合作专利数由5252件增长到11611件，增速突破了120%。尤其是与周边地区如廊坊、保定和沧州的技术合作日益密切。

区域协同创新能力增强。京津冀协同创新共同体建设效果已开始显现。根据《中国区域科技创新评价报告2022》，北京创新成果溢出效应明显，技术合同成交额达到347.5亿元，同比增长22.9%。与上年相比，天津在科技创新能力方面排名进步了1位。在科技意识指数、科技活动产出水平指数和

---

① 《智库视点｜发挥数字经济在推动京津冀协同发展中的重要作用》，"国研智库"微信公众号，2022年8月23日，https：//mp.weixin.qq.com/s?__biz=MzA3ODMwNDgxNQ==&mid=2650623292&idx=3&sn=5d4b47a16a6c8e24dd6b9a4f59bf5251&chksm=874d2e7cb03aa76a36a6b6b8ca303a9edcf4bb572a58a2b6b2a2bd5b63649c147e30a2e663a7&scene=27。

环境改善指数等方面，河北都有明显的提升。三地国家技术创新中心建设正在逐步推动，围绕新能源汽车、光电显示等 8 个主要产业领域进行研发攻关，取得了 11 项非常可喜的技术成果，均达到世界先进水平。在京津冀地区，国家级先进制造业集群实现"从无到有"的突破。京津冀地区共有 1117 家专精特新"小巨人"企业，带动了 9000 多家省级专精特新中小企业的培育和发展。从《京津冀协同创新指数》来看，2013～2020 年，三地协同创新指数从 100.00 提升至 417.27，年平均增长速度为 22.64%。总体分析，北京协同创新指数从 716.81 增长到 1132.13，增速最快。天津协同创新指数由 505.01 提升至 593.28。河北协同创新指数由 100.00 提升至 263.61，取得突破性进展。

（二）制造业数字化协同存在的问题及制约因素

京津冀地区紧紧围绕北京"四个中心"、天津——全国先进制造研发基地、河北——全国产业转型升级示范区等定位，完善城市的空间布局。同时，紧抓推动新一轮科技革命和把握产业变革新机遇、充分发挥数字技术作用、推动京津冀数字化产业协同等方面仍存在一些突出问题，主要表现在以下几个方面。

1. 区域协同发展机制有待完善

在制造业数字经济协同发展方面，京津冀地区总体统筹规划不够，没有建立统一的区域协调建设领导机制，新型基础设施建设层面还未形成联动格局，与其他地区基础设施建设未形成协同效应，尤其在关键技术研发、政策资源互通、产业标准化等方面没有形成清晰的协作框架。京津冀三地数据中心等"新基建"项目存在重复建设的问题。天津和河北拥有一定数量的产业对接平台，但仍有一些平台特色不突出，存在同质化问题，还未形成区域核心竞争力，承接平台集群化、规模化、品牌化效应未能充分显现，难以实现京津冀地区数字产业一体化、数字服务一体化、数字治理一体化。

2. 区域内部数字经济发展不平衡

据统计，京津冀数字服务业企业注册资本居前 3 位的城市依次是北京、天津、石家庄，注册资本分别为 19143.18 亿元、1489.02 亿元、1052.7 亿元。北京雄厚的前端研发设计和服务供给能力，无法与津冀产业实现充分互补。北京拥有大量的数字人才资源，涵盖我国数字经济方面的权威专家，并拥有庞大的专业研究队伍和平台。科技服务业和高精尖产业基础十分雄厚。截至 2022 年 10 月，北京共计 1048 家人工智能核心企业，占全国人工智能企业总数的 1/3，排在全国首位。在核心区域产业集聚方面，北京的集聚水平在全国排名第一，目前逐步形成了全面的人工智能产业链。天津人工智能产业核心规模达到 140 亿元，人工智能领域的产业营业收入占天津规上工业和限额以上服务业产值的 24.5%。从数字经济城市竞争力来看，北京数字经济竞争力得分远远领先于津冀两地，同时河北各城市综合得分平均值落后于其他省份。分别计算京津冀、长三角和珠三角地区核心城市数字经济竞争力和方差，平均得分为 70.9、79.0 和 84.6，其方差分别为 144.0、81.5 和 26.7，京津冀地区数字经济发展不平衡问题凸显。①

3. 区域内创新能力差距较大

总的来说，京津冀地区科技创新资源分布不均衡，城市群内部创新能力差异明显。《中国区域科技创新评价报告 2022》显示，全国综合科技创新水平指数得分为 75.42 分。北京综合科技创新水平指数达到 86.22 分，在全国排第 2 位，处于第一梯队；R&D 经费投入强度达 6.44%，居全国第 1 位；万人科技论文数为 36.2 篇，居全国第 1 位；发明专利拥有量为 33.6 万件，居全国第 2 位；技术市场输出技术成交额为 6316.2 亿元，占全国总额的 22%。天津综合科技创新水平指数达到 83.50 分，也处于第一梯队。河北综合科技创新水平指数达到 60.97 分，位于第二梯队。2022 年，北京数字经济实现增加值 17330.2 亿元，高技术产业投资增长 35.3%，新基建项目投资

---

① 毕娟、王鹏：《推动京津冀数字经济协同发展》，《前线》2022 年第 6 期。

增长 25.5%。天津高技术产业（制造业）增加值增长 3.2%，战略性新兴产业相关投资、高技术制造业投资都有了明显提升，增速分别为 7.3% 和 10.0%。河北国家高新技术企业数量从 3174 家增长到 1.24 万家，高新技术产业增加值年均增长 10.0%；全年网上零售额达 4192.5 亿元，比上年增长 16.4%。

二 京津冀制造业数字化发展路径

制造业是我国国民经济的主体，是立国之本、兴国之器、强国之基，制造业数字化转型是建设现代化经济体系的关键引擎，是制造业高质量发展的必然需求。京津冀区域制造业在数字化转型过程中存在企业高层的数字化认识比较欠缺、传统工业设备数字化改造难度大等问题，深度影响制造业数字化转型进程，亟须京津冀三地深度开展合作和全局谋划，确保制造业数字化转型因地制宜、成效显著。

（一）加强顶层设计，完善区域内信息基础设施建设

统筹建设布局大数据、云计算、人工智能平台、宽带基础网络等设施，在区域内打造互联、高速、赋能、安全的信息基础设施体系。加快区域内网络接入设施升级换代，推进基础电信企业千兆光网建设，促进 IPv6 网络部署应用，推动 5G 网络向核心生产环节渗透。完善区域内工业互联网标识解析体系，推动各节点间互联互通和资源共享，推进解析服务的行业规模化应用和主动标识载体规模化部署。对平台系统末端设备的互联能力进行提升改造，推动 IT 与 OT 网络深度融合，促进工业数据多元化采集和生产各环节互联互通。

（二）发挥区域优势，加快新型关键技术与产品研发

支持区域内优势企业、科研院所、系统解决方案商联合推进边缘计算、工业仿真、测试验证等基础软硬件研发突破，推动 5G 网络模组、自动控制

系统、新型传感器等智能网联装备的创新升级。加快发展基于工业互联网的工业软件新形态，突破一批关键技术，部分关键工业软件实现自主可控，强化研发设计、生产制造等制造业关键环节的产业化应用和软件研发等能力。

（三）各方协调联动，建立区域工业互联网平台体系

建立规范的评价体系，遴选跨行业跨领域综合型工业互联网平台，推动工业数据和资源要素集聚，加速生产方式和产业形态创新变革。聚焦区域内重点行业和特色产业集群，打造特色工业互联网平台，推动平台在行业或产业集聚地落地。针对特定工业场景建设专业型工业互联网平台，推进构建数据驱动、软件定义、智能主导的新型制造体系。服务于中小微企业，驱动企业核心业务系统云化改造，引导产业链上下游业务系统迁移至云端。

（四）打通数据壁垒，推进区域数据的深度利用

引导京津冀三地制造业企业通过升级系统、部署感知设备等方式，推动调研、研发、设计等全环节数据采集，加快区域内工业数据聚合，逐步形成区域分中心与行业分中心。在京津冀三地形成供需精准对接、及时响应的数据共享机制，研究数据权属确定、价值评估、资源交换等标准，形成安全可控的数据共享空间，推动各区域和行业分中心数据资源流通。抓好数据分类分级等相关管理工作，制定数据资源规划，打造分类合理、分级合规、管理科学的数据治理体系。

（五）加强合作共建，加快培育壮大新业态新模式

鼓励大型企业加大5G、大数据、人工智能等数字化技术应用力度，全面提升研发设计、工艺仿真等智能化水平，实现全流程、精准化的智能化制造新模式。支持龙头企业打造贯通供应链、覆盖多领域的网络化配置体系，发展协同设计、分布式制造等网络化协同新模式。鼓励重点行业企业打造柔性生产体系，推广需求驱动、柔性制造、供应链协同的个性化定制新模式。

支持装备制造企业搭建产品互联网络与服务平台，开展基于数字孪生、人工智能、区块链等技术的产品模型构建与数据分析，打造设备预测性维护、装备能效优化等延伸服务新模式。

（六）建立联动机制，不断提升网络安全技术保障能力

逐步实施工业互联网企业网络安全方面分类分级管理制度，明确企业安全责任要求和标准规范，督促企业完善网络安全管理体系，加强供应链安全管理，落实企业主体责任。建立三地网络安全主管部门联动工作机制，强化逐级负责的监督管理制度，加快建立属地重点联网工业企业清单和重要数据保护目录，强化态势感知、事件通报、整改落实等数据互通和工作联动，深入开展宣标贯标、达标示范等工作。强化企业自身防护，鼓励支持重点企业建设集中的安全态势感知和综合防护系统，提升企业自身网络和数据安全技术能力。

三 京津冀制造业协同推进的保障措施

当前，京津冀协同发展进入攻坚克难的关键阶段，需要借助相关政策优势，在体制机制创新方面加大力度，有力促进京津冀三地创新链与产业链深度融合，指导区域内相关产业阶梯式转移，进而实现区域间高层次人才交流合作，创建区域协同创新共同发展的集聚地。

（一）优化产业发展政策

明确京津冀三地产业发展定位，细化产业发展方向。加强三地经（工）信系统协调联动，形成工作合力，有效助推京津冀制造业数字化高质量发展。努力落实与产业相关的支持政策，对制造业数字化智能化转型升级、工业互联网创新发展试点示范等关键项目进行重点支持。努力贯彻软件与信息服务业创新发展的一系列优惠政策，为企业提供支持和便利。做好企业"双软评估"申报和复评工作，开展"知识产权信息进企业促创新"活动。发挥河北省金融服务平台融资服务作用，为企业提供一站式普惠金融服务，

引导企业登陆资本市场上市融资。发挥科技成果展示交易中心作用，为数字经济科技成果交易提供全链条、全天候、规范化服务。

（二）加强数字相关人才培育

为推动京津冀产业融合发展，必须加强数字化、融合型人才的培养和引进，以满足数字技术与产业融合需求。首先，以产学研联合模式构建培养协作机制，有效促进高校、科研机构与企业合作。通过推广跨学科专业设置方式，采用融合型发展模式，培养技能专业型和复合型人才，使其在数字经济、人工智能等领域发挥重要作用。其次，以多种灵活形式对相关从业人员定期开展数字知识技能培训。在跨领域数字化技能与数字化管理知识方面，应鼓励和引导京津冀地区企业为数字相关工作人员提供再教育培训，以便其及时掌握相关技能。在数字化人才普及和数字产业融合发展方面，数字知识技能培训起到关键支撑作用。最后，采取激励机制、引入普惠政策，依托高校、科研院所等，重点在专业知识储备、数字产业发展意识和数字化融合方面吸纳引进高层次人才。同时，着力构建"数字工匠"团队，使其成为产业数字化和数字产业化发展的中坚力量。

（三）强化合作创新机制

目前，尽管北京、天津、河北三地在智能交通、产业发展、生态治理等方面已取得一定的成绩，但仍存在跨行政区域利益统筹发展机制不健全、政府激励机制不完善等问题，因此，需要不断优化合作机制，平衡多方主体间的关系。首先，在政府层面，不断优化协调机制，持续加强政策创新。包括加强顶层设计，统筹协调三地数字经济发展，共同推动关键项目落地实施。其次，优化跨区域合作的利益共享机制。在京津冀数字产业领域，以搭建工业互联网平台、数字技术创新公共服务平台等产业数字化信息平台为依托，有效推动项目跨区域合作，在技术、人才、知识等方面取得更大成效。最后，探索构建合作试点示范区。根据京津冀三地优势，优先在数字经济发展较好、数字产业融合取得先进成效的城市设立数字化示范区。

（四）营造优质市场环境

为加快京津冀地区制造业高质量发展，需进一步深化京津冀协同发展合作机制，并着重构建三地工业互联网协同发展示范区。首先，在基础网络互联、平台上云应用、数据汇聚赋能和安全保障等方面，逐步完善工业互联网生态体系，加快提升工业互联网基础设施建设和应用水平，促进创新资源共享，打造工业互联网发展集聚地。其次，通过深化合作机制，促进京津冀地区在工业互联网领域协同发展，建立完善的生态系统，推动制造业向数字化、网络化和智能化方向发展。通过打造示范区，吸引更多创新资源和人才集聚，推动京津冀地区成为全国产业转型升级的引领者。优化高层次领军人才引进和人才培育方面的相关措施，制定并落实高层次领军人才引进等计划，大力引进领军型科技人才。最后，高质量筹办 2023 中国国际数字经济博览会，支持举办京张"中国数坝"峰会、官厅湖"数聚会"等品牌活动，组织区域内优势基地园区和重点企业参加贵阳大数据博览会、数字中国建设峰会、中国国际软件博览会等国内知名展会，开展对接招商，为重大项目落地营造良好氛围。

参考文献

唐建国、赵刚：《建设全球数字经济标杆城市策略》，《中国信息界》2022 年第 1 期。

刘爱民等：《中国工业互联网产业经济发展白皮书（2021 年）》，中国工业互联网研究院，2021。

尹继辉：《"制造业立市"：天津高质量发展的战略选择》，《天津支部生活·综合版》2021 年第 9 期。

胡国良：《发挥数字经济在推动京津冀协同发展中的重要作用》，中国发展出版社，2022。

武义青、李涛：《数字经济引领京津冀产业协同发展——2022 京津冀协同发展参事研讨会综述》，《经济与管理》2022 年第 5 期。

毕娟、王鹏：《推动京津冀数字经济协同发展》，《前线》2022 年第 6 期。

李国平：《京津冀经济发展差距大，2023 年三地如何加速实现经济一体化?》，《中国经济周刊》2023 年第 1 期。

杨舒：《研究报告显示——我国区域科技创新水平普遍提升》，《光明日报》2022 年 12 月 8 日，第 11 版。

李峰：《"中国制造 2025"与京津冀制造产业协同发展》，《当代经济管理》2016 年第 7 期。

张杰斐：《以制造业数字化转型为抓手　持续深化京津冀协同发展》，《工联智库》2021 年第 3 期。

徐恒：《推动制造业高质量发展　夯实实体经济根基》，《中国电子报》2022 年 7 月 29 日，第 2 版。

徐恒：《大力发展新一代信息技术产业》，《中国电子报》2022 年 9 月 23 日，第 2 版。

吴志刚主编《中国工业互联网产业发展蓝皮书（2019—2020 年）》，中国工信出版集团、电子工业出版社，2020。

张立主编《中国互联网产业发展蓝皮书（2019—2020 年）》，中国工信出版集团、电子工业出版社，2020。

《工业和信息化部关于印发"十四五"信息化和工业化深度融合发展规划的通知》，中华人民共和国工业和信息化部网站，2021 年 11 月 30 日，https：//www. miit. gov. cn/ zwgk/zcwj/wjfb/tz/art/2021/art＿117ccbb3dd4f4a27b21d988fbaa8b625. html。

《工业互联网创新发展行动计划（2021—2023 年）》，中华人民共和国工业和信息化部网站，2021 年 1 月 13 日，https：//www. miit. gov. cn/zwgk/zcwj/wjfb/txy/art/2021/art＿ 710b90df3c01495bb 0429fa9ee781cdd. html。

《北京市促进数字经济发展行动纲要（2020—2022）》，北京市政府网站，2020 年 9 月 20 日，http：//www. beijing. gov. cn/zhengce/zhengcefagui/202009/t20200924_208959L. html。

《北京市关于加快建设全球数字经济标杆城市的实施方案》，北京市政府网站，2021 年 8 月 12 日，http：//creditbj，jxj，. beijing. gov. cn/zhengce/credit‐portal/article/detail/ 10430。

《关于印发天津市加快数字化发展三年行动方案（2021—2023 年）的通知》，天津市政府网站，2021 年 8 月 23 日，https：//www. tj. gov. cn/zwgk/szfwj/tjsrmzf/202108/t20210823_ 5543708. html。

《关于印发天津市制造业高质量发展"十四五"规划的通知》，天津市政府网站，2021 年 7 月 1 日，https：//www. tj. gov. cn/。

《天津市人民政府办公厅印发天津市关于进一步支持发展智能制造政策措施的通知》，天津市政府网站，2020 年 8 月 7 日，https：//www. tj. gov. cn/zwgk/szfwj/tjsrmzfbgt/ 202008/t20200807_3422752. html。

《智能制造新模式：天津海尔"洗衣机互联工厂"》，中国政府网，2020 年 6 月 23 日，https：//www. gov. cn/xinwen/2020-06/23/content_5521195. htm#1。

《走进天津力神"动力电池智能制造试点示范"项目》，天津市科学技术局网站，2019 年 4 月 1 日，https：//kxjs. tj. gov. cn/ZWGK4143/ZXGZ7816/ZNZZ1470/DXAL213/202008/t2020 0826_ 3531759. html。

《天津：坚定不移沿着"三个着力"指引的方向前进》，天津北方网讯，2021 年 5 月 14 日，http：//news. enorth. com. cn/system/2021/05/14/051382332. shtml。

B.6
京津冀打造世界先进制造业集群可行性分析

刘 勇 杨慧鹏*

摘 要: 发展先进制造业是提升综合国力、建设制造强国的重要战略。当前，京津冀先进制造业发展规模和速度不断攀升，技术先进性与创新能力呈上升态势，产业链供应链更富有韧性，创新生态更加良好。然而，京津冀产业结构处于严重"断裂"状态，市场主体创新活力与能力差距较大，产业创新生态和配套能力也有待完善，产业利益共享机制尚在探索。本报告认为，京津冀打造世界先进制造业集群，需要构建具有首都都市圈特色的开放创新合作机制，以高端要素的集聚赋能先进制造业发展；以高端化、智能化、绿色化为导向，着力提升先进制造业集群的世界影响力；推进制造业补链强链，强化资源、技术、装备支撑，加速培育先进制造业发展新动能；培育充满活力的产业创新生态，促进科技成果转移转化，推动科技服务业跨越发展；破除行政壁垒，建立跨行政区的先进制造业集群联合建设机制。

关键词: 京津冀 先进制造业集群 产业链

---

* 刘勇，经济学博士，中国社会科学院工业经济研究所研究员，博士生导师，研究方向为产业经济、投资经济、企业战略、大宗商品交易与供应链管理等；杨慧鹏，中国社会科学院大学应用经济学院博士研究生。

在经济全球化和信息技术革命的推动下，进行全球范围内产业资源的整合配置，成为推进全球可持续发展的重要战略之一。在以"构建时代全球发展伙伴关系，携手落实 2030 年可持续发展议程"为主题的全球发展高层对话会中，我国表示要落实全球发展倡议，同国际社会共同努力，为促进全球共同发展做出贡献。推动先进制造业高质量发展是积极应对国际市场竞争的重要手段之一，利用集群项目提升全球范围内要素资源的配置整合能力，将本国经济要素资源融入全球发展，成为各行业发展的新趋势。先进制造业集群能够覆盖制造强国建设的重点领域，进一步提升制造业的国际影响力。

打造世界先进制造业集群的关键点是科技创新能力的提升，保障产业链供应链的安全稳定，以及国际竞争能力的提升必须依靠自主创新，只有通过自主创新制造业才能实现更多"从 0 到 1"的突破。另外，产业集群与创新型城市群密不可分，前者是以专业化分工为基础，依托生产要素集聚形成的，后者是以城市群经济发展为目标，依托创新驱动的。产业集群通过发挥集群创新效应推动创新型城市群发展，创新型城市群的市场发展又对整合产业链上下游资源发挥正向作用，二者耦合关系日益凸显。京津冀城市群不仅是城市间的集聚，也必定存在密切的产业关联，产业集群与创新型城市群共生发展机制的建立，将进一步推动分工合作进程，加快要素流动速率，促进产业集群和城市群同步发展。

一　京津冀打造世界先进制造业集群的战略意义

（一）从国家发展角度来看，京津冀打造先进制造业集群是提升综合国力、推动自主创新及高端制造的重要战略布局

2023 年 5 月 12 日，在深入推进京津冀协同发展座谈会上，习近平总书记强调，"党中央关于京津冀等重大区域发展战略是符合我国新时代高质量发展需要的，是推进中国式现代化建设的有效途径"。"要巩固壮大实体经

济根基，把集成电路、网络安全、生物医药、电力装备、安全应急装备等战略性新兴产业发展作为重中之重，着力打造世界级先进制造业集群。"京津冀打造先进制造业集群有利于生产要素汇聚、资源配置优化以及高效畅通的流通体系建立，对加快推进制造强国、强化基础设施建设有重要意义，为推动制造业高质量发展奠定坚实基础。

（二）从国际竞争角度来看，京津冀打造先进制造业集群为其参与全球竞争、实现国际分工中产业重构起到支撑作用

先进制造业发展逐渐成为国际市场竞争中的关键环节。京津冀地区制造业产业基础雄厚，充分发挥生产技术、人员要素以及资金融合等基础要素优势，主动对接国家战略需求，为发展世界级先进制造业集群奠定坚实基础。伴随国际市场竞争的加剧，京津冀发展高端和先进制造业成为提升核心竞争力的重要手段，也是增强产业链供应链韧性不可或缺的核心优势。国际形势的复杂多变表明，着力提升自主创新能力、积极参与国际竞争和国家分工合作、重视核心竞争力的培育是京津冀制造业高质量发展的必由之路。

（三）从京津冀协同角度来看，先进制造业集群在疏解城市压力、创建利益共享机制、提高资源利用效率中发挥重要作用

京津冀协同发展作为重大国家战略，疏解北京非首都功能是其核心问题。截至 2020 年末，北京疏解一般制造业企业近 3000 家，首都核心功能空间布局和经济结构得到优化提升。打造京津冀制造业集群，为协同发展创造明确的利益共享机制，能够极大地提高三地协同发展的主动性和积极性，共建利益共同体。另外，打造产业集群有利于提高资源调配速率，合理优化资源配置，减小行政等级落差，提高政策实施能力等。故先进制造业集群的打造对京津冀产业的分布以及上下游联动机制的发展都有重要意义。

（四）从制造业发展角度来看，京津冀打造先进制造业集群为加快传统制造业转型升级、推进产业链创新链融合发展、培育优势产业注入新活力

由于制造业发展存在沉没成本高、生产要素局限等问题，其转型升级难度较大，先进制造业集群的发展为新旧动能转换提供新机遇。新时代下京津冀制造业发展中技术创新是重中之重，产业集群规划将从全局视角明确三地产业链的分工与合作机制，加快自主研发，利用技术创新推动传统制造业转型升级。在推进产业链创新链深度融合发展的基础上，打造先进制造业集群有利于进一步优化京津冀城市群整体结构，培育一大批适应国际市场的优质企业，打造具有强劲动力的世界级先进制造业集群。

（五）从改善民生角度来看，京津冀打造先进制造业集群有利于实现产业服务与城市服务的有机融合、促进全球生态环境治理、拓宽就业渠道

围绕京津冀区域协同发展体制机制，先进制造业集群的打造对进一步推动城市群发展有积极影响。一是传统制造业的转型升级能够实现生态环境的综合治理，实现减污降碳；二是产业发展带动城市服务的优化提升，提升周边中小城市的服务功能，促进生产要素的合理流动，提高配套公共服务能力；三是有利于进一步拓宽就业渠道，产业发展是由企业发展带动的，企业发展扩大对人力资源的需求，劳动力要素的流入不仅对产业和城市的发展起到重要作用，而且对改善民生意义重大。

二　京津冀先进制造业发展现状及特点

先进制造业集群是制造业高质量发展的重要趋势，鉴于京津冀三地功能定位不同，三地在发展规模、产业分布、创新能力等方面存在一定差异，与世界先进制造业集群发展水平存在一定的差距。充分了解当前京津冀三地先进制造业发展水平，对打造核心竞争优势、构建世界级产业集群、推动重点

产业突破和整体提升具有重要意义。

先进制造业包括研发投入大、产品附加值高、国际市场前景良好的技术密集型产业,与以智力性、创新性、战略性和资源消耗少等为特点的高技术产业。包括医药制造,航空、航天器及设备制造,电子及通信设备制造,计算机及办公设备制造,医疗仪器设备及仪器仪表制造,信息化学品制造等六大类①。

(一)发展规模与速度不断攀升

2021年,京津冀三地先进制造业营业收入分别为10311亿元、3339亿元、2163亿元(见图1)。2012~2021年,京津冀三地先进制造业增加值保持正向增长,平均增长率分别为10.52%、8.92%、13.63%。先进制造业稳定快速的发展,为我国从制造大国向制造强国转变起到重要支撑作用。

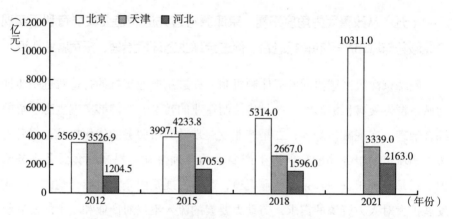

图1　2012~2021年京津冀三地先进制造业营业收入

资料来源:历年《中国高技术产业统计年鉴》。

另外,2018~2021年京津冀三地先进制造业投资增长情况如图2所示,全国投资增长总体趋势较为平稳,北京先进制造业投资增长率逐年提高,大幅超越天津与河北。京津冀三地先进制造业投资增长率虽有所波动,但整体保持增长趋势,为产业发展提供稳定动能。

---

①　本报告将使用高技术产业数据对京津冀先进制造业发展情况进行分析。

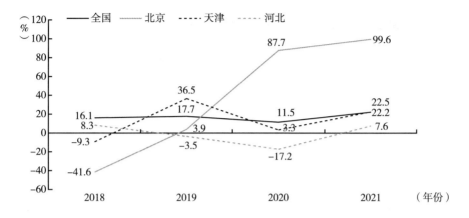

图2 2018～2021年京津冀三地先进制造业投资增长情况

资料来源：历年《中国高技术产业统计年鉴》。

（二）京津冀先进制造业优势产业特点突出

通过对医药制造、电子及通信设备制造、计算机及办公设备制造、医疗仪器设备及仪器仪表制造①的平均营业收入进行计算发现，2012～2021年全国先进制造业的4个细分行业平均营业收入水平都较稳定；北京电子及通信设备制造业和医疗仪器设备及仪器仪表制造业平均营业收入呈现持续上升态势，计算机及办公设备制造业的平均营业收入较高；天津，除医疗仪器设备及仪器仪表制造业平均营业收入呈上升趋势外，其余行业平均营业收入波动较大，其计算机及办公设备制造业的平均营业收入最高；河北，计算机及办公设备制造业平均营业收入呈现持续下降的态势，且其数值较低（见表1）。

通过对京津冀三地先进制造业平均营业收入情况进行分析发现，三地优势行业有所不同，这有利于深化区域分工合作，三地可以借助优势和差异进一步配置资源，探索先进制造业集群发展的高效路径。

---

① 《中国高技术产业统计年鉴》缺少按地区航空、航天器及设备制造业，信息化学品制造业生产经营数据。

表1 2012～2021年全国及京津冀三地先进制造业细分行业平均营业收入情况

单位：亿元

行业	年份	全国	北京	天津	河北
医药制造业	2012	2.71	3.00	4.44	3.78
	2015	3.48	5.73	8.45	3.85
	2018	3.22	5.31	5.70	3.35
	2021	3.43	14.79	5.85	2.89
电子及通信设备制造业	2012	4.32	6.52	7.37	2.37
	2015	5.35	6.94	6.93	2.66
	2018	5.59	11.94	6.60	2.17
	2021	5.35	17.99	6.42	3.06
计算机及办公设备制造业	2012	15.89	14.75	8.69	1.26
	2015	11.45	14.59	24.64	1.20
	2018	9.72	10.12	25.12	0.83
	2021	9.31	12.28	19.24	0.68
医疗仪器设备及仪器仪表制造业	2012	1.79	1.55	0.91	1.11
	2015	2.07	1.74	1.11	1.09
	2018	1.72	1.84	1.48	1.17
	2021	1.67	2.14	1.56	1.37

资料来源：根据历年《中国高技术产业统计年鉴》计算。

（三）技术先进性与创新能力逐渐提高

企业的技术先进性对推动传统产业改造升级、现代产业创新发展具有重要作用。科技创新离不开企业研发、人才培养和市场环境等因素的推动，先进制造业高驱动、高投入和高收益的特点反映了产业优化趋势，也预示投资新动能的发展方向，通过对先进制造业R&D活动情况及新产品销售情况进行考察，发现京津冀三地技术先进性和创新能力持续提升，为制造业高端化、智能化、绿色化发展提供了巨大动力。

从先进制造业R&D活动情况来看，相较于2012年，2021年全国及京津冀三地有R&D活动的企业数量分别增长了218.60%、38.48%、

68.31%和283.02%，全国及京津冀三地R&D人员数量分别增长了98.40%、16.73%、71.17%和53.17%（见表2）。这表明，近年来京津冀三地先进制造业研发企业和人员数量都呈现上升态势。

表2　2012～2021年全国及京津冀三地先进制造业产业R&D活动情况

项目	地区	2012年	2015年	2018年	2021年
有R&D活动的企业数量（家）	全国	8498	12373	17248	27075
	北京	395	450	466	547
	天津	183	274	238	308
	河北	106	200	234	406
R&D人员数量（万人）	全国	774054	923455	1146426	1535736
	北京	27821	29698	30389	32476
	天津	14456	29364	21036	24744
	河北	9718	18461	15619	14885
R&D经费内部支出（万元）	全国	17338101	26266585	7586694	56845724
	北京	922229	1202250	630729	2119085
	天津	392072	824042	195889	816508
	河北	154272	387330	92475	473430
R&D经费外部支出（万元）	全国	1212388	2136114	996665	7817973
	北京	180031	170394	185493	481753
	天津	16261	115637	41248	116770
	河北	30434	41226	2865	103019

资料来源：根据历年《中国高技术产业统计年鉴》计算。

从先进制造业新产品开发及专利情况来看，2012～2021年，全国及京津冀三地新产品销售收入分别增长了219.67%、309.66%、12.10%和473.98%，专利申请数分别增长了211.00%、44.98%、36.30%和452.15%（见表3）。新产品开发及专利申请数情况表明京津冀三地技术创新活动活跃，专利保护积极性高，社会创新能力不断提升。

表3　2012~2021年全国及京津冀三地先进制造业新产品及专利情况

单位：万元，件

项目	地区	2012年	2015年	2018年	2021年
新产品开发经费支出	全国	21281948	30305841	46389298	75100172
	北京	1249324	1498012	1745714	3959513
	天津	394316	690950	687001	855378
	河北	159434	343124	503492	675328
新产品销售收入	全国	255710383	414134905	568941517	817425738
	北京	13152739	15978092	20280793	53881022
	天津	11564670	17467974	10844171	12964540
	河北	1537199	3410594	5261734	8823196
专利申请数	全国	127821	158463	264736	397524
	北京	9972	7837	7796	14457
	天津	3441	3131	2459	4690
	河北	627	1172	1633	3462

资料来源：根据历年《中国高技术产业统计年鉴》计算。

（四）产业链供应链更富有韧性和创新生态更加良好

党的二十大报告提出"着力提升产业链供应链韧性和安全水平"，这对维护国家经济安全、加快构建新发展格局、着力推动高质量发展具有重大战略意义。产业链供应链是一种基于产业链分工形成的特殊形式的协作网络，通过将产品生产、交换、流通、分配等环节的链式集合后形成最终产品。因此，"产业链供应链的现代化既应包括主体的现代化，也应包括结构的现代化"。产业链供应链主体创新能力的提升是提升现代化水平的核心，为适应当前高质量发展的要求，应从多维度考察京津冀产业链供应链现代化水平和创新生态的营造情况。

从信息化维度来看，推进制造业数智化转型是提升产业链供应链现代化水平的重要手段之一，对提高生产效率、创造新价值、实现产业数字化转型等具有重要意义。2012~2021年，京津冀三地规模以上制造业企业中有研发活动的企业占比分别由27.12%、23.93%、6.19%上升至42.11%、29.97%、22.04%。2021年，京津冀共投入R&D经费3949.1亿元，是2013年的2.1倍，占全国的比重为14.1%。其中，京津冀三地分别为2629.3亿元、574.3亿元和745.5亿元，分别是2013年的2.2倍、1.3倍和2.6倍。京津冀区域R&D投入强度达到4.1%，较2013年提高0.7个百分点，持续高于全国平均水平1.0个百分点以上。虽然京津冀三地研发活动呈现上升态势，但制造业区域内部发展尚不均衡，推动京津冀制造业数智化协同发展可进一步发挥北京科技创新资源优势，强化京津双城联动，辐射带动河北乃至整个华北地区的制造业发展。

从创新生态维度来看，良好的创新生态为先进制造业发展提供了稳定高效的创新环境。在稳定的创新环境下，由创新主体将创新理念转化为产品和服务，再由供应链带入商业活动中，创新投入描绘了各阶段的投入资金来源。《京津冀协同创新指数（2022）》测算结果显示，2013～2020年，京津冀协同创新指数从100.00增长到417.27，年均增速达22.64%，技术溢出指标从0增长至103.82。截至2021年底，北京疏解一般制造业企业近3000家，高精尖产业增加值占地区生产总值的比重达30.1%。河北累计承接从京津转移的产业活动单位1.1万个，雄安新区实施重大项目超百项，且预计全年投资超2000亿元，逐渐形成高质量的跨区域产业合作共同体。

从可持续发展维度来看，构建生态文明体系、增强抗风险能力以及推动绿色发展是促进生态友好型发展的重要手段，从而降低关键技术的外部依赖程度。2013～2022年，京津冀三地$PM_{2.5}$平均浓度降幅在60%以上，重污染天数减少、优良天数增加。其中，河北省$PM_{2.5}$平均浓度较2021年下降5.2%，所有设区市空气质量综合指数第一次实现全部退出全国168个重点城市"后十"。环境治理成果的不断向好也为提高京津冀先进制造业产业链供应链安全水平提供动能。另外，2013～2020年，京津冀创新环境指数从1.98增加到103.82，创新硬环境指标如高速公路密度、万人互联网宽带接入用户数等均有显著增加，这有助于加快制造业转型升级步伐，在提升资源配置效率的同时，推动制造业可持续发展。

三 京津冀打造世界先进制造业集群的有利条件与制约因素

（一）发展基础和有利条件

从京津冀先进制造业发展现状可以看出，虽然其发展差异较大，但当前其制造业发展集聚水平较高，行业集中度也较高，有一定的资源禀赋基础。考虑实际发展情况，京津冀先进制造业发展基础和有利条件如下。

一是京津冀协同发展是重大国家战略。2015 年，《京津冀协同发展规划纲要》提到，对京津冀区域整体定位包括"以首都为核心的世界级城市群"，为京津冀打造世界先进制造业集群提供了重要保障。北京市印发的《关于北京市推动先进制造业和现代服务业深度融合发展的实施意见》强调持续激发产业发展内生动力，强化京津冀产业协同，提升区域融合发展水平。《天津市制造业高质量发展"十四五"规划》也表明，共同建设京津冀协同发展产业链，促进上下游协同和布局优化，联手打造世界级先进制造业集群。《河北省制造业高质量发展"十四五"规划》表示，深化京津冀产业协同，积极参与编制京津冀区域产业协同发展规划，围绕先进制造业开展产业协同，打造优势产业链，共同完善区域产业生态，构建分工明确、创新联动的产业协同发展格局。强有力的政策支撑为先进制造业产业集群发展提供核心动力，先进制造业产业集群既是制造业转型升级的重要源泉，也是重要的原始创新高地和新兴产业策源地。

二是京津冀协同创新不断深化，科技协同创新迈出新步伐。依托三地教育、科技、人才优势，实施"京津冀协同创新"专项和"京津冀基础研究合作"专项，开展联合技术攻关。《京津冀协同创新指数（2022）》测算结果表明，2013~2020 年，京津冀协同创新指数从 100.00 增长到 417.27，年均增速达 22.64%，另外，京津冀的研发经费支出占地区生产总值的比重从 2013 年的 3.22% 上升到 2020 年的 4.39%。京津冀国际技术创新中心作为

"十四五"时期国家重点建设的 3 个国家技术创新中心之一，也是首个综合类技术创新中心，拟建立 15 个产业创新平台，逐渐形成"一个枢纽支撑引领、多个节点联动辐射"的协同创新格局，为现代化首都都市圈建设提供内生动力。京津冀三地政治稳定、创新活跃、现代服务业发展稳定等优势，也为打造世界级先进制造业集群奠定坚实基础，为创新高地建设提供动力。

三是北京作为具有国际影响力的金融中心，为打造世界先进制造业集群提供重要的金融支撑。北京是全国资金汇聚地，金融资产总量超过 190 万亿元，约占全国的一半。制造业企业发展离不开金融业的大力支持，金融资源有利于高精尖科技创新研发，进一步推动制造业高质量发展。产业基础高级化、产业链现代化、传统制造业的转型升级都需要与金融服务模式精准匹配。面对国际市场，拥有国际影响力的金融中心是先进制造业集群高质量发展的关键因素。参照《全球金融中心指数报告》，从营商环境、人力资本、基础设施、金融业发展水平、声誉等方面进行评价和排名，北京在"全球前十大金融中心"中排第 8 位，能够为解决制造业融资问题提供重要保障。先进制造业集群的打造离不开尖端技术的自主创新和发展，完善的金融支持和精准的金融服务产品能够为产业链供应链升级创新提供重要支撑。

四是京津冀三地拥有独特的区位优势与雄厚的工业基础和经济实力。从地理位置上看，京津冀地区面积约占全国的 2.3%，三地地缘相接，位于环渤海地带。从交通运输方面来看，"轨道上的京津冀"推动了京津冀交通一体化发展，2014~2022 年，京津冀区域营运性铁路总里程达 10848 公里，增长了 38.3%；高速公路总里程达 10585.5 公里，增长了 32.6%。北京至 6 个毗邻区域全部实现 1 小时内通达，与 300 公里范围内的主要中心城市"津石保唐"均实现高铁 1.5 小时内快速通达。同时物流枢纽的打造，让京津冀三地成为物流网络最密集的区域之一，现代物流基地为区域经济发展提供了运力支撑和物流保障。从工业基础来看，京津冀地区是我国北方最大的工业基地，2022 年三地规模以上工业企业营业收入分别为 26794.40 亿元、23742.41 亿元、52403.70 亿元，营业收入总额占全国规模以上工业企业营

业收入（137.91万亿元）的7.46%。京津冀制造业产业发展历史悠久、基础雄厚，内部具备完善的制造业产业体系和庞大的产业规模。

（二）问题、挑战及制约因素

1. 京津冀产业结构处于严重"断裂"状态，产业链内部的经济技术合作基础脆弱

由于自然条件相似，有共同的发展历史，京津冀地区产业结构趋同，三地产业结构均呈现第三产业占比最高、第二产业次之、第一产业最低的趋势，产业结构相似度较高。一是京津冀存在同构竞争趋势，在资源供给有限的条件下，三地产业结构趋同，形成区域竞争态势，产业关联度较低，无法形成有效的产业分工合作机制，导致产业链处于严重"断裂"状态。二是三地经济发展水平差异较大，河北每平方公里产出不足北京的10%，产业转移和协同发展难度大，导致产业链内部的经济技术合作基础脆弱，产业对接路径不成熟，关联度也较低。三是受生态环境制约严重。京津冀地区是中国的经济发展核心区之一，拥有众多的城市和工业基地。高度城市化和工业化引发了大量资源消耗、能源消耗和污染排放，对生态环境造成了较大的冲击。区域间的协调发展不足导致环境治理和资源配置存在困难，增加了生态环境治理的复杂性。当前，产业结构处于"断裂"状态、产业关联度较低以及合作基础脆弱等因素都严重制约京津冀打造世界级先进制造业集群。

2. 区域营商环境分化，市场主体活力与创新能力差距明显，降低产业要素流动性和要素配置效率

先进制造业集群的建设离不开企业的创新与发展，市场统一、营商环境良好、制度优化为企业发展提供重要保障，并将吸引更多具有高竞争力的企业。京津冀地区尚未形成统一市场，基础制度有待完善，给打造世界先进制造业集群造成一定阻碍。一是区域营商环境分化，根据《中国营商环境指数蓝皮书（2021）》，京津冀区域营商环境指数得分均值为60.67分，高于全国总体指数得分均值，北京营商环境指数得分均值居第2位，天津营商环境指数得分均值居第 6 位，均高于全国平均水平，河北营商环境指数得分均值居第 18 位，低于全国平均水平，京津冀三地营商环境各方面差异显著，为企业跨区经营发展造成严重阻碍。二是市场主体活力与创新能力差距明显，2014～2020 年，京津冀区域研发投入强度从 2.70% 上升到 3.99%，2020 年北京、天津、河北的研发投入强度分别为 6.44%、3.44%、1.75%，三地差距较大。另外，北京发明授权专利集中于计算机、通信和其他电子设备制造业，信息传输、软件和信息技术服务业等领域，天津、河北行业结构中占比较高的则是黑色金属冶炼和压延加工业、汽车制造业等，可见三地创新发展与产业链发展不适配，创新成果与产业集群发展难以融合。三是人才要素的单向流动，"虹吸效应"导致优质人才资源流向京津，河北对人才的吸引力较弱，不利于产业要素市场化流动与集聚配置效率的提升。人才要素流动的非均衡分布导致高科技产业集中于核心城市，河北等地的产业结构较为传统，缺乏高技术和知识密集型产业，从而导致产业结构不平衡，拉大区域间经济差距。另外，由于创新发展通常依赖于高水平的科研人员和技术专家，人才要素分布的不均衡限制了部分地区创新能力的提升和创新活动的开展。人口流动、就业压力也在一定程度上影响社会的稳定发展，给区域可持续发展和经济增长带来一定挑战。

3. 产业创新生态有待完善，产业配套能力也有待进一步加强

打造世界级先进制造业集群的核心在于提高京津冀地区制造业企业的创新能力，良好的创新生态是制造业创新发展的重中之重。当前京津冀三地产业创新生态还有待完善，亟须构建动态创新网络。一方面，创新生态的建立对政治环境、社会环境、技术环境等都提出较高要求，意味着京津冀协同发展各方面均需完善；另一方面，世界级创新企业是创新生态体系建立的核心所在，目前京津冀创新生态与世界先进集群差距较大。另外，产业配套能力指生产过程中企业提供投入品的能力，拥有专业化程度高、产品优质、种类繁多等的产业配套资源，有利于集群的形成和发展。京津冀地区处于传统制造业转型升级的阶段，其产业配套能力有待进一步提升，产业配套效应的充分发挥将对集群发展起到关键作用。

4. 京津冀协同发展中的产业利益共享机制尚在探索，不利于以全产业链布局引导先进制造业合理分工和优势互补

在京津冀三地推进协同发展的进程中，津冀承接了一部分不适宜在首都发展的产业，但从实际来看，转移等于平移，没有根据区域功能进行产业分工与优化调整。一是协同效应尚未发挥作用，企业搬迁和转移后，还需探索根据三地优势与差异进行合理分工。二是尚未形成明确的产业利益共享机制，协同发展的前提是利益共享和责任共担，利益共享机制不够明晰导致三地尚存利益冲突。三是缺乏内生动力，协同发展初期主要依靠规划和政策引导，但由于三地基础差异较大，内生动力不足，市场活力不足，未形成一定的规模经济特征。打造世界先进制造业集群对区域协调发展要求较高，必须充分发挥各地资源的作用，提升产业发展水平，以全产业链布局引导先进制造业合理分工和优势互补。

四　京津冀打造世界先进制造业集群的战略选择与政策建议

制造业是衡量一个国家和地区经济实力的重要标志之一，结合京津冀三地制造业的优势，打造先进制造业集群迫在眉睫。但如何持续高效推进京津冀协同发展，增强制造业集群竞争优势，在疏解非首都功能同时提升制造业创新驱动力，打造世界先进制造业集群，是正确理解和科学把握京津冀三地制造业转型升级和技术创新的关键。

（一）加快建设京津冀高端要素市场，打造具有首都都市圈特色的开放创新合作机制，以高端要素的集聚赋能先进制造业发展

京津冀协同发展是我国重大区域融合发展战略，以疏解北京非首都功能为核心，城市群发展带动产业集群高质量发展。世界先进制造业集群发展离不开高端要素资源的供给，加快建设高端要素市场，推动先进制造业集群发

展。一是进一步发挥市场作用，促进高端要素流动，降低区域间市场壁垒，激发市场活力。二是重视技术、数据等高端要素，应从全局视角出发，统筹政策设计，构建高标准高端要素市场制度，为高端要素市场提供配套供需机制，优化高端要素资源配置，一方面通过高端要素完善优势产业，另一方面促进要素流向"短板"产业，提升企业市场竞争力。三是积极打造具有首都都市圈特色的开放创新合作机制，现代化首都都市圈是建设世界级城市群的重要支撑，加强北京"一核"辐射带动作用，基于京津冀三地优势特点和实际发展需求，探索多层次开放合作模式，重点推动先进制造业创新合作机制建设，建立协调和激励机制。高端要素资源和开放创新机制将为先进制造业发展赋能。

（二）以全球产业链重构为契机，以高端化、智能化、绿色化为导向，在先进制造业等领域打造具有世界影响力的集群

随着国际市场竞争加剧，产业外流情况出现，国际生产体系逐步调整，全球产业链呈现重构趋势，为传统制造业转型升级提供契机。增强科技创新实力、推动先进制造业发展是应对国际市场复杂变化、增强产业链供应链韧性的必然选择。一是重视高新技术产业发展，与传统产业集群不同，世界级先进制造业产业集群拥有开放性和全球性的特点，要以区域传统优势产业为基础，深耕全球产业链，提升国际影响力和核心竞争力。二是明确集群发展方向，以高端化、智能化、绿色化为导向，布局高端产业领域，大力支持企业研发创新，培育具有强竞争力的头部企业和产业集群。三是融合现代信息技术和数字化基础设施建设，加快数字化制造业发展建设，引导企业聚焦研发设计、生产制造、经营管理、市场服务等环节的数字化转型，加快智能化升级和关键技术应用，提升数字化管理能力。四是构建国际市场差异化服务体系，以数字技术赋能产品和服务已成为制造业高质量发展的必由之路。先进制造业应深度挖掘数据资源价值，针对市场个性化需求，提供满足其多元化需求的服务，从而提升其国际竞争力。

（三）推进制造业补链强链，强化资源、技术、装备支撑，加速培育先进制造业新动能

全球产业链和供应链竞争正日益加剧，要求制造业发展更加注重效率、创新和可持续性，以适应充满变数的全球化经济环境，对制造业产业链供应链也提出更高要求。一是深入锻造长板，结合京津冀三地制造业基础，加大力度培育新型产业链，如新能源汽车、高端医疗装备、生物医药、新材料等，增强优势企业竞争力。二是加快补齐短板，推进传统产业基础再造工程，将更多的资本投入短板项目建设，进而实现核心技术自主、安全、可靠。三是培育先进制造业新动能，了解国际市场的供给与需求情况，推动制造业与服务业融合发展，吸收多元化投资主体，加快建设新型产业体系，大力发展高端制造业，为先进制造业产业集群发展提供新动能。充分发挥京津冀区位优势，是实现传统制造业转型升级和打造先进制造业产业集群的重要突破口。

（四）推进京津冀协同创新共同体建设，构建充满活力的产业创新生态，促进科技成果转移转化，推动科技服务业跨越发展

协同创新共同体建设是推动京津冀协同发展的重要途径，只有促进科技资源开放共享以及科技成果的转移转化，才能逐步缩小发展差距、畅通产业链供应链、集聚区域优势资源，打造具有自主创新能力的先进制造业产业集群。一是构建充满活力的产业创新生态，整合高端要素资源，夯实创新发展人才基础，充分发挥企业、高等院校、科研院所等创新主体作用，加强创新主体互动，推动科技创新成果转移转化。二是提升制造业配套服务业承接能力，加快发展金融、科技服务、健康养老等现代服务业，实现先进制造业与现代服务业的融合发展，完善科技成果转化的支撑体系，满足制造业快速转型发展的各项需求。三是优化顶层设计和加强全局性政策支撑，全面设计科技创新区域布局，开放共享科技创新资源，搭建区域科技创新合作平台，完善制度政策措施，进一步优化创新生态环境，从而提升区域技术创新能力，把握全球科技创新前沿和产业发展趋势。

（五）破除行政壁垒，建立跨行政区的先进制造业集群联合建设机制，充分发挥政府在世界级先进制造业集群发展中的引领和促进作用

京津冀协同发展作为国家重大发展战略，为打造世界先进制造业集群提供重要基础保障，完善相关政策制度保障将对增强区域间凝聚力和核心竞争力产生积极影响，要着力破除行政壁垒和制度壁垒，推动三地共享优质资源，建立跨行政区的先进制造业集群联合建设机制，充分发挥产业集群带动城市发展的优势。一是统一区域产业布局，做好顶层设计和统筹协调，发挥各区域的比较优势，针对先进制造业集群发展制定整体长远规划，促进生产要素的合理流动，优化营商环境。二是确保机制协同，为避免各区域间产业政策雷同、资源过度集中等问题，要深化产业分工协作，加强三地发展规划对接和政策机制沟通，以形成集聚经济为目标，明确各区域的功能定位。三是打通要素流动和产业发展壁垒，搭建创新技术平台，筑牢先进制造业创新生态圈，实现各市场主体间互动合作和全面融合，充分发挥集群优势，提升企业的市场竞争力。

参考文献

中国社会科学院工业经济研究所课题组：《提升产业链供应链现代化水平路径研究》，《中国工业经济》2021 年第 2 期。

柳天恩、田学斌：《京津冀协同发展：进展、成效与展望》，《中国流通经济》2019 年第 11 期。

苑清敏、谭欣：《京津冀高技术制造业协同发展研究》，《华东经济管理》2022 年第 3 期。

孙久文：《新时期京津冀协同发展的特征与建议》，《城市问题》2022 年第 12 期。

孙铁山、席强敏：《京津冀制造业区域协同发展特征与策略》，《河北学刊》2021 年第 1 期。

孙威、高沙尔·吾拉孜：《京津冀地区高技术产业地位变化的成因探析》，《智库理论与实践》2022 年第 2 期。

产 业 篇

Industrial Reports

B.7
京津冀信息技术产业协同发展研究

徐 硕　李欣遥*

摘 要： 信息技术产业作为推动国民经济高质量发展的先导性、战略性和基础性产业，发挥着至关重要的作用。在数字经济时代，促进京津冀信息技术产业协同发展对于三地经济发展具有重要现实意义。本文依据 2011～2020 年京津冀信息技术产业相关数据，从时间和空间层面梳理京津冀信息技术产业现状，然后分别从产业共生与地域协同视角，利用产业共生模型分析京津冀信息技术产业的共生模式，利用耦合协调度模型探究京津冀信息技术产业的协同程度。结果表明：信息技术产业在北京市和天津市产业中占据较高的比例，在河北省属于边缘产业；10 年间京津冀地区信息技术产业协同程度逐渐向好，北京市信息技术产业协同程度由中级协调向良好协调转变，天津市在勉强协调和初级协调之间波动，河北省由濒临失调向勉强协调转变。

* 徐硕，北京工业大学经济与管理学院教授、博士生导师，研究方向为产业分析、技术预见和大数据挖掘等；李欣遥，北京林业大学经济管理学院，研究方向为产业分析。

关键词： 京津冀　信息技术产业　产业协同　产业共生　耦合协调度

一　研究背景及意义

（一）研究背景

信息技术产业建立在现代科学理论和科学技术基础之上，采用了先进的理论和通信技术，是一门带有高科技性质的服务性产业。信息技术产业是运用信息手段和技术，收集、整理、储存、传递信息情报，提供信息服务的产业。随着高科技的形成和兴起，信息技术产业得到了飞速发展，并涉及社会的各行各业，逐渐成为社会生产力不可或缺的一环。第四次全国经济普查表明，我国信息技术产业蓬勃发展，产业规模迅速扩大，产业结构不断优化，根据统计局颁布的《统计上划分信息相关产业暂行规定》，信息技术产业主要分为电子信息制造业、软件和信息技术服务业等4个子产业。其中，电子信息制造业及软件和信息技术服务业收入占信息技术产业收入的绝大部分。新一代信息技术不断突破，对经济社会发展和人民生活质量提高的引擎作用不断强化，信息技术产业已发展成为推动国民经济高质量发展的先导性、战略性和基础性产业，为促进经济发展、改善人民生活发挥了至关重要的作用。

京津冀地区属于我国"首都经济圈"，是中国北方经济规模最大、最具活力的地区，具有强大的发展潜力。2014年2月26日，京津冀协同发展上升为国家战略。习近平总书记强调，京津冀协同发展是实现京津冀优势互补、促进环渤海经济区发展、带动北方腹地发展的需要，是重大国家战略。到2021年，京津冀地区生产总值已达9.6万亿元，经济总量不断扩大。目前我国正值"十四五"时期，京津冀地区具有核心枢纽区位、市场规模巨大、创新资源富集、制造业基础雄厚、开放条件优越等五大优势，经济发展前景可观。因此，分析京津冀地区信息技术产业现状，研究京津冀地区信息

技术产业协同发展问题，对促进京津冀地区信息技术产业经济均衡发展具有重要的意义。

（二）研究意义

党的二十大报告提出，高质量发展是全面建设社会主义现代化国家的首要任务。京津冀区域要实现高质量发展，必须营造市场化、法治化、国际化一流营商环境，推动京津冀创新链、产业链、资金链、人才链深度融合，同时重点围绕新一代信息技术产业、汽车等交通运输设备制造业、生物医药健康产业等京津冀优势及先导产业，推动区域融合，加快建设京津冀世界级制造业集群。产业协同发展是促进区域经济发展的保障。深入研究京津冀地区信息技术产业发展现状，包括京津冀信息技术产业现状分析、产业结构分析及产业协同发展探究，不仅具有重要的理论意义还有深刻的现实意义。

科学技术是第一生产力，是推动国民经济快速发展的强大动能。目前，京津冀产业发展领域研究已有丰硕的成果，而对于信息技术产业内部及协同发展的研究仍比较少，本文主要从产业内部和外部研究京津冀地区信息技术产业协同发展现状，为全面认识京津冀地区信息技术产业发展提供视角。

京津冀作为中国区域发展战略的重点区域，基础设施、交通通信网络设施健全，具有优越的经济发展条件。北京是我国的科技创新中心，聚集了大量高端的科技资源和人才资源。而近年来河北科技成果转化工作取得明显进展，但也存在产业科技产出成果数量规模相对小、综合科技能力水平处于全国中下游水平等问题。因此，在数字经济时代，促进京津冀信息技术产业协同发展对于三地经济发展有着很大的增益作用。本文在研究京津冀地区信息技术产业发展现状后，从促进信息技术产业协同发展方面提出了政策建议，为政策实施提供了理论依据，不仅有利于信息技术产业的发展，对京津冀地区的经济发展也有推动作用。

二 京津冀信息技术产业现状

选取京津冀一省两市 2011～2020 年的数据，各指标数据主要来源于《中国信息产业年鉴》、《中国电子信息产业年鉴》、《中国统计年鉴》、中国知网以及相关地方政府统计局网站，缺失数据用移动平均法补全。

（一）时空分析

图 1 和图 2 分别为 2011～2020 年京津冀地区信息技术产业产值及 2011～2020 年京津冀三地信息技术产业产值占各自地区生产总值（GDP）比重。可以发现，北京市和河北省信息技术产业产值基本呈逐年递增趋势，信息技术产业经济发展逐年向好。北京市作为我国首都以及全国政治、文化、科技创新、国际交往的中心，是字节跳动、百度、网易等互联网企业集聚地，具有发展信息技术产业得天独厚的条件，信息技术产业产值远超河北省和天津市。

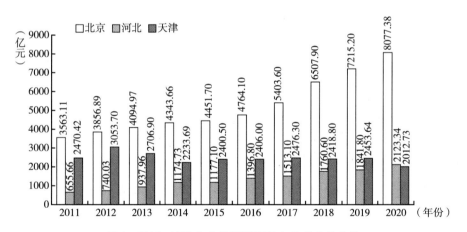

图 1　2011～2020 年京津冀地区信息技术产业产值

资料来源：京津冀三地电子信息产业年鉴。

10 年间，北京市信息技术产业产值增长了约 120%，2020 年产值高达 8077.38 亿元。同时，北京市信息技术产业产值占全市 GDP 的比重逐年增

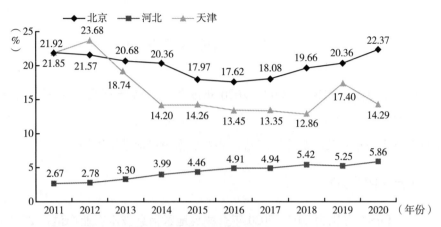

图2　2011～2020年京津冀三地信息技术产业产值占各自GDP比重

资料来源：京津冀三地电子信息产业年鉴。

高，2020年达22.37%，作为支柱产业的位置不断稳固。河北省信息技术产业总体呈现平稳增长趋势，10年来产值增长了200%左右。但存在整体规模较小的问题，2020年行业产值仅占当年GDP的5.86%，需要扩大产业规模。2011～2019年，天津市信息技术产业产值总体呈现稳定发展趋势，2019年产值约为2400亿元，而2020年有所下降。天津市信息技术产业产值占GDP比重总体呈现波动趋势，在2012年达到最高点后迅速下降，直到2019年达17.4%，在2020年又回到平均水平。

（二）产业内部分析

图3为2011～2020年京津冀地区两个信息技术产业子产业主营业务收入情况。从整体来看，10年间北京市和河北省产业收入呈逐年上升态势，天津市震荡式上升。对于北京市而言，软件和信息技术服务业收入占相当大部分，约60%，主营业务收入在10年内增长了约400%。北京市综合竞争力独占鳌头，且有中关村科技园等强势软件产区，对于发展软件和信息技术服务业相当利好。根据《2022年软件和信息技术服务业统计公报》，2022年北京市的软件业务收入位居全国第一，较上年提高10%。对于河北省而言，其以发展电子信息制造业为主，收入为软件和信息技术服务业的5倍左

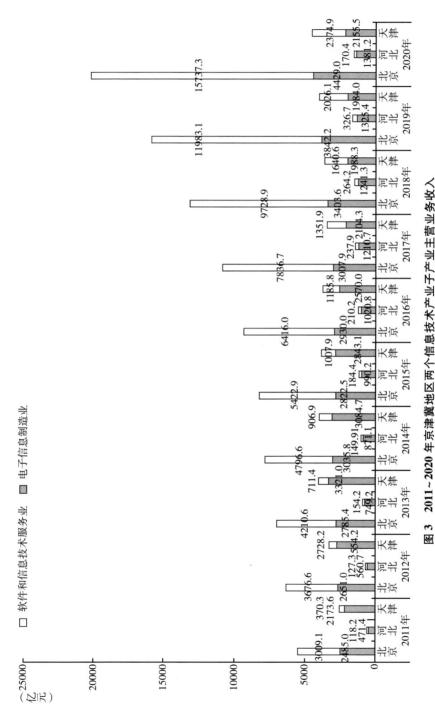

图3 2011~2020年京津冀地区两个信息技术产业子产业主营业务收入

资料来源：京津冀三地电子信息产业年鉴。

右，软件和信息技术服务业占比虽小但在稳步增长。然而，河北省电子信息制造业在全国范围内相比整体规模小。河北省工业和信息化厅发布的数据表明，2020年河北省电子信息制造业主营业务收入占全国比重为0.86%，全国排名第四。对于天津市而言，10年间其信息技术产业收入整体有增长，而这部分增长几乎全由软件和信息技术服务业贡献。其软件和信息技术服务业主营业务收入由2011年的370.3亿元增长至2020年的2374.9亿元。可以发现，随着人工智能、物联网等新一代信息技术的崛起，通过建设人工智能"一带一路"联合实验室、国际科技合作基地、联合研究中心和国际产业园区等，天津市逐渐将产业发展重心移至软件和信息技术服务业。

（三）产业结构分析

产业结构相似系数用于测算产业之间的结构相似程度，计算公式为：

$$S_{ij} = \sum_{k=1}^{n} x_{ik} x_{jk} \Big/ \sqrt{\sum_{k=1}^{n} x_{ik}^2 \sum_{k=1}^{n} x_{jk}^2} \tag{1}$$

其中，x_{ik}表示i地区第k部门（共有n个行业部门）产值在i地区总产值中所占比重；x_{jk}表示j地区第k部门产值在j地区总产值中所占的比重；S_{ij}表示i和j两个地区的产业结构相似系数。S_{ij}的值在0~1之间。当$S_{ij}=0$时，表明i和j两个地区的产业结构完全不同；当$0<S_{ij}<1$时，表明两个地区的产业结构存在一定程度的趋同；当$S_{ij}=1$时，表明两个地区的产业结构完全相同。

将京津冀三地信息技术产业两个子产业的主营业务收入代入公式（1），分别得出2011~2020年京津冀三地信息技术产业结构相似系数。表1为2011~2020年京津冀三地信息技术产业结构相似系数，图4为2011~2020年京津冀三地信息技术产业结构相似系数变化趋势。可以发现，北京市和天津市信息技术产业结构相似系数在波动中递增，2019年达到0.89以上，产业结构趋同越来越显著。由于北京市软件和信息技术服务业发展势头猛且具有先天优势，而河北省信息技术产业规模较小，北京市和河北省信息技术产业结构相似系数呈逐年下降趋势且下降趋势越来越明显，从 2011 年的 0.805175 降至 2020 年的 0.386735。这表明在 10 年间，两地的产业结构差异逐渐扩大，信息技术产业结构有比较大的差异。由于天津市的产业重心转移至软件和信息技术服务业，而河北省的产业重点依然为电子信息制造业，两地的信息技术产业结构相似系数整体下降，由 2011 年的 0.997041 下降至 2020 年的 0.757680，天津市和河北省的信息技术产业结构差异在逐渐加大，类似于北京市和河北省的情况。

表 1 2011~2020 年京津冀三地信息技术产业结构相似系数

年份	北京和天津	北京和河北	河北和天津
2011	0.757213	0.805175	0.997041
2012	0.734631	0.749936	0.999739
2013	0.714182	0.690136	0.999429
2014	0.751417	0.670356	0.993335
2015	0.731541	0.616281	0.987768
2016	0.758287	0.590329	0.973844
2017	0.806099	0.531617	0.929765
2018	0.855446	0.519485	0.886919
2019	0.893991	0.524351	0.850309
2020	0.894867	0.386735	0.757680

资料来源：京津冀三地电子信息产业年鉴。

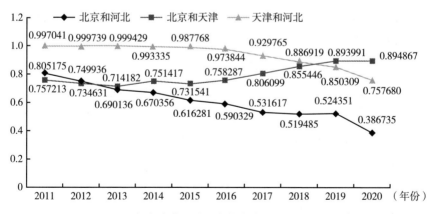

图 4 2011~2020 年京津冀三地信息技术产业结构相似系数变化趋势

资料来源：京津冀三地电子信息产业年鉴。

三 信息技术产业内部协同分析

（一）产业共生理论

基于产业共生理论对信息技术产业内部协同进行分析，测算两个子产业之间的共生集聚度和共生耦合度。通过测算共生集聚度，了解产业之间的共生水平；通过测算共生耦合度，了解产业之间的共生形态。

在传统意义上，"共生"是一个生态学概念，是德国生物学家德贝立（Anion Debary）于 1879 年提出的，指两种或多种生物之间必然按照某种模式互相依存和相互作用，形成共同生存、协调进化的共同依存关系。经济学视角下的共生特指经济主体之间存续性的物质联系，这种物质联系在抽象意义上就表现为共生单元之间在一定共生环境中按某种共生模式形成的关系。根据胡晓鹏 2008 年对于产业共生理论的研究，产业共生存在着这样一种类型：在分工不断细化的前提下，同类产业具有不同价值模块和不同类产业，具有彼此经济联系的业务模块所出现的融合、互动、协调的发展状态。在信息技术产业之中，电子信息制造业与软件和信息技术服务业就属于该种共生关系。软件和信息技术服务业内生于电子信息制造业并依存电子信息制造业的发展需求，而电子信息制造业的快速增长和效率提升也依赖软件和信息技术服务业的黏合剂作用，二者之间是一种典型的共生关系。

产业共生具有融合性、互动性以及协调性等性质。产业共生的融合性体现在产业技术的互补、材料的供需以及业务板块的组合等方面。在产业共生理论中，产业之间存在互相关联的利益，而不同共生形态的产业之间所获得的利益可能是偏利的、对称的或者非对称的，这表明共生条件下的互动关系具有多重性质，而且这种多重性质在不同的发展阶段会产生不同的变化。产业共生的协调性涉及数量协调和质量协调两个层次，数量协调关注产业间的数值关系，而质量协调则重视最优共生手段的选择以及产业个体的发展能力。

产业共生反映不同产业在共生网络中的不同发展程度，共生能量的生成与吸收消化是衡量共生关系的最基本动态特征。本部分选取京津冀一省两市2011~2020年的数据，各指标数据主要来源于《中国信息产业年鉴》、《中国电子信息产业年鉴》、中国知网以及三地政府统计局网站，缺失数据采用移动平均法补全。由于部分地区工业总产值数据缺失较多，本部分模型构建中选用产业主营业务收入作为主要数据指标。

（二）产业共生模型

共生度反映共生单元之间质参量变动的关联程度。一系列的质参量共同反映共生单元的性质，但往往是某一个质参量占主导地位，即主质参量。本文选取电子信息制造业总产值及软件和信息技术服务业的主营业务收入作为两个子产业的主质参量，能够体现两个子产业之间的协同效应。将电子信息制造业的总产值记为 X，软件和信息技术服务业的主营业务收入记为 Y。电子信息制造业对软件和信息技术服务业的共生度记为 η_{xy}，表示共生单元电子信息制造业的主质参量的变化率所引起或对应的共生单元软件和信息技术服务业的主质参量的变化率，体现了电子信息制造业的发展对软件和信息技术服务业的促进作用。软件和信息技术服务业对电子信息制造业的共生度记为 η_{yx}，表示共生单元软件和信息技术服务业的主质参量变化 1 个百分点所产生的对共生单元电子信息制造业的影响，体现了软件和信息技术服务业的发展对电子信息制造业的推动作用。共生度的计算公式如下：

$$\eta_{xy} = \frac{\mathrm{d}X/X}{\mathrm{d}Y/Y} \tag{2}$$

$$\eta_{yx} = \frac{\mathrm{d}Y/Y}{\mathrm{d}X/X} \tag{3}$$

根据 η_{xy}、η_{yx} 的值可以将两个子产业的共生情况分为表 2 所示的几种模式。

表 2 产业共生模式分布

共生度取值	产业共生模式
$\eta_{xy} = \eta_{yx} > 0$	正向对称互惠共生
$\eta_{xy} \neq \eta_{yx} > 0$	正向非对称互惠共生
$\eta_{xy} > 0, \eta_{yx} < 0$	软件和信息技术服务业寄生于电子信息制造业
$\eta_{xy} < 0, \eta_{yx} > 0$	电子信息制造业寄生于软件和信息技术服务业
$\eta_{xy} = \eta_{yx} = 0$	独立并生
$\eta_{xy} = 0, \eta_{yx} > 0$ 或 $\eta_{xy} > 0, \eta_{yx} = 0$	正向偏利共生
$\eta_{xy} = 0, \eta_{yx} < 0$ 或 $\eta_{xy} < 0, \eta_{yx} = 0$	反向偏利共生
$\eta_{xy} \neq \eta_{yx} < 0$	反向非对称共生
$\eta_{xy} = \eta_{yx} < 0$	反向对称共生

此外，可通过共生系数进一步反映两个共生单元质参量相互影响的程度。分别设电子信息制造业以及软件和信息技术服务业质参量的共生系数为 θ_X、θ_Y，计算公式如下：

$$\theta_X = \frac{\eta_{xy}}{\eta_{xy} + \eta_{yx}} \tag{4}$$

$$\theta_Y = \frac{\eta_{yx}}{\eta_{xy} + \eta_{yx}} \tag{5}$$

（三）产业共生模式分析

1. 模型构建

图 5 的散点图分别以京津冀电子信息制造业的总产值以及软件和信息技术服务业的主营业务收入作为自变量和因变量。可以发现，对于三地而言，两个变量呈现较明显的非线性关系，因此，对两组数据进行多次曲线拟合，选出最置信的拟合结果，公式（6）~（11）分别为北京市、天津市、河北省的曲线拟合回归方程。

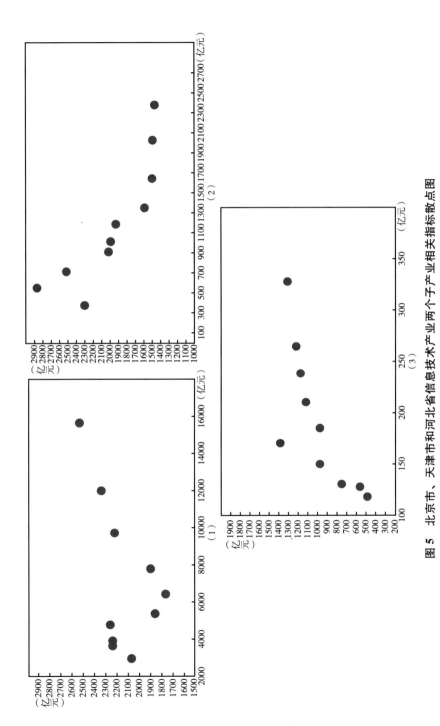

图 5 北京市、天津市和河北省信息技术产业两个子产业相关指标散点图

注: 图中横轴为软件和信息技术服务业主营业务收入, 竖轴为电子信息制造业总产值; (1)、(2)、(3) 分别表示北京市、天津市和河北省。

资料来源: 使用 Python 绘制。

$$Y_1 = 0.00000851X_1^2 - 0.1248X_1 + 2468(R^2 = 0.533) \tag{6}$$

$$X_1 = 0.0455Y_1^2 - 184.3694Y_1 + 191200(R^2 = 0.652) \tag{7}$$

$$Y_2 = 0.0003X_2^2 - 1.5208X_2 + 3213.7246(R^2 = 0.8) \tag{8}$$

$$X_2 = 0.0011Y_2^2 - 5.9464Y_2 + 8235.4173(R^2 = 0.872) \tag{9}$$

$$Y_3 = -0.0283X_3^2 + 15.5936X_3 - 837.7752(R^2 = 0.723) \tag{10}$$

$$X_3 = 0.1673Y_3 + 25.7158(R^2 = 0.567) \tag{11}$$

其中，X_1、Y_1 分别为北京市软件和信息技术服务业主营业务收入、电子信息制造业总产值，X_2、Y_2 分别为天津市软件和信息技术服务业主营业务收入、电子信息制造业总产值，X_3、Y_3 分别为河北市软件和信息技术服务业主营业务收入、电子信息制造业总产值。模型拟合优度均在 0.5 以上且变量 T 检验均显著，P 值在 0.05 以内，说明回归模型较精确，相关关系在95% 的置信区间内是显著的。

2. 结果分析

根据共生度模型，可以测得京津冀地区信息技术产业的共生度，从而可以判断出不同地区信息技术产业内部共生状态。10 年间京津冀地区信息技术产业内部子产业共生状态有较大的变化。2011~2014 年，北京市信息技术产业内部的共生模式为软件和信息技术服务业寄生于电子信息制造业，说明在这段时间软件和信息技术服务业对于电子信息制造业有一种依赖关系，软件和信息技术服务业可能从电子信息制造业中获得利益。2010 年前后，国内科技的滞后使得软件和信息技术服务业无法得到飞速发展。而随着高科技的发展，北京市得益于先天优势，软件和信息技术服务业发展迅猛，信息技术产业共生模式于 2017 年转变为电子信息制造业寄生于软件和信息技术服务业。到了 2018 年之后，共生模式变为正向非对称互惠共生，表明软件和信息技术服务业与电子信息制造业相互受益但受益程度不同，有助于促进产业间的合作与发展，提高资源利用效率和竞争力（见表3）。

2011~2020 年，天津市信息技术产业两个子产业共生模式均为反向非对称共生（见表4）。反向非对称共生是指其中一方从另一方获益，而另一方受到损害。可能是软件和信息技术服务业依赖电子信息制造业的资源，比如人力、原材料等，从而导致电子信息制造业发展受阻，呈现反向非对称共生的状态。

2019年河北省信息技术产业两个子产业共生模式为软件和信息技术服务业寄生于电子信息制造业，其他年份均为正向非对称互惠共生模式（见表5）。2019年，河北省软件和信息技术服务业依赖电子信息制造业的发展，可能是由于软件和信息技术服务业的发展离不开电子信息制造业所带来的原材料、技术、资源等。

表3 2011～2020年北京市信息技术产业内部共生度、共生系数及共生模式

年份	η_{xy}	η_{yx}	θ_X	θ_Y	共生模式
2011	1.82114313	-0.1020614	0.946932	0.053068	软件和信息技术服务业寄生于电子信息制造业
2012	6.62433645	-0.107699	0.984002	0.015998	
2013	6.73504034	-0.1077776	0.98425	0.01575	
2014	6.97219143	-0.1002485	0.985825	0.014175	
2015	-5.0533904	-0.0863374	0.983202	0.016798	反向非对称共生
2016	-5.5692356	-0.0496073	0.991171	0.008829	
2017	-4.3274654	0.03341124	0.992338	0.007662	电子信息制造业寄生于软件和信息技术服务业
2018	6.34084781	0.19268604	0.970508	0.029492	正向非对称互惠共生
2019	7.48464404	0.43221267	0.945406	0.054594	
2020	7.23324607	0.86200336	0.893517	0.106483	

表4 2011～2020年天津市信息技术产业内部共生度、共生系数及共生模式

年份	η_{xy}	η_{yx}	θ_X	θ_Y	共生模式
2011	-5.3949893	-0.1786597	0.967946	0.032054	反向非对称共生
2012	-4.7420398	-0.2673802	0.946625	0.053375	
2013	-4.4270747	-0.3402556	0.928628	0.071372	
2014	-4.2286324	-0.425569	0.908562	0.091438	
2015	-4.1035498	-0.4649803	0.898221	0.101779	
2016	-3.8211178	-0.523793	0.879447	0.120553	

续表

年份	η_{xy}	η_{yx}	θ_X	θ_Y	共生模式
2017	−2.4550772	−0.562347	0.813633	0.186367	
2018	−2.1911594	−0.5766613	0.791655	0.208345	反向非对称共生
2019	−2.1819584	−0.4532728	0.827995	0.172005	
2020	−2.0987422	−0.1758987	0.92267	0.07733	

表5　2011~2020年河北省信息技术产业内部共生度、共生系数及共生模式

年份	η_{xy}	η_{yx}	θ_X	θ_Y	共生模式
2011	0.76138248	1.72547686	0.306162	0.693838	
2012	0.7849717	1.5508595	0.336057	0.663943	
2013	0.8308028	1.49301048	0.357517	0.642483	
2014	0.86413403	1.23358661	0.41194	0.58806	正向非对称互惠共生
2015	0.86333312	0.88420992	0.494027	0.505973	
2016	0.87899756	0.65313058	0.57371	0.42629	
2017	0.8840716	0.3986265	0.689228	0.310772	
2018	0.88709454	0.12937978	0.872717	0.127283	
2019	0.89492817	−0.7658303	0.538867	0.461133	软件和信息技术服务业寄生于电子信息制造业
2020	0.89985925	1.01604527	0.469679	0.530321	正向非对称互惠共生

同时，根据公式（4）和（5），可得两个子产业的共生系数。根据产业共生理论，对于两个共生单元正向共生而言，共生度越大则共生体系边际密度能量越大，表明共生单元之间的联系越紧密，质参量兼容程度越高。对于北京市和天津市而言，10年间两地 θ_X 均大于 θ_Y，说明两地电子信息制造业对于软件和信息技术服务业的推动作用要远远大于软件和信息技术服务业对于电子信息制造业的推动作用，可能是由于电子信息制造业的产品一部分属于软件和信息技术服务业发展的基础需要。对于河北省而言，10年间其两个子产业共生系数有较大的波动，在2015年之前，软件和信息技术服务业对电子信息制造业的推动作用更大，在2015年之后，电子信息制造业对于软件和信息技术服务业的推动作用更大，且推动作用逐渐增大。2018年之后电子信息制造业推动作用开始逐渐减小，但依然大于软件和信息技术服务

业对电子信息制造业的推动作用，该状态在 2019~2020 年又出现改变。

为进一步观察两个子产业之间的共生状态，绘制 2011~2020 年京津冀地区信息技术产业共生系数变化趋势。当共生系数 $\theta_X = \theta_Y = 0.5$ 时，两个子产业之间将形成对称共生模式。可以发现，北京市两个子产业之间共生系数差距较大，但存在一定的靠拢趋势，因此，有逐渐向正向对称互惠共生模式进化发展的趋势。在 2011 年时，天津市的两个子产业共生系数差距极大，而后缓慢靠近，在 2018 年之后又出现相互疏远的趋势。在 2018 年后，河北省的两个子产业共生系数发生转变，2018 年之前共生系数逐渐达到 0.5 后又继续离散，2018 年之后又重新出现相互靠近的趋势。2020 年，河北省两个子产业的共生系数分别为 0.530321 和 0.469679，接近对称共生模式（见图 6）。

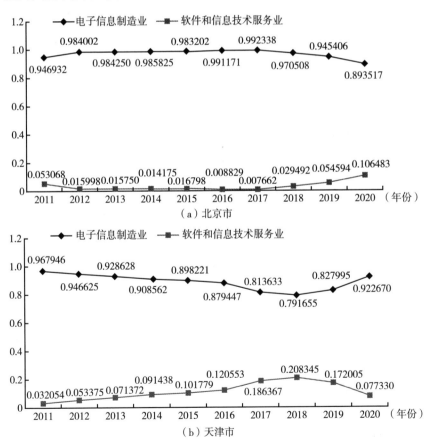

（a）北京市

（b）天津市

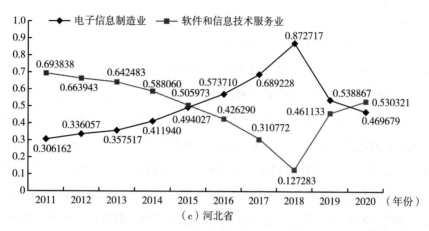

（c）河北省

图6 2011～2020年北京市、天津市和河北省信息技术产业两个子产业共生系数变化趋势

四 京津冀区域协同分析

本文将信息技术产业分为两个子产业：电子信息制造业以及软件和信息技术服务业。本文通过耦合协调度模型，分析产业内部的协同程度并对比地域之间的协同状况。选取2011～2020年北京市、天津市和河北省面板数据作为样本集。其中，相关数据指标主要来源于《中国统计年鉴》、《北京统计年鉴》、《天津统计年鉴》和《河北统计年鉴》。两个子产业的相关数据主要来自《中国信息产业年鉴》《中国电子信息产业年鉴》。对于少部分缺失的指标数据，采用回归插补法进行补全。

（一）指标体系构建

在进行耦合协调发展研究之前，需要对京津冀地区信息技术产业指标进行分析。协同发展评价指标体系是描述协同发展过程、评价协同发展状态、探讨协同发展规律的重要工具。在构建基于耦合协调度模型的京津冀信息技术产业协同发展评价指标体系时，需要遵循以下几个原则。第一，实用性原则，在准确反映模型信息的前提下指标应易于获取；第二，科学性原则，指标应符合电子信息制造业以及软件和信息技术服务业的发展状态及协同状态；第三，完备性原则，指标体系应尽可能地涵盖较完备的数据，能够反映两个子产业的耦合协调情况。

本文结合信息技术产业自身的特点以及产业发展的特征，对无法获取的指标数据进行相应取舍，从规模、结构、成长、效益四个方面构建一级指标，每个一级指标又分为2~5个二级指标。电子信息制造业的一级指标用 X_i（$i=1，2，3，4$）表示，二级指标用 X_{ij}（$j=1，2，3，4，5$）表示；软件和信息技术服务业的一级指标用 Y_i（$i=1，2，3，4$）表示，二级指标用 Y_{ij}（$j=1，2，3，4，5$）表示（见表6）。需要说明的是，两个子产业的二级指标并非完全相同，主要原因如下。第一，数据可获取性。电子信息制造业及软件和信息技术服务业的相关指标分别选取于《中国电子信息产业年鉴》和《中国信息产业年鉴》，两个统计年鉴数据有所差别。第二，两个产业性质不同，统计年鉴中所收录的统计指标也有所不同，且一些省市并未收录相关数据。

表6 京津冀信息技术产业协同发展评价指标体系

子产业	一级指标	二级指标
电子信息制造业	规模指标 X_1	工业总产值（X_{11}）
		企业数（X_{12}）
		从业人员年末人数（X_{13}）
	结构指标 X_2	工业总产值占 GDP 比重（X_{21}）
		电子信息制造业总产值占地区工业总产值比重（X_{22}）
		电子信息制造业从业人数占地区从业人数比重（X_{23}）
		电子信息制造业企业数占地区企业数比重（X_{24}）
	成长指标 X_3	电子信息制造业总产值增长率（X_{31}）
		电子信息制造业企业数增长率（X_{32}）
		电子信息制造业就业人数增长率（X_{33}）
	效益指标 X_4	电子信息制造业就业贡献率（X_{41}）
		电子信息制造业资产负债率（X_{42}）
软件和信息技术服务业	规模指标 Y_1	主营业务收入（Y_{11}）
		企业数（Y_{12}）
		从业人员年末人数（Y_{13}）
		税收总额（Y_{14}）

续表

子产业	一级指标	二级指标
软件和信息技术服务业	结构指标 Y_2	主营业务收入占 GDP 比重（Y_{21}）
		软件和信息技术服务业从业人数占地区从业人数比重（Y_{22}）
		软件和信息技术服务业企业数占地区企业数比重（Y_{23}）
		软件和信息技术服务业税收总额占地区税收总额比重（Y_{24}）
	成长指标 Y_3	软件和信息技术服务业主营业务收入增长率（Y_{31}）
		软件和信息技术服务业企业数增长率（Y_{32}）
		软件和信息技术服务业从业人数增长率（Y_{33}）
		软件和信息技术服务业税收增长率（Y_{34}）
		软件和信息技术服务业固定投资增长率（Y_{35}）
	效益指标 Y_4	软件和信息技术服务业就业贡献率（Y_{41}）
		软件和信息技术服务业资产负债率（Y_{42}）

注：资产负债率＝负债总额/资产总额；就业贡献率＝某产业就业人数增量/总就业人数增量。

（二）指标权重确定

在进行耦合协调度模型构建之前，需要对指标进行赋权。为避免单一赋权局限性，在主观性与客观性结合的基础上，对指标体系中的一级指标采用层次分析法赋权，对二级指标采用熵权法赋权，以保证指标权重的合理性。

1. 一级指标

层次分析法是一种系统方法，用于处理复杂的多目标决策问题。它将问题看作一个系统，并将目标分解为多个层次，进一步将每个层次分解为多个指标（或准则、约束）。通过使用定性指标模糊量化方法，计算每个层次的单一排序（权重），并得出整体排序，以作为多目标和多方案优化决策的依据。具体计算过程如下。

（1）构建层次结构模型

在应用层次分析法时，本文将决策目标、考虑因素（决策准则）和决策对象按照它们之间的相互关系划分为最高层、中间层和最低层，并生成相应的层次结构。根据已构建的指标体系，本文的层次结构模型如图 7 所示。

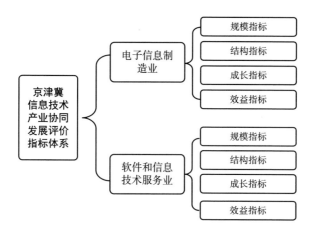

图7　京津冀信息技术产业协同发展评价指标体系层次结构模型

（2）构造判断矩阵

根据层次分析法原理构建判断矩阵。判断矩阵是由对同一层次各个指标重要性的判断所构成的一个决策表。表7为本文对指标重要性判断的比例标度。

表7　指标重要性判断比例标度

标度值	含义
1	同等重要
3	稍微重要
5	较强重要
7	强烈重要
9	极端重要
2,4,6,8	两相邻判断的中间值
倒数	若因素 i 与因素 j 重要性之比为 a_{ij}，则因素 j 与因素 i 之比为 $1/a_{ij}$

（3）计算指标权重

根据判断矩阵，可以求得最大特征根对应的特征向量，其特征向量即为评价因素的权重排序。权重计算过程如下：

①计算判断矩阵每一行的乘积 M_i

$$M_i = \prod a_{ij}(i,j = 1,2,3,\cdots,n) \tag{12}$$

②计算 M_i 的 n 次方根

$$K_i = \sqrt[n]{M_i} \tag{13}$$

③对向量 $[K_1,K_2,K_3,\cdots,K_N]^T$ 做归一化处理，即

$$\omega_i = \frac{K_i}{\sum_{i=1}^{n} K_i} \tag{14}$$

则 $\omega = (\omega_1,\omega_2,\omega_3,\cdots,\omega_n)^T$ 即为所求的特征向量。

④估算最大特征根，即

$$\lambda_{max} = \frac{1}{n}\sum \frac{(A\omega)_i}{\omega_i} \tag{15}$$

其中，$(A\omega)_i$ 为 $A\omega$ 的第 i 个分量，$\omega = (\omega_1,\omega_2,\omega_3,\cdots,\omega_n)^T$。

（4）矩阵一致性检验

通过计算一致性指标，检验判断矩阵是否一致。如果一致性指标或一致性比例超过一定的阈值，说明判断矩阵存在一定的不一致性，需要重新调整。用来检验一致性的公式如下：

$$CI = \frac{\lambda_{max} - n}{n - 1} \tag{16}$$

其中，n 为判断矩阵的阶数，λ_{max} 为判断矩阵的最大特征根。

根据层次分析法，借鉴文献[1]中专家打分调查问卷结果，可得两个子产业的判断矩阵，并根据式（16）计算出一级指标权重（见表8、表9）。

---

[1] 钟升：《重庆市生产性服务业与装备制造业共生发展研究》，硕士学位论文，重庆理工大学，2011。

表8　电子信息制造业一级指标判断矩阵及指标权重

一级指标	X_1	X_2	X_3	X_4	权重
X_1	1	70/27	155/24	95/54	0.4355
X_2	27/70	1	278/135	41/45	0.2112
X_3	54/155	135/278	1	67/81	0.14
X_4	54/95	45/41	81/67	1	0.2133

资料来源：钟升《重庆市生产性服务业与装备制造业共生发展研究》，硕士学位论文，重庆理工大学，2011。

表9　软件和信息技术服务业一级指标判断矩阵及指标权重

一级指标	Y_1	Y_2	Y_3	Y_4	权重
Y_1	1	43/27	887/540	41/27	0.342
Y_2	27/43	1	481/270	178/135	0.2669
Y_3	540/887	270.481	1	157/81	0.2185
Y_4	27/41	135/178	81/157	1	0.1726

资料来源：钟升《重庆市生产性服务业与装备制造业共生发展研究》，硕士学位论文，重庆理工大学，2011。

2. 二级指标

熵权法是一种基于数据离散程度和指标变异性的大小来确定客观权重的方法。在信息论中，熵被用来度量不确定性或随机性的程度。当不确定性较大时，表示随机性较高，数据更为离散，包含的信息也更多，熵值较大。因此，在确定权重时，通常较大的熵值对应较小的权重。具体计算过程如下。

（1）数据标准化处理

数据标准化通常使用最大值最小值标准化方法。将指标分为正向指标和负向指标，根据指标的正负向使用相对应的标准化公式。公式如下：

$$j \text{ 为正向指标：} r_{ij} = \frac{r'_{ij} - \operatorname*{Min}_{i}(r'_{ij})}{\operatorname*{Max}_{i}(r'_{ij}) - \operatorname*{Min}_{i}(r'_{ij})} \tag{17}$$

$$j \text{ 为负向指标：} r_{ij} = \frac{\operatorname*{Max}_{i}(r'_{ij}) - r'_{ij}}{\operatorname*{Max}_{i}(r'_{ij}) - \operatorname*{Min}_{i}(r'_{ij})} \tag{18}$$

（2）计算信息熵

根据信息论中信息熵的定义，其计算公式如下：

$$E_j = \frac{1}{Inn} \sum_{i=1}^{N} p_{ij} Inp_{ij} \tag{19}$$

其中 $p_{ij} = \dfrac{x'_{ij}}{\sum\limits_{i=1}^{n} x'_{ij}}$ （如果 $p_{ij}=0$，则定义 $lim_{p_{ij} \to 0} p_{ij} Inp_{ij}=0$）

（3）计算各指标权重

设各个指标的熵值为 E_1，E_2，$\cdots$，E_m，则各个指标的权重计算公式为：

$$W_j = \frac{1 - E_j}{m - \sum E_j}(0 \le j \le m) \tag{20}$$

利用熵权法计算出二级指标的权重后，可得京津冀信息技术产业协同发展评价指标体系指标权重（见表10、表11）。

表10　电子信息制造业协同发展评价指标体系指标权重

一级指标	二级指标	权重
规模指标(0.4355)	工业总产值	0.264829
	企业数	0.212661
	从业人员年末人数	0.522510
结构指标(0.2112)	工业总产值占 GDP 比重	0.248362
	电子信息制造业总产值占地区工业总产值比重	0.244112
	电子信息制造业从业人数占地区从业人数比重	0.206908
	电子信息制造业企业数占地区企业数比重	0.300618
成长指标(0.14)	电子信息制造业总产值增长率	0.325050
	电子信息制造业企业数增长率	0.255801
	电子信息制造业就业人数增长率	0.419148
效益指标(0.2133)	电子信息制造业就业贡献率	0.427636
	电子信息制造业资产负债率	0.572364

表 11　软件和信息技术服务业协同发展评价指标体系指标权重

一级指标	二级指标	权重
规模指标（0.342）	主营业务收入	0.245756
	企业数	0.268772
	从业人员年末人数	0.285678
	税收总额	0.199794
结构指标（0.2669）	主营业务收入占 GDP 比重	0.252728
	软件和信息技术服务业从业人数占地区从业人数比重	0.288802
	软件和信息技术服务业企业数占地区企业数比重	0.288068
	软件和信息技术服务业税收总额占地区税收总额比重	0.170402
成长指标（0.2185）	软件和信息技术服务业主营业务收入增长率	0.074246
	软件和信息技术服务业企业数增长率	0.200821
	软件和信息技术服务业从业人数增长率	0.196803
	软件和信息技术服务业税收增长率	0.332395
	软件和信息技术服务业固定投资增长率	0.195735
效益指标（0.1726）	软件和信息技术服务业就业贡献率	0.426423
	软件和信息技术服务业资产负债率	0.573577

（三）耦合协调度模型

耦合协调度模型是研究区域整体均衡发展程度的有效评价与研究工具，主要指数包括耦合度、协调度及耦合协调度。耦合度指两个或两个以上系统之间相互作用影响，实现协调发展的动态关联关系，可以反映系统之间的相互依赖、相互制约程度。协调度指耦合相互作用关系中良性耦合程度的大小，它可体现协调状况的好坏。而耦合协调度是用于衡量各个系统之间相互促进、相互制约程度的指标，一般用来反映多系统之间耦合程度及协调发展状况，它能够反映系统变化的特征与趋势，为系统之间的协同作用提供量化依据。耦合协调度具体计算过程如下。

1. 综合发展评价指数

综合发展评价指数可以用来反映各个子系统的综合发展水平，计算公式如下：

$$T_i = u = \sum_{j=1}^{m} \lambda_{T_{ij}} x_{T_{ij}} \tag{21}$$

其中，T_i 表示第 i 个子系统的综合发展水平，$\lambda_{T_{ij}}$ 表示第 i 个子系统的权重，$x_{T_{ij}}$ 表示第 i 个子系统第 j 项指标标准化后的数据。

2. 耦合度指数

耦合度指数常用来研究判别产业间的互动情况，计算公式如下：

$$C = k \times \sqrt[k]{\prod_{n=1}^{k} u_n} \Big/ \sum_{n=1}^{k} u_n \tag{22}$$

其中，C 为耦合度，k 为子产业数，u_n 为各个子系统的综合发展评价指数。耦合度 C 的取值范围为 $[0, 1]$，C 越接近 1，代表各子系统间的耦合度越大，相互之间的关联度越大，协同度越高；C 越接近于 0，代表各子系统间的耦合度越小，相互之间关联较小且处于无序发展状态。

耦合度是衡量系统之间关联程度的指标，可以反映系统之间相互依赖或制约的程度。然而，耦合度仅仅反映了各子系统之间的相关程度，无法准确展示它们之间的空间协调程度。因此，需要进一步测算耦合协调度，以分析系统之间的协调发展水平，即确定它们是高水平相互促进还是低水平相互制约。

3. 耦合协调度指数

耦合协调度指数通常可以反映系统的协同水平，计算公式如下：

$$D = \sqrt{C \times T}, T = aT_1 + bT_2 \tag{23}$$

在查阅多篇文献之后，赋予 a = 0.4，b = 0.6。其中，D 为耦合协调度，C 为耦合度，T 为综合发展评价指数。根据现有研究成果，通常将子系统之间的协同发展划分为 6 种状态（见表 12）。

表 12 耦合协调度判别标准

耦合协调度 D	协调状态	耦合协调度 D	协调状态
$0 \leqslant D < 0.1$	极度失调	$0.5 \leqslant D < 0.6$	勉强协调
$0.1 \leqslant D < 0.2$	严重失调	$0.6 \leqslant D < 0.7$	初级协调
$0.2 \leqslant D < 0.3$	中度失调	$0.7 \leqslant D < 0.8$	中级协调
$0.3 \leqslant D < 0.4$	轻度失调	$0.8 \leqslant D < 0.9$	良好协调
$0.4 \leqslant D < 0.5$	濒临失调	$0.9 \leqslant D \leqslant 1$	优质协调

（四）模型构建及结果分析

根据本文所构建的指标体系以及赋得的权重，并对原始数据进行标准化处理，经过计算后得到京津冀三地电子信息制造业综合发展评价指数 T_1、软件和信息技术服务业综合发展评价指数 T_2 以及耦合协调度 D，并根据耦合协调度判别标准，对各地区协同程度进行划分。

总体来看，北京市信息技术产业耦合协调程度较高；天津市信息技术产业耦合协调度基本在 0.5~0.6，协调状态介于勉强协调与初级协调之间；河北省信息技术产业耦合协调度呈波动上升趋势，协调状态有从濒临失调向勉强协调转变的趋势（见表 13）。

基于产业内部差异分析，京津冀地区电子信息制造业以及软件和信息技术服务业协同水平存在明显差异且发展不均衡。北京市的软件和信息技术服务业综合发展评价指数较高，均在 0.55 以上，且呈上升的趋势，得益于科技的发展，发展势头较猛；而电子信息制造业综合发展评价指数要低于软件和信息技术服务业，除了在 2012 年高于 0.52 之外，其余年份均在 0.52 以下（见图 8）。2011~2020 年，天津市电子信息制造业及软件和信息技术服务业的综合发展评价指数均有较大波动，2011 年天津市电子信息制造业综合发展评价指数为 0.6488，软件和信息技术服务业综合发展评价指数仅为 0.1788。然而，10 年间电子信息制造业综合发展评价指数大幅度下降，下降了 46.2%，软件和信息技术服务业综合发展评价指数呈上升趋势，在 2020 年时反超电子信息制造业。可以发现，10 年间天津市信息技术产业的发

表13 2011~2020年京津冀地区信息技术产业两个子产业耦合协调度

年份	北京				天津				河北			
	T_1	T_2	D	协调状态	T_1	T_2	D	协调状态	T_1	T_2	D	协调状态
2011	0.4757	0.5764	0.7305	中级协调	0.6488	0.1788	0.5494	勉强协调	0.2562	0.2302	0.4902	濒临失调
2012	0.5289	0.5983	0.7546	中级协调	0.5714	0.2638	0.5997	勉强协调	0.2728	0.2281	0.4949	濒临失调
2013	0.5035	0.5814	0.7409	中级协调	0.5353	0.2349	0.5718	勉强协调	0.4740	0.2240	0.5500	勉强协调
2014	0.4943	0.5780	0.7368	中级协调	0.4381	0.2244	0.5416	勉强协调	0.2643	0.2184	0.4854	濒临失调
2015	0.4376	0.5587	0.7119	中级协调	0.4674	0.3008	0.5989	勉强协调	0.3083	0.2162	0.4990	濒临失调
2016	0.4388	0.5799	0.7201	中级协调	0.4635	0.2480	0.5644	勉强协调	0.3536	0.2033	0.5036	勉强协调
2017	0.3997	0.6444	0.7289	中级协调	0.4131	0.2981	0.5827	勉强协调	0.4109	0.2393	0.5449	勉强协调
2018	0.4625	0.6598	0.7562	中级协调	0.3982	0.3537	0.6089	初级协调	0.4074	0.2352	0.5412	勉强协调
2019	0.4477	0.7750	0.7878	中级协调	0.3800	0.3186	0.5847	勉强协调	0.4251	0.2393	0.5487	勉强协调
2020	0.4902	0.7757	0.8028	良好协调	0.3490	0.3510	0.5917	勉强协调	0.4686	0.1933	0.5253	勉强协调

展重心逐渐从电子信息制造业向软件和信息技术服务业转移（见图9）。相较于北京市和天津市，2011~2020年河北省的电子信息制造业综合发展评价指数均在0.5以下，但整体呈上升态势，在2020年达0.4686；软件和信息技术服务业的综合发展评价指数均在0.3以下，且在2020年下降至0.1933，软件和信息技术服务业的综合发展水平较低是制约河北省信息技术产业发展的主要因素（见图10）。在京津冀协同发展的背景下，北京市和天津市存在一些信息技术产业的外移，河北省可以利用这一优势，主动承接外移产业，以缓解软件和信息技术服务业发展的滞后问题。

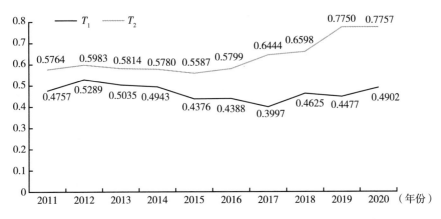

图8　2011~2020年北京市信息技术产业子产业综合发展评价指数

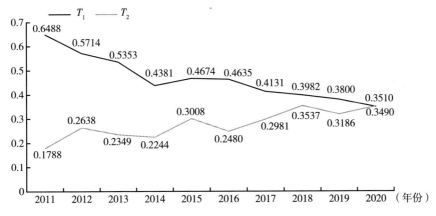

图9　2011~2020年天津市信息技术产业子产业综合发展评价指数

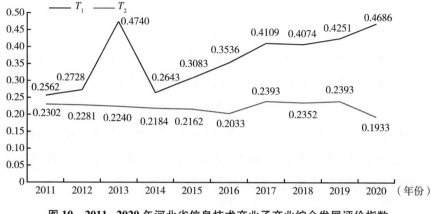

图 10　2011～2020 年河北省信息技术产业子产业综合发展评价指数

　　从横向对比来看，基于地域差异分析，计算出 2011～2020 年京津冀三地信息技术产业耦合协调度平均值并加以整理。从空间分布来看，北京市信息技术产业处于中级协调状态，天津市和河北省处于勉强协调状态，但天津市信息技术产业的耦合协调度要大于河北省（见表 14）。从制约因素来看，北京市 T_2 大于 T_1，软件和信息技术服务业的综合发展水平要高于电子信息制造业，因此制约其信息技术产业发展的因素主要是电子信息制造业发展滞后；而天津市和河北省电子信息制造业的综合发展水平要高于软件和信息技术服务业，制约两地信息技术产业发展的因素主要是软件和信息技术服务业发展滞后。

表 14　2011～2020 年京津冀信息技术产业内部耦合协调度均值比较

地区	T_1	T_2	D	协调状态
北京	0.4679	0.6328	0.7470	中级协调
天津	0.4665	0.2772	0.5794	勉强协调
河北	0.3641	0.2227	0.5184	勉强协调

　　从纵向对比来看，2011～2020 年，京津冀三地的信息技术产业内部耦合协调度大体呈缓慢波折上升趋势。北京市信息技术产业内部耦合协调度从

2011 年的 0.7305 上升到 2020 年的 0.8028，由中级协调变为良好协调，说明北京市的电子信息制造业与软件和信息技术服务业协同程度较高；天津市的信息技术产业内部耦合协调度基本不变，稳定在 0.6 左右，除 2018 年进入初级协调状态外，其余年份均属于勉强协调状态，两个子产业之间存在一定的协同程度，但仍有提升空间；河北省信息技术产业内部耦合协调度在三地中为最低水平，但呈现比较明显的上升趋势，协调程度从濒临失调转变为勉强协调，协同水平有待进一步提高（见图 11）。河北省存在人才匮乏、基础设施不完备、技术落后起步慢等制约信息技术产业发展的因素，要促进京津冀信息技术产业的协同发展，主要需要北京市和天津市整合信息技术资源，发挥北京市和天津市对河北省的驱动作用，带动河北省的信息技术产业发展。

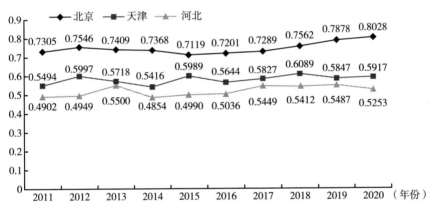

图 11　2011～2020 年京津冀三地信息技术产业内部耦合协调度

五　主要结论

本文将信息技术产业分为电子信息制造业与软件和信息技术服务业两个子产业，基于产业共生模型和耦合协调度模型，分别从产业内部和地域差异两个方面探究京津冀地区信息技术产业协同发展情况，并构建计量经济学模

型探讨影响京津冀地区协同发展的主要因素。利用产业共生模型分析京津冀信息技术产业内部的共生模式，利用耦合协调度模型分析京津冀信息技术产业的子产业发展程度以及协同状态，主要结论如下。

第一，信息技术产业在北京市和天津市产业中占据较主要的地位，在河北省属于边缘产业。2011~2020 年，对于信息技术产业内部，北京市始终以软件和信息技术服务业为主要子产业，天津市逐渐由以电子信息制造业为主转变为以软件和信息技术服务业为主，河北省始终以电子信息制造业为主，北京市和天津市的产业结构较为相似。

第二，2011~2020 年，北京市信息技术产业内部共生模式转变为正向非对称互惠共生，天津市信息技术产业内部共生模式持续为反向非对称共生，河北省信息技术产业内部共生模式转变为正向非对称互惠共生。根据共生系数时序，河北省有逐渐形成"对称共生"模式的趋势。

第三，根据耦合协调度模型，10 年间京津冀地区信息技术产业内部耦合协调程度逐渐向好，北京市信息技术产业内部耦合协调程度由中级协调向良好协调转变，天津市在勉强协调和初级协调之间波动，河北省由濒临失调向勉强协调转变，但天津市信息技术产业内部耦合协调度要大于河北省。制约北京市信息技术产业发展的因素主要是电子信息制造业发展滞后，制约天津市和河北省信息技术产业发展的因素主要是软件和信息技术服务业发展滞后。若想实现京津冀协同发展，各省市需要根据各自信息技术产业的短板，利用好协同发展战略的优势，合理调整信息技术产业发展战略。

参考文献

苏涛永、张亮亮、赵鑫：《制造业与物流业耦合对制造企业生产率的影响——基于产业共生视角》，《工业工程与管理》2020 年第 3 期。

胡晓鹏：《产业共生：理论界定及其内在机理》，《中国工业经济》2008 年第 9 期。

张沛东：《区域制造业与生产性服务业耦合协调度分析——基于中国 29 个省级区域的实证研究》，《开发研究》2010 年第 2 期。

林涛：《加快国家新一代人工智能创新发展试验区建设的思考》，《江西理工大学学报》2023 年第 2 期。

梁洪艳：《山东省信息产业高质量发展评价及影响因素研究》，硕士学位论文，齐鲁工业大学，2022。

龚海泉：《西南地区应急产业协同发展及影响因素研究》，硕士学位论文，西华大学，2022。

J. Liu，et al.，"A New Interpretation of Scientific Collaboration Patterns from the Perspective of Symbiosis：An Investigation for Long-term Collaboration in Publications," *Journal of Informetrics* 17（2023）：101372.

B.8
京津冀医药健康制造业协同发展研究

于洪丽 李泉林*

摘　要： 医药健康产业作为我国国民经济新的增长点，在京津冀协同发展过程中占据越来越重要的地位。本文主要研究了京津冀医药健康产业特别是医药制造业和医疗仪器设备及器械制造业的协同发展现状，探讨了三地在该领域协同发展过程中尚存在的主要问题并提出了相应的对策建议。研究发现，京津冀医药健康制造业协同发展势头良好，但仍存在产业结构过于相似、资源布局不合理、区域发展不平衡、系统创新性不足等问题。建议进一步加强三地政府间合作，明确三地产业分工，优化产业布局，增加资本投入，强化人才培养和互动交流，以更好地推动京津冀医药健康产业创新协同发展。

关键词： 京津冀协同发展　医药制造业　医疗仪器设备及器械制造业

一　研究背景及意义

（一）京津冀医药健康制造业协同发展研究背景

2016年，《"健康中国2030"规划纲要》的发布，将人民健康事业提升

---

* 于洪丽，博士，河北工业大学生命科学与健康工程学院教授，博士生导师，研究方向为生物电磁技术、脑科学与神经工程；李泉林，博士，北京工业大学经济与管理学院二级教授，博士生导师，研究方向为随机模型、排队论、计算机网络、物联网、大数据、云计算、数据中心、医疗服务系统、共享经济、供应链管理等。

到了前所未有的战略高度。近几年，在双循环经济形势驱动下和国家宏观政策的引导下，大健康产业迎来了全面发展的黄金时期，逐渐进入快速发展通道，成为国民经济新的增长点。京津冀协同发展作为目前国家三大战略之一，把握大健康产业发展机遇，整合京津冀三地医疗资源优势，实现京津冀医药健康产业链、创新链协同融合发展，已成为京津冀实施协同发展战略的重要方向之一。

"十四五"期间，京津冀高端制造业特别是医药健康产业进入优化升级和提质增效的高质量发展新阶段。2021年，《北京市"十四五"时期高精尖产业发展规划》提出，到2025年，北京将建立以高精尖产业为代表的实体经济基础，形成以智能制造、产业互联网、医药健康等新兴产业为支撑的现代产业体系，将集成电路、智能网联汽车、区块链、创新药等打造成"北京智造""北京服务"的金名片，在关键核心技术上取得重大突破，国产化配套比重进一步提升，为北京经济发展提供更加强大的支撑。现阶段，在北京市全面建设全国科技创新中心的背景下，医药健康产业已成为全市具有较强发展优势且符合北京市绿色可持续发展要求的高科技产业，在未来有广阔的发展空间。[①]

《天津市科技创新"十四五"规划》对基础应用以及前沿技术做出积极部署，针对未来重点产业技术的创新需求，不断加大投入力度，深入推进生命科学、信息技术等前沿应用的相关研究。同时对核心技术的攻关提出了重点要求，指出经济发展必须面向人民的健康需求，对于医疗器械、生物医药、医疗健康监护以及生物材料制造等领域的创新发展必须坚持绿色发展的基本理念，不断提升天津市生物医疗行业的发展水平，提升重大公共安全突发事件防控水平，提升常见重大疾病以及慢性病的医疗保障水平，提升常见传染病的检测与防护水平，推进现有技术的创新与新技术的应用，着力构建智慧医疗体系，推动健康社会的不断发展。

河北省"十四五"规划指出，河北省在新时期主要面临的问题是科技

---

① 徐爽：《北京医药健康产业技术创新发展研究》，《首都食品与医药》2020年第3期。

创新能力及水准较为不足，其中医疗健康、区块链、人工智能、量子信息等前沿和交叉领域应为发展重点。针对与人民群众生活息息相关的医疗健康领域，河北省提出强化面向人民生命健康的科技供给，筑牢针对重大疫病的防控科技防线，不断提升各医院、各科室的诊疗技术水平，切实保障人民群众的身心健康。同时不断推动生物医药产业创新，完善各城市大健康产业园的战略布局。聚焦生物医药产业技术前沿，产学研相结合不断推动药学发展。加快医疗器械高端化、智能化发展，支持"互联网+"与高端医疗器械和康复辅具相结合的技术及产品研发，为人民群众健康保驾护航。

目前，经济全球化呈现放缓甚至倒退的态势，国际需求动能减弱，外贸对于我国经济增长的驱动力也随之不断减弱，消费已成为拉动经济增长的主要动力。随着我国经济水平的不断提升以及人口老龄化的不断加剧，医疗健康行业展现较大的市场潜力，产业规模不断增长。京津冀地区拥有完善的工业配套体系，可以从产业链的各个环节进行协作配合，为生物医药、医疗器械、互联网医疗等健康产业提供丰富的设备资源、教育资源以及充足的人力资源，且三地在健康产业链方面具有较强的互补性。因此，应抓住"十四五"时期发展机遇，加强三地产业链协作，形成具有创新能力的京津冀医疗健康产业集群，以庞大的消费群体和高速发展的互联网平台为基础，加快实现协同发展，实现经济社会可持续发展。

（二）京津冀医药健康制造业协同发展研究意义

《"健康中国 2030"规划纲要》的发布为中国特色卫生健康事业的发展指明了方向，把健康中国建设事业提到了国家战略高度。同时，"推动健康中国建设"在党的二十大报告中作为重要内容被明确提出，报告强调"把保障人民健康放在优先发展的战略位置"。① 2020 年，《"十四五"国民健康规划》发布并明确指出要做优做强健康产业，推动医药工业创新发展，促

---

① 蔡涛：《贯彻落实党的二十大精神　加速推进健康河北建设》，《健康中国观察》2023 年第 1 期。

进高端医疗装备和健康用品制造生产。医药健康产业作为我国"高精尖"的支柱产业之一，在京津冀协同发展进程中占有重要的地位。"2020年度中国医药工业百强榜"数据显示，在中国医药行业百强企业中，京津冀三地企业占比超过22%，仅次于长三角城市群，优于珠三角城市群；从医疗器械的生产来看，京津冀城市群实有医疗器械生产企业超过2800家，在全国占比超过15%，稍逊色于长三角与珠三角城市群。[①] 随着北京冬奥会胜利闭幕、党的二十大胜利召开，我国经济社会的发展进入了一个新阶段，人民对于生活质量、生活环境、生活产品和生活服务的要求逐步提升。在这样的大环境下，医疗健康产业的发展成为必然趋势。

目前，京津冀医疗健康产业各有优势与不足。2014年京津冀协同发展战略被确定以后，三地在各领域促成了较多的战略协作，但目前仍存在部分行业或部分环节协同不足的问题。例如，京津冀三地虽在地理位置上分布较近，但资源配置机制尚未完善，许多领域还不能够将创新链、产业链、资金链以及服务链进行有效的融合；同时，京津冀三地产业发展不均衡，区域协同创新能力不足，政府对各地的创新发展协调作用尚显不足；由于京津两地对产业优势要素的持续"虹吸"作用，三地产业总体呈现显著的"层级差异"特性。因此，研究京津冀医药健康产业协同发展的行业布局及空间分布等现状，并对其中存在的问题进行深入挖掘和分析，结合当前的实际情况，制定行之有效的政策措施，对促进京津冀区域协同发展具有十分重要的现实意义。

二 京津冀医药健康制造业发展现状

《健康产业统计分类（2019）》对健康产业做出了概念界定，健康产业是指以医疗卫生和生物技术、生命科学为基础，以维护、改善和促进人民群

[①] 赵朝霞、雍兰利：《试论京津冀新兴产业链协同与优化布局——以生物医药产业为例》，《河北师范大学学报》（哲学社会科学版）2022年第2期。

众健康为目的，为社会公众提供与健康直接或密切相关的产品（货物和服务）的生产活动集合。该概念界定将健康产业范围确定为医疗卫生服务，健康事务、健康环境管理与科研技术服务，健康人才教育与健康知识普及，健康促进服务，健康保障与金融服务，智慧健康技术服务，药品及其他健康产品流通服务，其他与健康相关服务，医药制造，医疗仪器设备及器械制造，健康用品、器材与智能设备制造，医疗卫生机构设施建设，中药材种植、养殖和采集 13 个大类。与制造业密切相关的有医药制造，医疗仪器设备及器械制造，健康用品、器材与智能设备制造三类，其中医药制造、医疗仪器设备及器械制造属于高技术制造业范畴。

（一）北京市医药健康产业发展现状

1. 产业规模

2014 年京津冀协同发展战略提出以来，北京不断调整和优化经济结构，逐渐从"大而全"迈向"高精尖"。医药健康产业作为我国战略性新兴产业发展的重点方向，已成为助推北京创新发展的"双发动机"之一，未来有潜力成为支撑北京经济发展的新增长点。北京医药健康产业稳步增长，2014~2021 年，规模以上医药制造业企业由原来的 193 家增加至 250 家，增长近 30%（见图 1）；规模以上医药制造业企业平均用工人数呈逐渐增加的趋势，2014 年为 72780 人，到 2021 年增加至 87981 人，增长率达 20% 以上（见图 2）。工业生产总值和利润总额均逐渐增加，特别是 2021 年实现爆发式增长，工业生产总值达 3900 多亿元，同比增长 175%，实现利润总额2100 多亿元，同比增长 10 倍有余，且主要集中在化学药、生物药和中药等领域，拥有诺华、拜耳、默沙东、同仁堂等多家行业龙头企业。

截至 2023 年 5 月，北京共有医疗仪器设备及器械制造企业 1210 家，其中一类医疗器械生产企业 431 家，二类、三类医药器械生产企业 779 家，主要集中在影像设备、医疗机器人、植入式器械、体外诊断试剂等领域，拥有以乐普医疗、爱博医疗、佰仁医疗、万东医疗等为代表的多家龙头企业。《北京市加快医药健康协同创新行动计划（2021—2023 年）》实施以来，

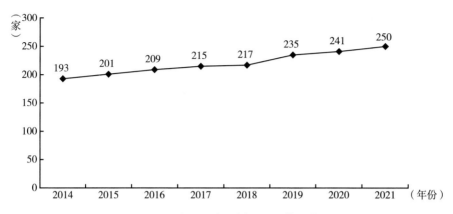

图1 2014～2021年北京市规模以上医药制造业企业数

资料来源：北京市统计局。

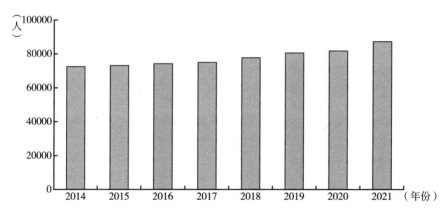

图2 2014～2021年北京市规模以上医药制造业企业平均用工人数

资料来源：北京市统计局。

北京不断探索医药健康产业发展的"北京模式"，创新力、竞争力、辐射力全面提升。未来北京将把更多创新模式应用到生物医药和医疗器械等众多细分领域，助力首都打造具有全球影响力的医药健康产业创新高地。

2.产业效益

统计数据显示，2014～2021年北京市规模以上医药制造业工业总产值、主营业务收入和利润总额均呈逐年增加的趋势。2014年，工业总产值为669

亿元，到 2021 年增加至 3930.3 亿元，实现爆发式增长（见图 3）。2021 年，北京市规模以上医药制造业工业总产值、主营业务收入和利润总额同比分别增长 199%、175% 和 932%。相比之下，医疗仪器设备及器械制造业工业总产值规模较小，但也呈逐年稳步增长趋势，增速在 2019 年前后达到最高，为 19.27%。2020 年受疫情等大环境影响，医疗仪器设备及器械制造业增速变缓，2021 年逐渐恢复，呈现加快增长态势（见图 4）。

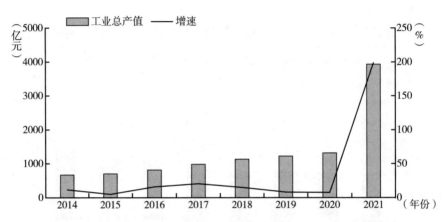

图 3 2014～2021 年北京市规模以上医药制造业工业总产值及增速

资料来源：北京市统计局。

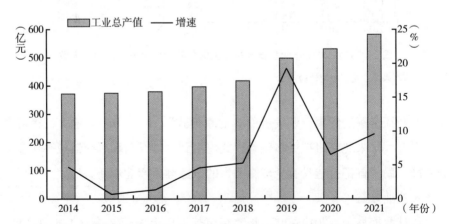

图 4 2014～2021 年北京市规模以上医疗仪器设备及器械制造业工业总产值及增速

资料来源：北京市统计局。

2014～2021 年，北京市规模以上医药制造业主营业务收入增速除 2014年、2015 年和 2020 年变缓之外，其他年份增速均保持在两位数以上，2021年表现尤为突出，增速达 175.02%（见表 1）。规模以上医疗仪器设备及器械制造业主营业务收入逐年稳步增加，2019 年开始增速明显加快，2019～2021 年主营业务收入增速分别为 14.39%、11.95% 和 10.03%，体现了该行业领域的快速发展趋势（见表 2）。

表 1　2014～2021 年北京市规模以上医药制造业主营业务收入及增速

单位：亿元，%

年份	主营业务收入	增速
2014	662.6	8.78
2015	686.4	3.59
2016	809	17.86
2017	946.4	16.98
2018	1108.8	17.16
2019	1298.4	17.10
2020	1344.2	3.53
2021	3696.8	175.02

资料来源：北京市统计局。

表 2　2014～2021 年北京市规模以上医疗仪器设备
及器械制造业主营业务收入及增速

单位：亿元，%

年份	主营业务收入	增速
2014	416.9	5.38
2015	427.5	2.54
2016	430.6	0.73
2017	433.7	0.72
2018	474.7	9.45
2019	543.0	14.39
2020	607.9	11.95
2021	668.9	10.03

资料来源：北京市统计局。

2014~2021年，北京市规模以上医药制造业利润总额在总体增长趋势下，出现波动情况。其中，2018年和2020年出现负增长，增长率分别为-0.41%和-4.48%；2021年出现爆发式增长，变化趋势与工业总产值和主营业务收入相同，增长率为931.9%（见图5）。相比之下，医疗仪器设备及器械制造业利润总额同样呈总体增长趋势，除2014年出现负增长（增长率-1.48%）外，其他年份均为正增长，特别是2019年以来，增速明显变快，变化趋势与该行业主营业务收入相同（见图6）。

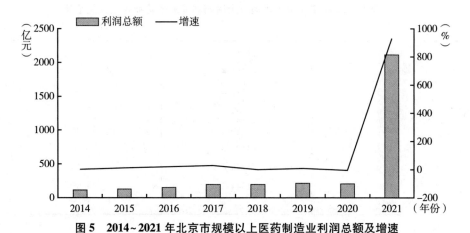

图5　2014~2021年北京市规模以上医药制造业利润总额及增速

资料来源：北京市统计局。

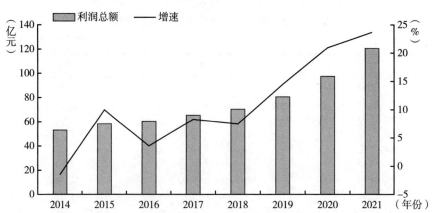

图6　2014~2021年北京市规模以上医疗仪器设备及器械制造业利润总额及增速

资料来源：北京市统计局。

3. 地域分布

北京是我国医药健康产业最为发达的地区之一，有着卓越的创新资源优势。在过去的多年中，北京医药健康产业已经逐渐形成"南北两极、各具特色"的空间发展格局。其中，"南"以亦庄和大兴的生物医药基地为核心，培育了一批以医药和生物技术为主导的高端产业，包括药物研发、生产等多个领域。"北"以中关村生命科学园为核心，发展成为研发创新的重要中心。此外，北京还引进了许多国际一流医疗资源和技术，形成了世界级的医疗、科研和创新生态环境。如今，北京市在医疗卫生和医药制造等方面积累了较为丰富的资源和经验，医疗、教育和科研条件均处于国内领先水平。

北京经济技术开发区、海淀区、昌平区和大兴区是北京市医药健康产业发展比较集中的地区，每个区域各有发展侧重点。比如，北京经济技术开发区专注于基因工程疫苗和蛋白质类药物的研发与转化；海淀区以高水平医疗机构和生物科学研究机构为基础，孕育了众多知名的医药企业和科技公司，特别是远程诊疗和健康管理等领域；昌平区通过充分整合高端研发创新资源在生物技术领域取得重要进展，以中关村生命科学园和国内外顶尖的科研机构为基础，注重发展序列基因、细胞治疗和精准医学等领域；大兴区的医药健康产业主要围绕大兴生物医药基地展开，涵盖了生物医药、高端医疗器械、大健康产业链等领域。基地的医疗设施完备，涵盖了研发、试验、生产等一系列环节，形成了以药物研发和检验中心为核心，辅助配套设施完备的现代化生物医药产业园区。

（二）天津市医药健康产业发展现状

1. 产业规模

天津市拥有良好的地理位置和交通优势，为医药健康产业的发展奠定了良好的基础。近几年，医药健康产业经济效益一直居天津市工业行业前列。从规模以上医药制造业企业数来看，2014～2021年数据相对稳定，2014年天津市拥有规模以上医药制造业企业102家，到2021年增长到125家，增长率22.5%，其中除2017年出现负增长外，其他年份均为正增长

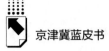

（见图7）。2014~2021年，天津市规模以上医药制造业企业平均用工人数为44738人，其中2014~2018年，规模以上医药制造业企业平均用工人数呈递减趋势，2018年之后整体呈现增长趋势，与企业数变化趋势基本一致（见图8）。2021年，天津规模以上医药制造业企业资产总计1239.25亿元，较2014年增长66.7%，优势行业为中药和化学药，拥有天士力、中新药业、红日药业等龙头企业。

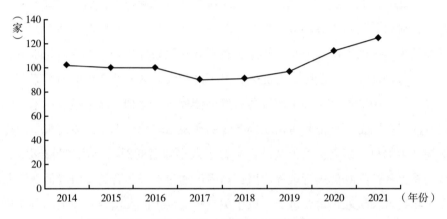

图7 2014~2021年天津市规模以上医药制造业企业数

资料来源：天津市统计局。

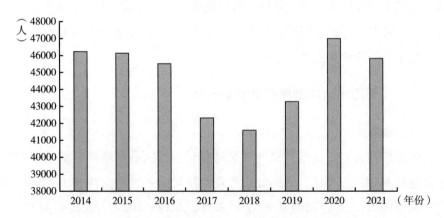

图8 2014~2021年天津市规模以上医药制造业企业平均用工人数

资料来源：天津市统计局。

截至 2019 年底，天津市实有医疗仪器设备及器械制造业企业超 500 家，其中，可生产一类医疗器械的企业有 259 家，可生产二类、三类医疗器械的企业有 366 家，主要集中在滨海新区、北辰区和武清区等区域，拥有九安医疗、赛诺医疗等国内知名龙头企业。

2. 产业效益

根据 2014～2021 年天津市规模以上医药制造业利润总额及增速情况，除 2017 年出现明显负增长之外，其余年份医药制造业利润总额均呈增长趋势，2014 年利润总额为 64.27 亿元，到 2021 年增加为 106.57 亿元，增长率达 65.8%，且 2021 年增长最为明显，同比增长 41.0%（见图 9）。天津市规模以上医疗仪器设备及器械制造业年产量在 2018 年以后增长明显，2021 年产量已达 1256.45 万台，较 2014 年的 4.07 万台，增长了 300 多倍（见图 10）。

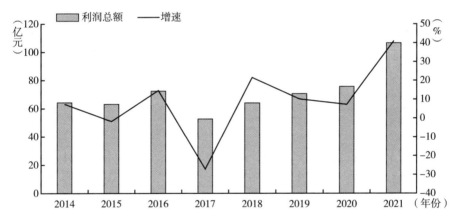

图 9　2014～2021 年天津市规模以上医药制造业利润总额及增速

资料来源：天津市统计局。

天津市统计局数据显示，2022 年上半年天津市规模以上工业中，高技术产业（制造业）增加值占比为 14.5%，同比增长 7.5%，增速快于全市规模以上工业 7.8 个百分点，其中医药制造业、医疗仪器设备及器械制造业同比分别增长 15.1%、30.5%，说明天津市规模以上工业结构调整初见成效，高质量发展趋势更加明显。

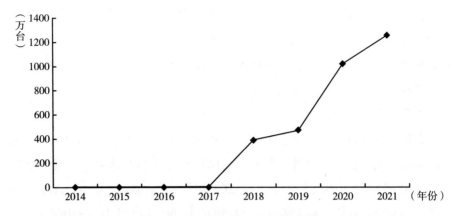

图 10 2014~2021 年天津市规模以上医疗仪器设备及器械制造业产量

资料来源：天津市统计局。

3.地域分布

当前天津市医药健康产业主要分布在滨海新区、津南区、西青区和武清区等地。此外，天津还集聚了北大生命科学研究院、天津生物制品研究所、北大医学部、天津医科大学、天津生物医药基地等众多科研机构和制药企业。因此，天津市已经构建了一个相对完善的医药健康产业创新体系，成为一个备受关注的区域。

作为天津市医药健康产业的核心基地，滨海新区注重信息技术与医药健康产业的深度融合，针对各领域的企业提供政策、资金等支持，助力企业的创新发展。在该地区，也有许多企业致力于新药研发、药物生产、医疗器械生产等业务，如华兴源创药业、依如诊断、亨通光电等。

目前，武清区已经形成以医药产业为核心的产业集群，覆盖了制药、生物医药、医疗器械等多个领域，以及医疗服务、健康管理等方面。其中，天士力是武清区较大的医药企业之一，是国内综合性医药企业，以生产心脑血管、抗感染、口腔专科、生物医药等具有高附加值的创新型药品为主，使得公司在近年来成为国内医药行业领先企业，为医药健康产业的发展和区域经济的增长做出了积极贡献。津南区也是天津医药健康产业发展比较活跃的地区之一。该区有良好的医疗资源和医疗设施，包括天津市第一中心医院、天津医科大学附属口腔医院等，还有一批医药生产和研发企业。近年来，西青区形成了以传统医药产业为主导的发展新格局，同时快速发展营养保健食品和健康服务等新兴产业。西青区吸引了众多国内外知名企业和健康产业园区，如武田药品、大冢制药和力生制药等。目前，西青区已建立医药研发、医疗器械、医药服务平台、医疗诊断和咨询等完整的产业链。

（三）河北医药健康产业发展现状

1.产业规模

河北省拥有优秀的医药健康产业基础，在生物医药、医疗器械以及中药制品等领域处于全国领先地位。2014~2021年，河北省规模以上医药制造业企业数总体呈上升趋势。2014年，河北省有规模以上医药制造业企业241家，2021年增长至353家，增长率达46.5%（见图11）。同时，平均用工人数呈逐年递增趋势，2021年平均用工人数为95.99人，同比增长8.64%。2021年，河北规模以上医药制造业总资产达1691.04亿元，同比增长19%。2021年，河北的石药控股集团有限公司、华北制药集团有限责任公司、石家庄以岭药业股份有限公司、石家庄四药有限公司、神威药业集团有限公司5家药企入选中国医药工业百强榜。

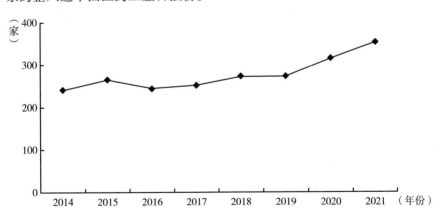

图11　2014~2021年河北省规模以上医药制造业企业数

资料来源：河北省统计局。

近年来，河北省医疗仪器设备及器械制造业规模迅速扩大，年营业收入从 2013 年的 30 多亿元增长至 2019 年的近 400 亿元。就地区分布看，河北省医疗仪器设备及器械制造业企业分布较为集中，主要分布在衡水、石家庄、沧州、保定等地。据不完全数据统计，截止到 2020 年上半年，河北省有效医疗器械生产企业数量位居全国第 5，有 1237 家。其中，衡水有医疗器械生产企业 520 家，位列广州、深圳、上海、北京等城市之后，在全国排名第 8。就医疗器械产品本身而言，目前河北省本土医疗器械企业产品主要集中在中低端领域，高端医疗器械产品相对偏少。

2.产业效益

2014~2021 年河北省规模以上医药制造业主营业务收入整体呈增长趋势，但在 2019 年之前增长率整体下降，特别是 2017~2019 年呈负增长，其中 2019 年为最低谷，2020~2021 年恢复正增长，增长率达 15%左右（见图 12）。同时，利润总额呈逐年增长的趋势，2014 年利润总额为 67.7 亿元，2021 年达 175.24 亿元，增长率达 158.85%（见图 13）。

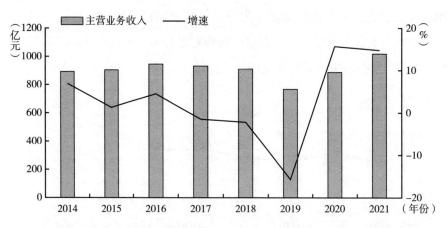

图 12 2014~2021 年河北省规模以上医药制造业主营业务收入及增速

资料来源：河北省统计局。

最新统计数据显示，2023 年第一季度河北省规模以上医药制造业工业增加值同比增长 20.4%，高于全省工业增加值增速 13.9 个百分点；规模以

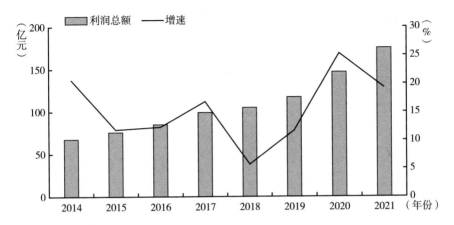

图 13 2014~2021 年河北省规模以上医药制造业利润总额及增速

资料来源：河北省统计局。

上医药工业营业收入达 341.96 亿元，同比增长 21.3%，实现利润 59.20 亿元，同比增长 45.1%，其中医疗仪器设备及器械制造业同比增长 125.9%。2023 年第一季度河北省医疗仪器设备及器械产量达 80.16 万台，同比增长 164.6%，说明河北省医药健康产业逐步进入高速发展时期。

3. 地域分布

河北省医药健康产业主要集中在石家庄、沧州渤海新区和保定等地。石家庄中关村河北园、沧州渤海新区生物医药产业园和保定安国现代中药工业园区等孕育了很多全国百强企业，如华北制药、以岭药业和石药集团等。除了积极推进免疫治疗、基因治疗和干细胞治疗等新兴产业的发展外，河北省也致力于发展传统的抗生素、维生素等产业，全面推动生物医药产业的可持续发展。

近年来，石家庄利用优越的医药健康产业基础，形成了一个多元化的产业体系，主要以创新药为引领，在发酵药物、现代化中药、基因工程药物等领域处于主导地位，还有医疗器械和医药流通服务作为补充。目前，石家庄有规模以上生物医药产业企业 150 余家，这些企业产业规模在该市高新技术产业中占比超过 60%。

沧州渤海新区是中国国家级沿海开放经济试验区、国家级深化医药卫生体制改革示范区,对医药健康产业的发展给予了大力支持。目前,沧州渤海新区医药健康产业主要集中在化学药、生物制品、中药材、生物医药研发及制造、医疗器械研发及制造等方面,并取得了可喜的成果。

保定安国药业以现代中药和健康食品为两个主要的产业方向,而邯郸则初步形成了以天然生物提取物、现代中医药、医疗器械和健康养老等为支撑的产业体系。河北省仅有的一个以医疗器械和康复辅具为主导产业的地区是衡水市冀州区。目前,该区已拥有 170 余家医疗器械和康复辅具生产企业,是我国北方规模最大、产业最集中的医疗器械和康复辅具生产销售基地。

(四)京津冀三地医药健康制造业协同发展现状

近年来,我国医药健康产业持续蓬勃发展,规模逐步扩大,一些生物医药产业集群已成为推动当地发展的新动力。目前,我国医药健康产业已初步形成以京津冀、长三角、粤港澳大湾区等为主要区域的产业集聚区,其中京津冀三地产业互补协作发展,已成为我国医药健康产业发展重要集聚地和强大驱动力。

医药健康产业是京津冀地区的主导产业之一,三地互补协作,逐步形成了覆盖生物药、中药、医疗器械的全产业链。2022 年底,由京津冀三地联合申报的"京津冀生命健康集群"成功入选工信部公布的国家先进制造业集群名单,成为目前国内唯一一个跨省联合的先进制造业产业集群。京津冀生命健康集群,以"生命健康"为主题,突出京津冀协同发展,医药健康产业已经全面实现原料药、化学药、生物药、医疗器械和第三方服务等完整产业链的覆盖。

采用灰色关联度法分析京津冀三地医药健康制造业协同发展情况可以看出,2014~2021 年北京市、天津市和河北省以及京津冀整体规模以上医药制造业总资产、R&D 经费内部支出和利润总额关联度指数变化趋势基本相同,总体均呈增长趋势,R&D 活动人员关联度指数则总体呈减少趋势(见表 3~

表6）。从表7可以看出，京津冀协同程度相比于北京市内部协同程度偏弱，但比天津市和河北省内部协同程度要高。有学者采用灰色关联度法分析2017年之前京津冀医药健康制造业协同情况，发现三地协同程度小于三地各自内部协同程度。[1] 这一结果充分说明，伴随京津冀协同发展战略的深入推进，京津冀医药健康制造业协同发展成效显著。

表3　2014~2021年北京市规模以上医药制造业关联度指数

年份	总资产	R&D 活动人员	R&D 经费内部支出	利润总额
2014	1	1	1	1
2015	1.11	0.77	1.08	1.17
2016	1.25	1.00	1.21	1.36
2017	1.40	0.92	1.22	1.75
2018	1.60	0.90	1.68	1.82
2019	1.80	0.95	1.91	1.90
2020	2.13	0.94	2.26	1.82
2021	3.80	0.94	3.83	18.76

表4　2014~2021年天津市规模以上医药制造业关联度指数

年份	总资产	R&D 活动人员	R&D 经费内部支出	利润总额
2014	1	1	1	1
2015	1.14	0.87	1.03	0.98
2016	1.27	0.75	1.20	1.13
2017	0.97	0.61	0.80	0.82
2018	1.06	0.54	0.95	1.00
2019	1.15	0.46	0.71	1.10
2020	1.40	0.67	1.10	1.18
2021	1.67	0.92	1.59	1.66

[1]　朱文秀：《京津冀高技术产业区域协同发展路径研究》，硕士学位论文，天津师范大学，2019。

表5　2014~2021年河北省规模以上医药制造业关联度指数

年份	总资产	R&D 活动人员	R&D 经费内部支出	利润总额
2014	1	1	1	1
2015	1.11	0.97	1.06	1.12
2016	1.15	0.96	1.18	1.26
2017	1.31	0.89	1.17	1.47
2018	1.48	0.79	1.19	1.55
2019	1.30	0.52	0.71	1.73
2020	1.55	0.57	1.02	2.17
2021	1.85	0.60	1.09	2.59

表6　2014~2021年京津冀规模以上医药制造业关联度指数

年份	总资产	R&D 活动人员	R&D 经费内部支出	利润总额
2014	1	1	1	1
2015	1.12	0.87	1.06	1.11
2016	1.22	0.90	1.19	1.27
2017	1.25	0.80	1.08	1.43
2018	1.41	0.74	1.29	1.53
2019	1.45	0.64	1.12	1.64
2020	1.73	0.72	1.47	1.75
2021	2.55	0.82	2.17	9.79

表7　2014~2021年京津冀规模以上医药制造业利润总额基准关联度指数

地区	关联度基准	总资产	R&D 活动人员	R&D 经费内部支出
北京	利润总额	0.9060	0.8608	0.9034
天津	利润总额	0.8097	0.5585	0.8377
河北	利润总额	0.8218	0.6255	0.7160
京津冀整体	利润总额	0.9074	0.8205	0.8820

目前，京津冀医药健康制造业协同发展主要有以下几种方式。

一是积极探索建立京津冀医药健康产业创新联盟。创新联盟由三地政府科技部门和医药企业共同发起组建，是集研发、技术转移、临床试验、知识产权保护与运用等于一体的组织。联盟将建立药品研发外包服务平台，为企业提供新药研发、临床试验、上市许可申请等服务，鼓励有条件的企业将部分技术开发职能外包给创新联盟。天津国际生物医药联合研究院牵头成立京津冀生物医药产业创新联盟，联合三地生物医药技术和服务优势资源，聚焦产业发展的关键共性技术，为京津冀三地生物医药企业服务。2016 年 6 月，北京市朝阳区总部企业与中康投（北京）医疗科技有限公司及河北省开发区协会，发起成立投资金额为 100 亿元人民币的"京津冀医疗健康产业投资基金"，支持京津冀区域内具备条件和发展潜力的医疗健康服务贸易创新企业，形成一批医疗健康服务贸易上市公司。

二是合作推动科技成果转化。加强三地医药健康产业科技成果转化合作，通过平台建设、项目对接、投资合作等方式，促进科技成果转化。具体包括：搭建京津冀医药健康产业科技成果转化服务平台，推动三地医药健康产业科技成果项目对接，促进技术转移和扩散；建立京津冀医药健康产业技术交易市场和重点实验室、工程研究中心等公共服务平台，为京津冀三地医药健康产业技术转移和成果转化提供服务；共同开展京津冀医药健康产业重大项目对接活动等。

三是共建产业园区，秦皇岛高新区与中关村海淀园签订协议，引入清控科创等机构在园区运营和产业孵化方面的成功模式，促进两地园区之间的人员交流。同时，该园区还是河北省首个面向京津冀协同发展的综合性高科技园区。河北省优化重点产业布局，打造环京津冀健康养老产业圈和绿色生态养护基地；建设沧州渤海新区医药工业园，引进实力强的重点医药企业，形成药品规模化生产基地。

无论是区域自发还是政策带动下的医药制造业合作，京津冀三地都展现出良好的协同创新发展势头。北京创新资源丰富，研发能力突出；天津产业基础深厚，开放性强；河北医药制造业底蕴深厚，三地在产业发展路径和特色上具有较强互补性，促使合作向着优化产业结构、提升产业能级和激发企业动力的方向发展。

三　京津冀医药健康产业协同发展现存的主要问题

对于京津冀地区的医药健康产业而言，协同发展尤为重要。然而，目前这一领域的发展还面临一些挑战。因此，我们需要认真研究和解决这些问题，以便更好地实现国家的政策目标，加速京津冀地区医药健康产业的创新和发展，推动形成一个高水平的经济体系。京津冀医药健康产业协同发展存在的问题如下。

（一）医药健康产业区域协同政策法规尚不健全

京津冀医药健康产业协同发展，目前存在一些政策法规上的不完善。其中，尚未明确京津冀三地政府在医药健康产业协同发展中的角色，且该区域存在以行政区划为主的现象，导致各级单位主体只认行政区属地派遣通知计划，三地缺乏突破行政区划的协调主体部门，因此未能发挥统筹指挥全局的作用。此外，监管机制也存在缺陷，未进行统筹规划，导致在医药健康领域还未形成京津冀一站式政务服务体系。以上问题需要政府有关部门努力加以解决，为民众提供更高效、更便捷的医疗健康服务。

（二）资源布局不合理，协同发展水平低

京津冀三地在医药健康产业配置方面存在差异，总体来看，北京对外来人口具有很强的吸引力，并对周边区域形成了一定的"虹吸效应"，因此北京医药健康产业水平明显高于周边的天津、河北等。尽管协同发展战略正在实施，但是医药健康产业协同发展仍处于较低水平，并存在一些问题，如资源布局不合理以及人才流动机制不健全等。对于这些问题，有关部门需要加紧努力，通过协同合作与资源整合等措施，为区域内民众提供更高效、更优质的医疗健康服务。

（三）产业结构相似，系统创新性不足

京津冀地区的医药健康产业尚存产业结构趋同、产业布局相近等问题，

使得要形成上下游产业链和具有交互关联性的大型产业集群存在不小的困难。此外，优势产业和主导产业之间缺乏协调发展，区域内一些地区具有专业优势的产业没有得到重点发展，同时一些不具备比较优势的主导产业得到了过度发展。此外，天津和河北的创新动力和效能不足，这导致京津冀医药健康产业协同发展存在所谓的"短板效应"。为了解决这些问题，京津冀地区的有关部门需要加强协作，通过优化产业结构、加强创新、调整资源配置等措施，全面提高医药健康产业的整体水平和效益。

四　关于京津冀医药健康产业协同发展的几点建议

（一）加强政府间合作，完善政策法规，缩小三地差异

根据《"健康中国2030"规划纲要》，推进京津冀医药健康产业协同发展方针政策落地，具体做法包括明确京津冀三地在医药健康产业发展中的分工，制定医药健康产业协同发展的顶层规划，并形成相关推进机制，构建跨地区的医药健康产业联合监管机制，打破行政区划之间的壁垒，形成一站式政务服务联合平台。此外，各机构结合法律法规，参照协同发展战略，构建各级各类系统发展的法规、条例。缩小京津冀三地差距的关键在于健全协同发展规划协议和政策体系。政府在制定政策时需要考虑全面，兼顾各方利益，采取针对性措施，争取相对公平。在协同发展政策制定环节向弱势一方倾斜，加大政府扶持和政策倾斜力度，从财政扶持的角度弥补三地经济发展水平的现实差距，并在人才队伍建设方面促进区域优质医药健康相关领域人才流动，有针对性地进行政策倾斜支持，以求不断缩小京津冀三地差距。

（二）以创新为驱动力，增加资本投入，助力京津冀医药健康产业协同发展

"十四五"时期，提升科技创新水平是我国重要的发展目标。对于京津冀地区而言，创新是发展的动力，需要合作推进关键技术攻关，突破核心

部件和关键技术的研发瓶颈，加强原始创新和成果转化，提升医药健康产业科技创新的战略高度，加快形成政策引导、龙头企业引领、行业协同的创新发展格局。但融资不足和融资渠道单一仍然是制约医药健康产业发展的关键因素。因此，应通过政府与社会资本合作的模式形成财政、信贷和自有资金的合力，加强金融创新，拓宽融资渠道，补齐京津冀医药健康产业融资不足的短板，推动产业高质量发展。希望有关部门能够加大对医药健康产业的政策和资金扶持力度，促进该产业的可持续发展。

（三）完善产业布局，提升协同发展水平

重点关注京津冀医药健康产业协同发展的基本需求，进一步推动京津冀基础研究专项工作，充分利用北京在人工智能、医药健康等领域的研发实力，并结合津冀的应用场景和资源优势，在共性关键科学问题的研究和实质性工作中开展合作，以推进政策和资源在基础研究领域的互动。优化京津冀创新链和产业链布局，推进京津冀国家技术创新中心建设，加强三地技术市场融通合作，加快科技创新成果在京津冀范围内的落地转化。同时，开放首都科技条件平台优势资源，加快创新券在京津冀地区的应用，并认定具有整体转移资格的高新技术企业，全面执行相关政策。通过市场化机制，例如中介组织和行业协会，促进医药健康产业在京津冀三地的均衡布局，减轻北京的压力，提高津冀医药健康产业的创新能力和制造水平，实现京津冀医药健康产业的协同发展。

（四）拓宽人才培养渠道，加强人才供给和素质提升

市场经济发展规律显示，医药健康产业是一个有着巨大发展潜力的新兴产业，对高素质人才的需求越来越大。医药行业是医药健康产业的主要组成部分，虽然就业门槛较高，但对应的工作机会也非常多。随着人口老龄化的加剧和智能化的不断发展，未来医疗保健行业将会呈现多种就业趋势，例如养生保健、医疗护理和健康科技创新等。因此，有关部门需要制定长期的人才培养规划，构建多渠道的人才培养模式，扩大医药健康产业的人才培训规

模，并根据市场需求及时优化人才培养体系。例如，河北省应该完善人才政策，培养高水平和适应性强的人才队伍，全方位规划人才发展道路，设立"人才绿卡"，依托政策优势吸引优秀人才。北京和天津应该在河北的发展中发挥作用，加强高质量人才的互动交流，设立关键实验室，推进河北省技术进步和管理方法层面的创新发展。同时，三地应该促进产学研一体化发展，利用京津的资源优势，推进三地产业协同发展。

B.9
京津冀新能源智能汽车产业协同
发展研究

杨晓春　李双杰　付　韬　谢启伟*

摘　要： 京津冀协同发展战略实施以来，三地在交通一体化、生态环境保护、北京非首都功能疏解等重点领域已取得阶段性突破。京津冀汽车产业也取得一定发展成就，形成了以北汽集团、长城汽车和天津一汽为龙头的产业集群。2021年，京津冀三地新能源汽车产量约11.38万辆，但相较于长三角、珠三角等优势地区，还存在产业发展水平低、新能源汽车转型升级慢、对接交流平台少、体制机制创新不够等制约地区产业发展的短板弱项。本文首先分析了京津冀汽车产业总体状况及近年来发展趋势；在此基础上，计算并且对比了京津冀三地汽车产业在营业收入、平均用工人数方面的区位熵指标，之后进一步分析京津冀汽车产业在汽车零部件制造方面以及新能源和智能网联领域的协同发展状况；并借鉴长三角、珠三角等汽车产业协同发展优势地区成熟的经验做法，探索提出了强化政府沟通、优化产业布局、搭建产业平台、加大招商引资力度和优化发展环境等对策。

关键词： 京津冀协同发展　汽车产业　区位熵

---

* 杨晓春，工学硕士，河北省工业和信息化发展研究院电子工程师，研究方向为汽车产业、高端装备产业、智能制造、能源装备产业等；李双杰，博士，北京工业大学经济与管理学院教授，研究方向为应用经济学、创新；付韬，博士，北京工业大学经济与管理学院副教授，研究方向为复杂网络、复杂适应系统、产业集群和多主体仿真等；谢启伟，博士，北京工业大学经济与管理学院教授，研究方向为应用经济学、金融。

京津冀汽车产业有着悠久的历史、良好的空间布局和发展基础，在三地的经济发展和我国的汽车产业发展中具有举足轻重的地位。在国家京津冀协同发展的大战略下，在汽车向电动化、智能化、网联化发展的趋势下，继续推动汽车产业高质量发展，建立在国内具有产业引领作用的示范高地，将成为三地经济高质量发展的重要抓手。然而，在新能源汽车成为潮流和发展趋势的背景下，京津冀地区汽车产业协同不够、转型升级较慢，近几年发展速度已经明显落后于长三角和珠三角地区，甚至有被中西部地区赶超的可能。

本文对京津冀汽车产业发展的现有基础和存在的问题进行剖析，着重分析京津冀汽车产业协同发展状况，并且与长三角地区、珠三角地区汽车产业协同发展现状进行了对比，提出了推动京津冀汽车产业协同发展的措施与建议。

一 京津冀汽车产业总体状况及近年来发展趋势分析

京津冀作为全国六大整车产业集群之一，具备较强的发展基础。近年来三地政府高度重视汽车产业发展，出台一系列措施，使区域内汽车产业逐步形成了品种相对齐全、技术水平较高的产业体系，区位竞争力优势明显。

（一）京津冀汽车产业基础雄厚，保有量居全国前列①

截至 2021 年底，河北省有规模以上汽车制造业企业 583 家，其中整车制造企业 11 家，从业人员 16.4 万人。2021 年，河北省汽车制造业实现营收 3217.3 亿元，全年生产汽车 110 万辆，其中新能源汽车 7.26 万辆。截至 2021 年底，河北省汽车保有量为 1855.37 万辆，排全国第六位，其中新能源汽车保有量为 28.77 万辆。

---

① 如无特殊说明，本部分数据来源于《中国汽车工业年鉴（2022）》。

截至 2021 年底，北京市共有汽车整车企业 9 家，从业人员 8.6 万人，汽车保有量为 685.0 万辆，同比增加 28.0 万辆。2021 年，北京市汽车累计出口 8.12 万辆，同比增长 47.97%。

截至 2021 年底，天津市共有汽车工业企业 1000 余家，其中规模以上零部件企业 400 余家，拥有生产资质的汽车、摩托车、专用汽车生产企业 68 家。2021 年，天津市汽车行业实现工业总产值 2216.25 亿元。截至 2021 年底，天津市民用汽车保有量为 360 万辆。

（二）京津冀地区优势产品多，区域协调发展初显成效

河北省 SUV、皮卡、铝合金轮毂等产品优势地位明显，其中长城汽车柠檬混动 DHT 连续 4 年获得"世界十佳变速器"大奖，中信戴卡是全球最大的铝车轮及铝制底盘零部件供应商，铝车轮产销量连续 14 年位居全球第一。长征汽车发布了全省第一辆换电式纯电动重卡和第一辆氢燃料电池重卡，标志着河北省已具备新能源重卡整车量产能力。

北京市汽车产业主要由北汽集团构成，2021 年北京奔驰电动化转型取得新进展，电动产品矩阵初具规模。北京现代加快改革进程，2021 年实现汽车销量 36 万辆。2021 年北汽福田实现汽车销量 65 万辆，成为国内首个累计销量突破千万辆的商用车企业。

天津市汽车产业以一汽丰田、一汽大众和长城哈弗 3 家企业为主导。其中，2021 年一汽丰田实现产量 55 万辆、产值 628 亿元，生产车型包括奕泽、奕泽双擎、亚洲狮及卡罗拉等 14 款；一汽大众天津工厂采用了德国大众集团最完善的工厂建设标准和最合理的完美工厂建设原则，是一座智慧工厂，主要生产探岳和奥迪 Q3；2021 年长城哈弗实现产量 19 万辆。

在京津冀汽车产业协同发展方面，廊坊市依托毗邻京津的区位优势，打造了一批以瑞立美联、捷温汽车系统和莱尼线束等为代表的优势企业，形成了配套京津冀整车企业的汽车零部件产业集群。唐山市汇聚了爱信齿轮、爱信佳工、爱信汽车等优势零部件企业，主要作为一汽丰田汽车供应商。长城哈弗是长城汽车在保定之外投资的第一个整车生产基地。北汽福田与张家口

宣化共同投资建设了北汽福田宣化雷萨泵送机械厂，将北汽福田北京厂区生产线迁至宣化。2022年，北汽集团所属北汽福田雷萨（唐山）新能源汽车产业基地在曹妃甸新区投产，主要生产氢燃料商用车、换电模式重卡等。近年来，京津冀三地不断加强汽车产业融合发展，区域协调发展初显成效。

（三）京津冀地区汽车产业逐步收缩，体量波动下降

通过对《河北统计年鉴》《北京统计年鉴》《天津统计年鉴》中2016~2021年京津冀三地汽车产业相关数据的梳理，深入分析三地汽车产业发展趋势。

从营业收入和利润额变化趋势可以看出，2016~2021年北京市汽车产业营业收入整体降低，从2016年的近5000亿元下降到2021年不到4000亿元，5年减少19.5%；利润额几乎与营业收入变化趋势相同，从2016年的380.1亿元下降到2021年的277.6亿元。2016~2021年，天津市汽车产业营业收入表现出先降后升再降的波动发展趋势，2021年为2273.7亿元，比2016年的2342.8亿元降低2.9%。2016~2021年，河北汽车产业在营业收入方面表现较为亮眼，特别是2019~2021年增速较快，两年增长29.7%，但从利润额来看，2016~2018年河北虽然营业收入高出天津较多，但利润额几乎与天津持平（见图1、图2）。

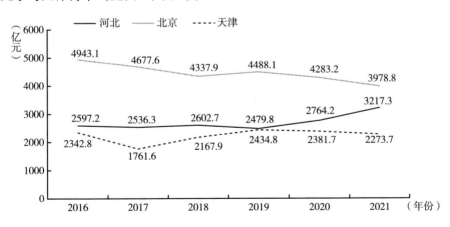

图1 2016~2021年京津冀三地汽车产业营业收入

资料来源：2017~2022年《河北统计年鉴》、《北京统计年鉴》和《天津统计年鉴》。

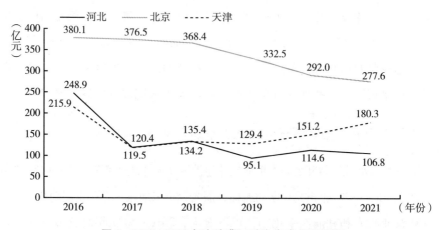

图2 2016~2021年京津冀三地汽车产业利润额

资料来源：2017~2022年《河北统计年鉴》、《北京统计年鉴》和《天津统计年鉴》。

从规上汽车产业平均从业人数看，2016~2021年河北省表现出先升后降的趋势，2017年平均从业人数达到21.2万人，之后人数逐年下降，到2021年减少至16.4万人。考虑到汽车制造业营业收入不降反增，特别是2019~2021年增速高达29.7%，平均从业人数有此变化的原因可能是河北省汽车制造业数字化转型成效显著。2016~2021年北京市汽车产业平均从业人数呈下降趋势，从2016年的15.2万人逐年降至2021年的8.6万人，基本与营业收入变化趋势一致，说明北京市汽车产业逐年收缩。2016~2021年天津市汽车产业平均从业人数总体呈下降趋势，从2016年的13.7万人下降到2021年的10.4万人。虽然天津、北京汽车产业平均从业人数都在下降，但北京下降幅度更大（见图3）。

从汽车产业规上企业数来看，整体上河北省企业最多，2016~2021年河北省汽车产业规上企业数基本维持在580家左右；天津市汽车产业规上企业数在三地中始终排名第二，先由327家降低到299家，随后逐年增加至2021的369家；北京市汽车产业规上企业数最少，且总体趋势为震荡减少，到2021年仅有207家（见图4）。

从汽车和新能源汽车产量来看，2016~2021年北京市汽车产量在京津冀

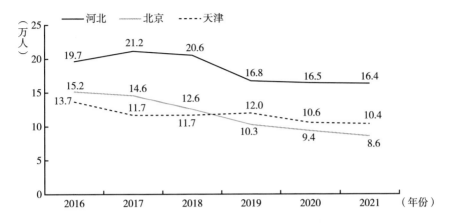

图3　2016~2021年京津冀规上汽车产业平均从业人数

资料来源：2017~2022年《河北统计年鉴》、《北京统计年鉴》和《天津统计年鉴》。

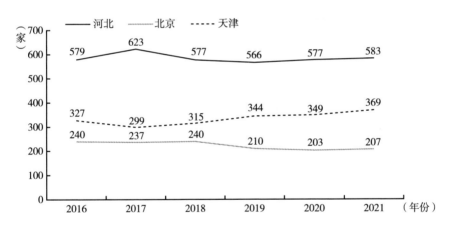

图4　2016~2021年京津冀汽车产业规上企业数

资料来源：2017~2022年《河北统计年鉴》、《北京统计年鉴》和《天津统计年鉴》。

三地中始终最多，但自2017年开始波动减少，从2016年的260.4万辆下降到2021年的135.5万辆，5年降低48%，新能源汽车产量下降幅度更大，5年累计降幅达71.8%。2016~2021年，天津市汽车产量整体表现出先升后降趋势，从2016年的53.3万辆逐年增长到2019年的104.2万辆，之后逐年降低，2021年降低到74.0万辆。天津市新能源汽车产业发展较晚，从

2018 年开始生产新能源汽车，当年产量 200 辆左右，此后逐年增加，2021 年达到 2.58 万辆，产量超越北京，位居京津冀三地第二。2016～2021 年，河北省汽车产量始终处于三地中第二位，发展趋势上整体表现为先降后升，从 2016 年的 129.0 万辆降至 2020 年的 97.5 万辆，2021 年回升至 110.0 万辆。值得注意的是，河北新能源汽车产量表现亮眼，从 2016 年的 3600 辆开始逐年攀升，直至 2021 年达到 7.26 万辆，5 年增长 19 倍（见图 5、图 6）。

图 5　2016～2021 年京津冀汽车产量

资料来源：2017～2022 年《河北统计年鉴》、《北京统计年鉴》和《天津统计年鉴》。

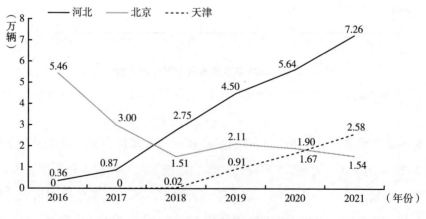

图 6　2016～2021 年京津冀新能源汽车产量

资料来源：2017～2022 年《河北统计年鉴》、《北京统计年鉴》和《天津统计年鉴》。

（四）京津冀汽车产业协同发展潜力有待挖掘

近年来，京津冀三地坚决贯彻落实京津冀协同发展战略，以疏解北京非首都功能为"牛鼻子"，落地一批京津冀协同发展重大项目。

一是整车产业协同平稳发展。长城哈弗项目总投资126.7亿元，2021年实现产量19万辆。北京现代沧州分公司是京津冀协同发展战略提出以来落户河北最高质量、最大体量的产业协同项目，主营车型为新一代悦纳、全新ix35、库斯途。2021年北京现代沧州分公司生产整车9.93万辆。

二是汽车零部件协同发展黏性增强。廊坊、沧州两市依托毗邻京津的区位优势，形成了配套京津的汽车零部件产业集群。其中，廊坊莱尼线束公司每年为北京奔驰加工线束50万台套，延锋安道拓（廊坊）是北京奔驰汽车唯一座椅供应商，海纳川海拉（三河）车灯公司具备整车灯具系统自主开发能力，主要配套北汽新能源、北汽越野车、福田戴姆勒汽车、北京奔驰等。沧州市吸引了一批包含摩比斯、岱摩斯、北汽韩一等的多家配套北京市整车企业的零部件企业，同时发展壮大了一批如天津矢崎汽车配件、长春旭阳佛吉亚毯业、泊头市富达金属制品等配套天津一汽的零部件企业。

三是新能源汽车协同发展后劲较足。近年来，随着汽车产业电动化、智能化、网联化发展，京津冀三地也加强了新能源汽车产业的区域合作。智能驾驶方面，毫末智行是一家致力于自动驾驶的人工智能技术公司，目前长城汽车已有超过10款车型搭载毫末HPilot产品量产落地。燃料电池方面，2021年8月，国家五部委批复了以北京为牵头城市的京津冀燃料电池汽车示范应用城市群，该城市群由北京市6个区、天津市滨海新区、河北省保定市和唐山市、山东省滨州市和淄博市等共12个城市（区）组成。张家口亿华通动力科技有限公司作为北京亿华通在河北张家口投资建设的燃料电池发动机生产基地，总投资10亿元，已具备年产1万台燃料电池发动机能力。

二 京津冀汽车产业协同发展状况分析

（一）京津冀三地汽车产业营业收入及平均用工人数区位熵对比

区位熵也称区域规模优势指数或区域专业化率，这一指标由 Haggett 提出，用于衡量某一产业部门在某一区域的分工深度和专业化程度，进而明确该地域的优势产业。[1] 计算公式可以表述为：

$$LG_{ij} = \frac{x_{ij} / \sum_i x_{ij}}{\sum_j x_{ij} / \sum_{ij} x_{ij}} \tag{1}$$

其中，LG_{ij} 表示第 i 行业（这里只计算汽车制造业）第 j 地区（京津冀之一）的区位熵，x_{ij} 可以是第 j 地区第 i 行业的营业收入、产值或者从业者数量等。LG_{ij} 大于 1 意味着该行业在该地区的专业化程度高于区域平均水平，具备竞争优势。

2019~2021 年，京津冀三地规模以上制造业企业营业收入都有一定程度提升，但北京和天津规模以上汽车制造业企业的营业收入有所下降，只有河北有所提升，这与近年来北京持续将一部分汽车制造产业迁入河北有很大关系。例如，北汽集团于 2015 年启动了黄骅生产基地；北京现代沧州工厂于 2016 年第三季度投产，并且先后带动 40 多家国内外知名汽车零部件企业落户沧州。特别是近几年，有众多汽车零部件制造企业进入廊坊北三县，如北京海纳川进入三河汽车零部件产业园、北京京威汽车在大厂县建设汽车加热器研发生产中心等。这些汽车产业的迁移有助于北京非首都功能的疏解，也增强了河北汽车制造实力。

从营业收入区位熵来看，北京的规模以上汽车制造业在创造收入能力方

---

① P. Haggett, *Locational analysis Human Geography*（London：Edward Arnold, 1965），p. 339；王冠、刘晓晴、张鑫红：《京津冀产业同构程度评价及制造业协同发展分析》，《河北科技大学学报》（社会科学版）2021 年第 1 期。

面仍然占据着绝对的优势，而河北和天津的规模以上汽车制造业在这一方面与北京存在很大差距（见表1）。尽管目前京津冀三地都有全国知名的汽车整车制造企业和相对比较完整的零部件供应体系，但北京的汽车制造业起步最早，其技术实力和盈利能力始终远高于天津和河北。向京外迁移的多属盈利能力相对较低的汽车制造环节，这些迁移虽然使得河北的营业收入区位熵在近年来有所提升，但仍然无法撼动北京在盈利能力方面的绝对优势。

表1　2019~2020年京津冀规模以上制造业、汽车制造业营业收入及区位熵

单位：亿元

指标	年份	北京	天津	河北
规模以上制造业营业收入	2020	16983.19	16721.71	37850.90
	2019	16713.64	16364.70	35831.74
规模以上汽车制造业营业收入	2020	4283.2	2381.7	2764.2
	2019	4488.1	2434.8	2479.8
营业收入区位熵	2020	1.91	1.08	0.55
	2019	1.97	1.09	0.51

资料来源：规模以上制造业和汽车制造业营业收入来源于2020年、2021年《中国工业统计年鉴》，营业收入区位熵根据这些数据计算得出。

横向对比三地平均从业人数可以发现，河北汽车制造业平均从业人数要远高于京津两地，这与河北物价、平均工资远低于京津两地有关，这意味着在河北可以用更低的人力成本完成汽车整车及其零部件的制造，这也是河北从事汽车制造的一大优势。再横向对比三地的平均从业人数区位熵，北京和天津仍然高于河北，这说明北京和天津的汽车制造业平均从业人数在制造业平均从业人数中的占比要远高于河北，也意味着河北的汽车制造业在承接京津汽车制造业转移项目、创造更多就业岗位方面还拥有一定的潜力（见表2）。目前，河北大部分地市都有一定数量和规模的汽车零部件制造企业，也具备了承接先进、精密汽车零部件制造项目的基础和能力，未来可以考虑从北京或者国外引入一些燃油汽车发动机、新能源汽车三电系统等关键零部件制造企业，从而对京津冀区域的整车制造形成有力支撑，并创造更多就业岗位。

表2 2019~2020年京津冀规模以上制造业、汽车制造业平均从业人数及区位熵

单位：万人

指标	年份	北京	天津	河北
规模以上制造业平均从业人数	2020	70.6	97.7	234.9
	2019	74.3	88.2	238.1
规模以上汽车制造业平均从业人数	2020	9.4	10.6	16.5
	2019	10.3	12.0	16.8
平均从业人数区位熵	2020	1.47	1.20	0.78
	2019	1.43	1.39	0.72

资料来源：规模以上制造业和汽车制造业平均从业人数来源于2020年、2021年《中国工业统计年鉴》，平均从业人数区位熵根据这些数据计算得出。

（二）零部件制造方面的京津冀汽车产业协同发展状况分析

2019~2020年，北京和天津的整车及专用汽车生产企业数量相近，且远少于河北，三地整车生产企业数量相差不多（都有10家左右），但河北省的专用汽车生产企业数量更多。就零部件制造企业数量而言，北京最少，天津居中，河北最多（见表3）。目前，河北省几乎每一个地市都有大量的中小型汽车零部件制造企业，由于本文只揭示了规模以上汽车制造业企业数量，这些中小型汽车零部件制造企业并没有被纳入统计，如果考虑它们，则河北省的汽车零部件制造企业数量要远高于京津两地。

表3 2019~2020年京津冀规模以上汽车制造业企业数量

单位：家

指标	年份	北京	天津	河北
整车及专用汽车生产企业	2020	32	31	79
	2019	33	31	77
零部件制造企业	2020	183	300	488
	2019	193	300	489

资料来源：2020年、2021年《中国汽车工业年鉴》。

目前，京津冀三地都有比较完整的汽车零部件供应链体系，并且三地都有汽车核心零部件供应商。例如，北京福田康明斯主营产品柴油发动机2019年和2020年市场份额分别为5.2%和5.6%，国内排名第六；蜂巢传动主营产品7DCT系列变速器，应用于哈弗及魏牌的绝大部分车型；天津德科智控是国内最早从事电动助力转向系统研究的公司之一，已实现从电动助力产品到智能线控产品的转型；中信戴卡是世界最大的铝合金车轮制造企业之一，其主营产品铝合金轮毂，在全球和国内市场占有率分别为20%和50%，位列全球第一。

尽管京津冀三地的汽车零部件供应链体系都已经建立，但各地的供应链体系主要是围绕当地的整车企业建立的，这样零部件供应商和整车企业之间的合作大多数局限于同一整车企业集团内部，跨整车企业集团的合作开展得不够充分，为此河北的一些地方政府多次举办汽车产业链对接活动。同时，河北省工信厅梳理了河北200余家汽车零部件制造企业的自身信息及对接需求，向京津整车企业进行精准推送，以期增进各方跨区域合作。

在京津冀地区，智能传感器产业以高校和重点实验室的研发设计为主导。其中，北京大学拥有国内最早提供MEMS代工的4英寸生产线之一，北京还有一些智能传感器材料及设备机构，如北方华创、北京埃德万斯离子束技术研究所。智能传感器设计公司方面，有兆易创新、水木智芯科技、中星微电子等。赛微电子是北京的智能传感器制造商，而联想集团、驭势科技、北汽、小马智行等公司则是应用智能传感器产品的代表。此外，天津新美半导体、天津诺思微系统和河北美泰科技是该地区的MEMS传感器厂商。工业视觉是智能传感器产业中的重要一环，2020年中国工业视觉市场规模增长迅速，达到215亿元，同比增长54.9%。国产品牌工业视觉产品销售额首次超过国外品牌，市场占有率达到51.7%，其中京津冀归属的华北地区市场份额达27%。目前京津冀的工业视觉公司以中小企业为主，工业视觉产业仍具有较大的发展空间。

（三）新能源和智能网联领域的京津冀汽车产业协同发展状况分析

新能源和智能网联已经成为汽车产业未来发展的两大主要方向，京津冀

三地政府对这两个发展方向都极为重视，并且于近年陆续出台若干政策，鼓励和促进汽车产业向着新能源化和智能网联化方向发展（见表4）。同时，三地也陆续成立了一系列相关科研机构（见表5）。

表4　2019~2020年京津冀汽车产业新能源化和智能网联化发展相关政策

发布时间	发布部门	政策名称
2019年3月	天津市工信局	天津市新能源汽车推广应用实施方案（2018—2020）
2019年4月	河北省新能源汽车发展和推广应用工作领导小组办公室	2019年河北省新能源汽车发展和推广应用工作要点
2019年5月	北京市城市管理委员会	2019年度北京市单位内部公用充电设施建设补助资金申报指南
2019年6月	北京市科委等五部门	关于调整《北京市推广应用新能源汽车管理办法》相关内容的通知
2019年8月	河北省发改委等十部门	河北省推进氢能产业发展实施意见
2019年12月	天津市落实制造强国战略暨全国先进制造研发基地建设领导小组	天津市车联网（智能网联汽车）产业发展行动计划
2019年12月	河北省交通厅等七部门	进一步推进新能源出租汽车发展实现绿色出行行动计划（2020—2022）
2020年4月	河北省新能源汽车发展和推广应用工作领导小组办公室	2020年河北省新能源汽车发展和推广应用工作要点
2020年7月	河北省政府办公厅	河北省汽车制造业数字化转型行动计划（2020—2022）
2020年9月	北京市经信局	北京市氢燃料电池汽车产业发展规划（2020—2025年）
2020年12月	北京市规划和自然资源委员会与北京市经信局	北京智能汽车基础地图应用试点暂行规定

表5　京津冀地区部分主要的新能源汽车和智能网联科研机构

机构名称	所在地	相关研究领域
国家新能源汽车技术创新中心	北京市大兴区	新能源汽车智能化核心元器件技术、零碳排放电动化技术、开源平台数字化技术等
国家智能网联汽车创新中心	北京市大兴区	汽车智能网联复杂系统、平台支持、软件开发、技术研发、试验验证和测试评价等

续表

机构名称	所在地	相关研究领域
北汽新能源汽车研发中心、北汽新能源汽车试验中心	北京市大兴区	新能源汽车整车、电驱动、动力电池的中试，技术创新平台支撑
北京新能源汽车设计工程中心	北京市昌平区	北汽福田新能源汽车的设计与研发
中资国研新能源汽车研发有限公司	北京市房山区	新能源汽车技术服务、技术开发、技术咨询（中介除外）、技术转让等
天津市捷威动力工业有限公司	天津市西青区	锂离子电池研发
中国汽车技术研究中心有限公司	天津市东丽区	汽车芯片测试、燃气汽车检测
天津中德传动有限公司	天津市静海区	新能源汽车变速箱研发
天津市松正电动汽车技术股份有限公司	天津市滨海新区	新能源汽车驱动系统技术
长城汽车新技术中心	河北省保定市	新能源汽车开发、汽车自动驾驶技术研发等
河北省动力电池工程技术研究中心	河北省保定市	新能源汽车锂电池研发
河北省车载低压电源管理系统技术创新中心	河北省保定市	新能源汽车车载低压电源管理系统研发
河北省新能源汽车动力系统轻量化技术创新中心	河北省保定市	新能源汽车动力系统轻量化技术研发

从京津冀三地在新能源汽车制造方面的合作来看，一些由北京向河北的迁移项目往往都能充分利用迁入地独特优势。例如，北汽福田将氢燃料电池客车业务转移到张家口市，即看重张家口独特的地理位置。张家口是河北西北部的交通枢纽城市，距离福田北京总部不到 200 公里，其土地使用成本和人力成本都远低于北京。除此之外，近年来京津冀三地开始着力统一规划整合三地的新能源产业资源。例如，2017 年 10 月，京津冀新能源汽车与智能网联汽车协同创新联盟成立；2021 年 9 月，京津冀燃料电池汽车示范应用城市群正式启动。

智能网联汽车产业发展方面，目前北京处于国内领先地位，产业布局覆盖了芯片、传感器制造、操作系统、自动驾驶解决方案、软件算法开发、汽车出行服务等诸多环节。百度、北斗星通、华大北斗、国汽智联、星云互

联、四维图新、地平线、中国联通等一大批领军企业，都被纳入北京市智能网联汽车产业链。

天津市是国内唯一拥有人工智能创新应用及国家级车联网两个先导区的城市，其中，天津市宝坻区承接了国家智能网联汽车产业发展计划。京津中关村科技城由宝坻区与北京中关村合作建立，2020年8月发布了5G智能网联创新智慧城建设方案。2020年11月，天津市智能网联汽车人才创新创业联盟在宝坻区成立。

值得注意的是，京津冀三地都有自己的智能网联示范区域，其中，北京市的国家智能汽车与智慧交通（京冀）示范区已经开放200条测试道路，累计里程699.58公里。2021年，北京市先后发布了《北京市智能网联汽车政策先行区总体实施方案》和《无人化道路测试管理实施细则》。天津市西青区于2020年获批授牌智能网联汽车测试示范区。2022年天津市公布首个可以进行智能集装箱卡车道路测试和示范运营的区域，全长约13.7公里。此外，天津市中心城区首条无人驾驶示范路段于2023年建成，长约3.1公里。河北省沧州市除了获批"双智"协同发展试点城市外，还建立了全国首个"自动驾驶标准验证及全域测试示范基地"，目前已累计开放智能网联汽车测试道路636.9公里。如何让京津冀三地的智能网联示范区域互联互通，实现数据和管理经验方面的共享，将是三地政府需要考虑的问题。

除此之外，京津冀不同地区的企业也在尝试合作研发智能网联方面的新技术。例如，2021年初，长城汽车与北京地平线合作研发高级辅助驾驶、自动驾驶以及智能座舱方面的新技术；2022年，腾讯科技与蔚来汽车签署战略合作协议，双方将在自动驾驶云、智能驾驶地图、数字生态社区等领域展开深度合作；2022年，毫末智行与瑞萨电子签署战略合作协议，双方将共同开展行泊一体自动驾驶控制器产品开发；2022年12月，由百度Apollo和国汽智联牵头，联合多家高校、供应商、主机厂和检测机构起草的《自动驾驶乘用车线控底盘性能要求及试验方法》系列团体标准正式发布。

三　京津冀与长三角、珠三角等地区汽车产业协同发展对比①

目前，我国形成以长三角、珠三角、京津冀、东北、华中和西南为主的六大汽车产业区域集群。2021年，六大集群生产的汽车数量和汽车零部件价值均占全国总量的85%以上，本文对京津冀和长三角、珠三角地区汽车产业协同发展情况进行了比较。长三角地区包括上海、江苏、浙江和安徽三省一市。珠三角地区包括广州、佛山、肇庆、深圳、东莞、惠州、珠海、中山、江门九市，广东省汽车产业基本布局在珠三角地区，因此以广东省汽车产业相关数据代替珠三角地区汽车产业数据。

（一）京津冀地区汽车产业体量相对较小

长三角地区经济总量和工业增加值约占全国1/4。2022年，工信部评选出45个"国家先进制造业集群"，其中长三角地区共入围18个，占全国总数的40%。2021年，长三角地区工业增加值达9.54万亿元，占全国比重达25.5%。珠三角地区既有传统汽车产业链基础，也有成熟的电池、电机和电控生产商。珠三角地区共有7个集群入选2022年工信部"国家先进制造业集群"名单。2021年，广东省工业增加值4.51万亿元，占全国比重超12%。相较于长三角和珠三角地区，京津冀地区工业基础较弱，仅有保定电力及新能源高端装备集群和京津冀生命健康集群2个集群入围"国家先进制造业集群"名单。2021年，京津冀地区工业增加值2.50万亿元，占全国比重仅为6.7%。

2021年，长三角地区汽车产量610.6万辆，占全国汽车总产量比重高达23%，其中上海市汽车产量达到283.3万辆，位居全国第二，长三角地区汽车制造业规上企业营业收入达26547.2亿元。广东省汽车产业主要分布在珠三角地区，2021年，广东省汽车产量338.5万辆，连续5年保持全国第

---

① 如无特殊说明，本部分数据根据各省市统计年鉴、政府部门网站数据整理。

一位,其中珠三角地区生产汽车 335.01 万辆,占广东省产量的 98.97%;2021 年,广东省有汽车制造业规上企业 1064 家,实现营业收入 9646.2 亿元。2021 年,京津冀地区汽车产量 319.5 万辆,有汽车制造业规上企业 1159 家,规上企业实现营业收入 9469.8 亿元。京津冀地区汽车制造业规上企业数、营业收入、产量等指标均与珠三角地区相当,但京津冀地区是三省市,而珠三角地区仅是一省的部分城市。长三角地区汽车制造业营业收入是京津冀地区的 2.8 倍,汽车产量是京津冀地区的 1.9 倍。综上,京津冀地区汽车产业体量较小,发展潜力巨大。

(二)京津冀地区零部件配套支撑能力不足

长三角地区汇聚了大批整车和零部件企业,其中,2021 年上汽集团汽车销量达 546.35 万辆,排名全国第一。上汽集团吸引了大批供应链企业在江苏、浙江、安徽等长三角地区布局,全球十大汽车零部件集团的中国总部有 9 家位于上海。珠三角地区拥有多个知名车企品牌总部以及汽车生产基地,集聚的整车企业包括广汽集团、广汽本田、广汽丰田和比亚迪等,汽车电子领域代表性企业有欣旺达、创维智能、德赛西威,为汽车制造业提供网络服务、数据服务的企业有华为、腾讯等。京津冀地区虽也汇聚了诺博、曼德、中信戴卡、爱信等零部件企业,但缺乏汽车电子、芯片等配套企业,在"2022 中国汽车零部件百强企业"中,京津冀地区只占据了 12 个席位,长三角地区则占据了 37 个席位。

(三)京津冀地区汽车产业转型较慢,跨区域产业内外融合不足

长三角智能电动车产业集群已经在苏浙沪皖深度融合发展,这些具有竞争与合作关系的群体内部活力很强,形成中国最重要的多个产业相互融合、众多类型机构相互联结的共生体,形成世界级的强大竞争优势。2021 年,我国新能源汽车产量为 354.5 万辆,其中长三角地区三省一市总产量达到 133.9 万辆,在国内的市场份额高达 37.77%。2021 年,广东省新能源汽车产量达到 53.5 万辆,占全国同期产量的 15.1%,主要来自珠三角地区。反

观京津冀地区，2021年新能源汽车产量为11.38万辆，仅占全国的3.2%。京津冀区域间汽车产业协同更多的是以传统汽车为主，北京现代沧州工厂未生产新能源车型，长城哈弗也仅生产部分哈弗系列传统车型，京津冀跨区域新能源汽车协同潜力有待挖掘。

（四）京津冀汽车产业跨区域协同发展政策环境具有较大优化潜力

长三角地区建立了上至国家、下至县区的协同发展政策体系，"双招双引"等招商政策走在全国前列。国家层面，2019年，中共中央、国务院印发实施《长江三角洲区域一体化发展规划纲要》，汽车制造业作为长三角地区共同推动制造业高质量发展的重要领域之一被写入规划纲要。2022年，国家发展改革委印发了《长三角国际一流营商环境建设三年行动方案》，通过破除区域分割和地方保护等不合理限制，健全市场主体准入和退出机制，提升外商投资和对外投资服务水平。珠三角地区出台一系列汽车产业发展支撑政策，《广东省发展汽车战略性支柱产业集群行动计划（2021—2025年）》指出，到2025年，广东省汽车制造业营业收入超过11000亿元，汽车产量超过430万辆，占全国汽车总产量比重超过16%。京津冀地区虽也出台了一系列支持汽车产业发展的政策措施，但三地协同发展产业支持政策较少，跨区域协同支持产业发展政策几乎没有，这严重制约了区域间产业高质量发展。

（五）京津冀地区产业发展协同平台尚需完善

长三角地区设立了长三角区域合作办公室，建立了长三角地区合作与发展联席会议机制，建立了G60科创走廊等一批跨区域合作平台，定时召开长三角地区主要领导座谈会。其中，长三角区域合作办公室由三省一市抽调人员组建，旨在把长三角地区建设成为贯彻落实新发展理念的引领示范区。长三角地区合作与发展联席会议从2009年开始每年举行一次，统筹谋划长三角一体化发展。长三角地区主要领导座谈会每年组织一次，旨在盘点近一年来的区域合作成果，谋划次年的合作方向与重点工作。长三角G60科创

走廊以"科创+产业+金融"为抓手，以高标准创新能力建设为支撑，促进长三角地区基层加强合作和跨行政区域协调联动。

珠三角地区成立了产业联盟、广东省汽车智能网联发展促进会等。国务院印发《关于深化泛珠三角区域合作的指导意见》，将珠三角地区扩展到"9+2"的泛珠三角区域，即由九省区和香港、澳门特别行政区共同推动成立的一个重要的区域性合作交流平台。泛珠三角区域土地面积为全国的1/5，人口为全国的1/3，经济总量为全国的1/3以上。泛珠合作成为促进我国东中西部联动发展的重大举措和新时期内地与港澳建立更加紧密经济关系的重要平台。

京津冀地区成立了京津冀协同发展领导小组，小组办公室设在国家发展改革委，主要职责是组织拟订并协调实施京津冀协同发展战略规划、重大政策。北京、天津、河北分别建立了省市级的推进京津冀协同发展领导小组，由省市委书记担任小组组长。京津冀三地经（工）信部门也不定期组织开展三地产业发展对接活动，共商三地产业在京津冀协同发展背景下的对策措施。但总体来看，京津冀产业协同发展平台仍需进一步完善。

四　京津冀汽车产业协同发展对策建议

为推动京津冀地区加快构建汽车产业协同发展新生态，促进区域协调发展能级提升，提出如下对策建议。

（一）强化京津冀政府沟通作用，构建京津冀三地汽车产业协同发展新机制

一是进一步强化规划引领作用，建议京津冀三地发展改革部门牵头，在现有协同办基础上强化沟通协调，优化三地定期会商机制，结合三地产业发展现状，制定京津冀区域汽车产业协同发展规划，印发鼓励区域协同发展政策，每年制定工作要点，建立重点项目库，壮大区域汽车产业。二是简化行政审批流程。三地行政审批部门要建立京津冀政务服务合作机制，梳理京津

冀"同事同标"清单，开设政务服务"跨省通办"专栏，打通产业转移和引入政策壁垒，助力汽车产业区域协同。三是优化区域协同创新机制。建议京津冀三地政府科技部门牵头，设立专项基金，针对汽车产业发展瓶颈问题，采取"揭榜挂帅"等方式激发区域创新活力，加快北京创新成果在津冀落地，促进发展机制协同。四是深化区域产业协同发展。由京津冀经（工）信部门牵头，组建汽车产业发展协商促进组织，搭建三地企业沟通交流平台，不定期组织产业链上下游产需对接活动，增强区域内汽车产业黏性，建立京津冀汽车产业链白名单制度，增强产业链安全性和韧性，促进组织协同。

（二）优化产业布局，创建京津冀汽车产业协同发展新生态

京津冀三地要立足各地产业实际和发展定位，错位发展汽车产业链各环节。其中，北京市依托高校、科研院所等创新资源优势，重点布局汽车领域"高、精、特、新"等高科技产业，同时壮大北汽集团、理想汽车等总部集团，强化整车企业与河北零部件企业沟通，依托现有高级别自动驾驶示范区，开展无人驾驶测试验证和商业化探索，推动更多自动驾驶应用场景落地，打造汽车行业创新示范高地。天津市重点围绕一汽大众、一汽丰田以及长城哈弗等整车企业扩产增效，加快促进企业转型升级，研发投产适应市场需求的新能源车型。要强化"链"上发力，延链补链强链，吸引丰田和大众产业链上重点核心零部件企业落地。同时，发挥天津港口优势，拓展新能源汽车产品出口业务。河北省要发挥产业基础好、地缘辽阔、要素资源成本低等优势，一方面加快构建以长城汽车、吉利（张家口）、北京现代（沧州）等为代表的整车产业园区，完善园区内零部件配套体系；另一方面发挥廊坊、沧州等地毗邻京津的区位优势，强化与京津整车企业对接，承接配套零部件生产任务，壮大汽车零部件产业，同时在唐山、邯郸、邢台等地积极布局新能源商用车生产基地，以应用促进产业发展。

（三）搭建跨区域汽车产业平台，汇聚多方资源助力区域汽车产业协同发展

建议京津冀三地政府部门牵头，汇聚高校、科研院所、整车企业、零部件企业、基础设施企业、后市场服务商、金融机构等多方资源建立跨区域产业联盟，搭建产业链上下游对接沟通联系平台，瞄准京津冀地区汽车产业集群发展，实现政策引导、市场对接、技术攻关、产业发展深度融合，加速构建政产学研合作的新模式。借力北京高校和科研资源优势，建立面向京津冀三地汽车产业链的创新服务平台。组织京津冀跨区域汽车产业发展论坛，邀请国内外专家、政府部门、业界大咖共同探讨汽车产业区域协同发展路径和方向。

（四）招商引资与转型升级并重，加快京津冀地区汽车产业向新能源化转型

汽车新能源化转型大势已不可逆转，然而京津冀汽车产业总体转型步伐较慢。一方面，三地政府要加大"双招双引"力度，树立"项目为王"的思想，制定产业链招商图谱、区域招商地图和区域招商指导目录，针对目标企业进行对接拜访和靶向式跟进洽谈。采取多种招商方式，引入新能源汽车整车、零部件、服务等企业落地京津冀。另一方面，鼓励现有传统汽车企业转型，鼓励企业产线数字化改造，培育数字化车间和智能工厂，提升整车柔性化生产水平，积极研发新能源车型，推动产品的新能源转型。

（五）强化智能网联汽车配套产业发展，优化发展环境

京津冀地区新型智能网联汽车的制造能力尚有不足，需推进智能网联汽车的配套产业发展。建议围绕智能网联汽车需求，加强零部件生产体系规划建设，加大创新研发投入力度，推动车规级高精度视觉传感器、激光雷达传感器等核心零部件技术瓶颈突破。推行相关政策吸引全国优势资源在京津冀布局，加大对京津冀智能网联汽车关键技术攻关、重大意义产业化项目建设

的支持力度。发挥政府基金引导作用，选择扶持有潜力的中小型企业创新发展。

参考文献

鲁达非、江曼琦：《京津冀汽车制造业转型升级的思路与策略》，《河北学刊》2021年第4期。

武玉英、龙海云、蒋国瑞：《京津冀新能源汽车产业协同发展对策研究》，《科技管理研究》2015年第12期。

陈肖飞等：《新创企业的时空分异与区位选择——基于中国汽车制造业的实证研究》，《地理研究》2021年第6期。

李冬冬：《京津冀制造业产业链解构与数字化空间重构研究》，博士学位论文，天津理工大学，2022。

任维凯：《京津冀地区汽车产业链区域分工的测度及空间模式分析》，硕士学位论文，山东大学，2018。

郝燕：《京津冀汽车产业集群发展中的政府职能研究》，硕士学位论文，华北电力大学（北京），2021。

B.10
京津冀钢铁产业协同发展研究

赵立祥　李姣姣　任海英　艾小青　梁宇航*

摘　要：　本报告通过分析影响京津冀钢铁产业协同发展的宏观与微观因素发现，改变钢铁企业体制机制、完善钢铁产业链及改善产业布局、提升钢铁产业生产技术水平三个方面是影响京津冀钢铁产业协同发展的重要因素。今后国内钢铁产业总需求将逐渐减少，钢铁生产技术革新将主要围绕提升碳元素效率展开，针对用户需求的钢铁高端产品和生产制造技术更为重要。为此，建议京津冀钢铁产业协同发展应以解决高端钢铁产品的需求为目标，创新协同发展模式，即用终端产品化企业牵引钢铁企业在钢铁产业补链强链中转型升级，鼓励和支持产学联合，以促进钢铁产业补链和强链，构建高校和科研单位服务钢铁产业高质量发展的生态圈。

关键词：　钢铁产业　协同发展　京津冀

---

* 赵立祥，北京工业大学经济与管理学院教授，博士生导师，研究方向为资源环境经济学；李姣姣，河北省工业和信息化发展研究院，中级经济师，研究方向为工业经济、绿色制造；任海英，北京工业大学经济与管理学院副教授，管理科学与工程学科部副主任，研究方向为技术创新管理；艾小青，北京工业大学经济与管理学院副院长，教授，博士生导师，研究方向为数字经济与高质量发展统计评价；梁宇航，北京工业大学经济与管理学院 2022 级管理科学与工程专业硕士研究生，研究方向为技术预测。

一 对京津冀钢铁产业协同发展的基本认识

（一）钢铁产业

钢铁产业涉及以从事黑色金属矿物采选和黑色金属冶炼加工为主的企业，包括产品销售等全链条上的企业。具体包括金属铁、铬、锰等的矿物采选业，炼铁业，炼钢业，钢加工业，铁合金冶炼业，钢丝及其制品业等细分行业。由于钢铁生产还涉及非金属矿物采选和制品等其他一些工业门类，如焦化、耐火材料、碳素制品等，通常将这些工业门类也纳入钢铁产业范畴。除此之外，钢铁产业还包括服务于钢铁生产的科研、基础设施和人力资源等相关企业。图1显示了钢铁产业基本部门和环节。

与此相关的概念还有钢铁工业，所谓钢铁工业就是指钢铁产业中钢铁生产部门和企业的集合。

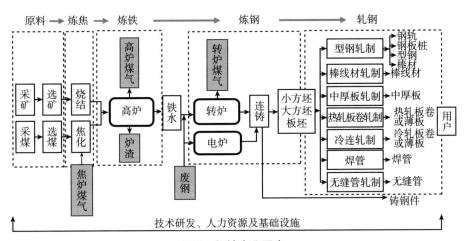

图1 钢铁产业要素

（二）京津冀钢铁产业协同发展

1. 相关概念

"协同发展"指不同发展主体或区域之间，以及内部各子系统为达成某

一目标或取得某种效果，使用各种要素手段，而开展的相互协作行动。

"钢铁产业协同发展"指钢铁产业发展相关各方在钢铁产业节能、绿色、环保、低碳、可持续、创新发展中所采取的协作行动。

"京津冀钢铁产业协同发展"指京津冀区域内与钢铁产业发展相关的各方维护和强化首都核心功能，以打造新首都经济圈、实现本地区高质量发展为目标，在三地合理分工、发挥比较优势的前提下，在钢铁产业节能、绿色、低碳、可持续、创新发展中所采取的协作行动。

2. 京津冀钢铁产业协同发展的主要影响因素

影响京津冀钢铁产业协同发展的主要因素可分为宏观与微观两大类。宏观因素包括，习近平总书记关于京津冀协同发展发表的重要讲话、做出的重要批示，《京津冀协同发展规划纲要》，工信部等部门在不同时期发布的钢铁产业政策，京津冀三地政府根据中央的指示并结合本地实际制定的本地钢铁产业发展规划等。宏观因素指导京津冀钢铁产业协同发展。影响京津冀钢铁产业协同发展的还有很多微观因素，如企业经营机制改革、钢铁企业布局调整等。不少学者对宏观因素的作用及效果做了较详细的研究，而有关微观因素是如何影响钢铁产业协同发展的研究较少见，将宏观和微观两大类因素串联起来加以研究，阐述京津冀钢铁产业协同发展成果的研究更为少见。

根据对已有相关文献的汇总以及相关学者研究的梳理，结合对国内外钢铁产业特有的发展条件和环境的认识，本报告认为优化钢铁企业体制机制、完善钢铁产业链及改善产业布局、提升钢铁产业生产技术水平三个方面影响京津冀钢铁产业协同发展。本报告将从宏观和微观串联视角，回顾京津冀钢铁产业协同发展历史，分析未来变化，并提出推动京津冀钢铁产业协同发展的相关建议。

（三）京津冀钢铁产业协同发展的主要基础

1. 京津冀钢铁产业现状

由于钢铁产业链较长，链上各地区、各环节企业的钢铁业务有很大区别，本节使用国家统计局颁布的"黑色金属冶炼和压延加工业"数据，这些数据实际就是前面定义的钢铁工业的内容，可以用来反映钢铁的生产能力。

如表 1 所示，2020 年，京津冀规模以上黑色金属冶炼和压延加工业企业数量为 380 家，占全国企业数量（5307 家）的 7.16%；粗钢产量为 2.77 亿吨，占全国粗钢产量（10.65 亿吨）的 26.06%；产成品价值为 470.64 亿元，占全国（2406.53 亿元）的 19.56%；营业收入为 16178.21 亿元，占全国（73054.90 亿元）的 22.15%；由于天津市钢铁业当年出现了亏损，减掉亏损额后三地营业利润合计 382.65 亿元，占全国的比重为 15.67%；平均用工人数为 46.49 万人，占全国钢铁企业总用工人数（213.29 万人）的 21.80%。

河北钢铁产业在京津冀乃至全国占有举足轻重的地位。在企业数量、粗钢产量、产成品价值、营业收入、平均用工人数 5 个指标中，河北占京津冀的比重分别是 96.84%、90.02%、80.92%、82.49%、85.07%；占全国的比重分别是 6.93%、23.46%、15.83%、18.27%、18.54%。

表 1　2020 年京津冀地区钢铁工业基本情况

地区	企业数量（家）	粗钢产量（万吨）	产成品价值（亿元）	营业收入（亿元）	营业利润（亿元）	平均用工人数（万人）
北京	7	—	3.32	108.55	0.05	0.13
天津	5	2769.72	86.46	2723.73	−232.30	6.81
河北	368	24977.00	380.86	13345.93	614.90	39.55
全国	5307	106476.68	2406.53	73054.90	2441.51	213.29

资料来源：根据《北京统计年鉴 2021》《中国 2021 钢铁工业年鉴》《2021 中国工业统计年鉴》整理。

2. 京津冀钢铁产业中的重要企业

"世界钢铁看中国，中国钢铁看河北"，这一句话足以体现河北钢铁业不仅在京津冀，甚至在全国都占有举足轻重的地位。自 2011 年起，冶金工业规划研究院连续 12 年发布《中国钢铁企业竞争力（暨发展质量）评级》报告，2022 年 12 月 20 日冶金工业规划研究院又发布了《中国钢铁企业竞

争力（暨发展质量）评级》报告①，报告对粗钢产量占全国总产量90.9%的109家钢铁企业的粗钢产量、炼钢设备先进性、铁矿石等原料保障程度、吨钢利润、环保绩效、研发费用占比等29项指标开展了评价，评级为A+（最高级）级别的钢铁企业有19家，占评估钢铁企业总数的17.4%，合计粗钢产量占全国总产量的53.2%，这19家钢铁企业被认为达到或接近世界一流水平。其中，京津冀区域有6家钢铁企业进入A+企业级别，分别是首钢集团有限公司、河钢集团有限公司、北京建龙重工集团有限公司、新兴铸管股份有限公司、德龙钢铁有限公司、敬业集团有限公司，其中首钢、河钢、新兴铸管3家公司是国企，另外3家是民营企业；入选A级的京津冀钢铁企业共有12家；入选B+级别的京津冀钢铁企业有8家。入选A+级别的6家钢铁企业以钢铁为主业且跨区域经营，还有跨行业经营的业务。

二 京津冀钢铁产业协同发展的历史回顾

本报告将回顾改革开放以来京津冀钢铁产业的企业体制机制、钢铁产业链完善及产业布局改善、钢铁产业生产技术水平提升三个方面的变化及变化原因，分析其变化是如何影响京津冀钢铁产业协同发展的。

（一）钢铁企业体制机制变革促进了协同发展

图2反映了1978~2020年京津冀钢铁工业粗钢产量的变化情况，其中柱形图代表三地的粗钢产量，曲线是京津冀三地粗钢产量合计占全国粗钢产量的比重。此图大致可将粗钢产量分为三个阶段：第一阶段是1978~1992年，此阶段粗钢产量缓慢增长；第二阶段是1993~2000年，此阶段粗钢产量增速

---

① 《MPI重磅发布 | 2022中国钢铁企业竞争力（暨发展质量）评级研究成果出炉！》，"冶金工业规划研究院"微信公众号，2022年12月20日，https：//mp.weixin.qq.com/s?＿＿biz＝MzA4NDA4MDgyNw＝＝&mid＝2651010251&idx＝2&sn＝0efa2fad1a244712a23f635542b02bfb&chksm＝841b351fb36cbc098d3c8ab92232e4016d21274e7917007e16adc2685a445bdbdef5b994c451&scene＝27。

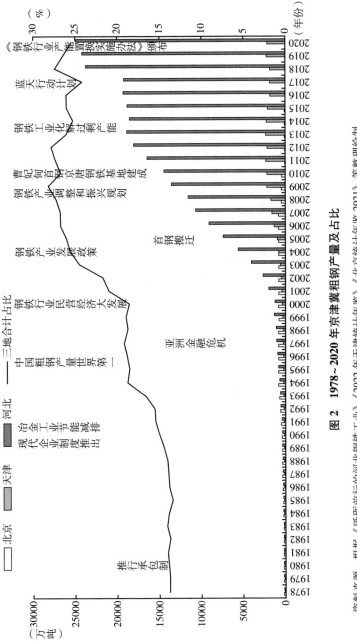

图 2 1978~2020 年京津冀粗钢产量及占比

资料来源：根据《砥砺前行的河北钢铁工业》《2022 年天津统计年鉴》《北京统计年鉴》《2021 年天津统计年鉴》《北京统计年鉴 2021》等整理绘制。

加快；第三阶段是 2001~2020 年，此阶段粗钢产量飞速增长。如果从钢铁企业经营体制机制变革看上述三个阶段与京津冀钢铁产业协同发展的关系，总结起来就是以首钢承包制为代表的承包制，此阶段被称为京津冀钢铁产业协同发展的初期；以企业法和公司法为代表的现代企业制度的建立，标志着京津冀钢铁产业协同进入发展期；混合所有制实施、市场要素自由流动制度确立标志着京津冀钢铁产业协同发展进入深化期。

在京津冀钢铁产业协同发展的第一和第二阶段，其发展主力是国有钢铁企业，其发展动力来自企业承包制和现代企业制度改革；第三阶段发展动力则主要是混合所有制改革。通过企业兼并、重组、债转股、股权融资等形式，从钢铁企业外部进行要素挖潜和改革，由此过去单一的钢铁工业发展转变为钢铁产业上下游、跨地区以及业务多元化的发展。多种所有制混合制度使钢铁产业由企业运营管理转向资本运营管理，特别是京津冀地理上相互衔接，混合所有制改革将京津冀钢铁产业的多种市场元素迅速纳入钢铁产业发展。民营钢铁企业在第一阶段处于萌芽期，自第二阶段开始正式登上历史舞台，在第三阶段民营钢铁企业则与国有钢铁企业一起站在了钢铁产业发展的历史潮头。民营经济的加入改变了资源分配方式，加快了钢铁企业经营管理体制改革的步伐，由此带来钢铁生产能力的巨大变化。

前面提到的北京建龙重工集团有限公司，前身是 2000 年成立的唐山建龙实业有限公司，目前其钢铁业务遍及河北、黑龙江、吉林、辽宁、宁夏、内蒙古、山西等地。北京建龙重工集团居 2023 年《财富》世界 500 强排行榜第 465 位，营业收入达 383.57 亿美元。

天津的新天钢集团全称为"天津市新天钢钢铁集团天津钢铁有限公司"，成立于 2019 年，是河北省德龙集团参与天津渤海钢铁企业破产重组的项目。2019 年 4 月，天铁集团、天钢集团、冶金集团等 18 家钢铁企业重组成新天钢集团，集团实体企业主要分布在天津、河北等地。天津另一著名钢铁生产企业是天津荣程联合钢铁集团有限公司，荣程公司创始人于 1988 年开始在河北创业，1999 年成立唐山市合利钢铁厂，2001

年收购原渤海冶金钢铁公司，2003 年正式注册成立天津荣程联合钢铁集团有限公司。

河钢集团有限公司（以下简称"河钢集团"）是一家特大型钢铁企业，于 2008 年由原唐钢集团、邯钢集团强强联合组建而成，是中国最大的钢铁材料制造和综合服务商之一。河钢集团围绕钢铁制造这一主业，同时发展金融服务、装备制造、现代物流等，形成了多元产业协同发展的格局。河钢集团大力推进国际化发展战略，重点布局欧洲、美洲、非洲等市场。河钢集团先后服务于国家体育场"鸟巢"、北京首都国际机场、中央电视台新台址等重大工程，以及"神舟"五号、"嫦娥一号"、特种装甲车等航天、国防和军工领域，为京津冀协同发展做出了重要贡献。河钢集团居 2023 年《财富》世界 500 强排行榜第 189 位，营业收入达 661.5 亿美元。

敬业集团是全球大型螺纹钢生产基地。敬业集团始建于 1988 年，于 1995 年开始进军钢铁行业。敬业集团围绕钢铁主业发展，同时发展钢材深加工、贸易、医药、旅游、金融、酒店、房地产，是一家跨行业多元化发展的集团公司。2020 年 3 月，敬业集团正式收购英国钢铁公司。2016 年，在京津冀协同发展战略下，敬业集团旗下河北敬业医药科技股份有限公司搬迁至北京·沧州渤海新区生物医药产业园，正式开工建设，发展壮大医药产业。敬业集团先后服务北京大兴国际机场、石家庄地铁等重点工程的建设，为京津冀协同发展做出了突出贡献。敬业集团居 2022 年《财富》世界 500 强排行榜第 386 位，营业收入达 368.82 亿美元。

河北津西钢铁集团股份有限公司（以下简称"津西股份"）始建于 1986 年，总部位于北京，2004 年在香港上市，2009 年成立河北津西钢铁集团。津西股份是集钢铁、非钢、金融三大板块于一体的大型企业集团，连续 20 年跻身中国企业 500 强。津西股份是全国首家"型钢标准研发基地"和最大的系列化、专业化型钢生产基地，产品远销韩国、日本、欧美及东南亚等 33 个国家和地区，H 型钢产销量和出口量连续多年位居全国第一。2013 年通过天津新港外贸码头，津西热轧 JSP-U 400mm×125mm 钢板桩成功出口

新加坡。津西股份先后与北京国华、博奇集团北京博奇、北大书法所、艺美时新等签订战略合作协议。同时，津西股份与东北大学、北京置业共建"唐山市绿色钢结构产业技术研究院"。2018年，津西股份以60%的比例入股北京赛博思建筑设计有限公司，成为国内唯一一家具备钢结构全产业链的钢铁企业。津西钢铁产品先后服务京张高铁、2022年北京冬奥会主新闻中心和国际广播中心——国家会议中心二期工程建设，为京津冀协同发展做出了非凡贡献。

河北省钢铁产业中民营力量的发展和变化情况见表2。

表2　2001~2018年河北省民营钢铁企业主要产品产量及占比

单位：万吨，%

年份	生铁		粗钢		钢材	
	产量	占全省比重	产量	占全省比重	产量	占全省比重
2001	425.8	20	472.8	24	318.7	16
2004	3011.6	57	3215.6	57	2442.9	52
2007	6499.9	62	6523.3	61	6920.5	66
2010	7699.6	56	8519.1	59	11138.3	66
2015	11075.4	64	12516.1	66	19343.3	77
2018	16616.3	78	18467.9	78	21608.9	80

资料来源：王大勇主编《砥砺前行的河北钢铁工业》，冶金工业出版社，2020。

（二）钢铁企业布局调整带动了协同发展

现代钢铁企业布局一般有三种方式，即原料地（资源）型，消费地（市场/城市）型，临海、临江（沿海、沿江）型。

京津冀地区有良好的钢铁产业发展条件，如冀东地区的铁矿石矿藏、河北曹妃甸与秦皇岛铁矿石运输装卸的深水港口和三地钢铁产品消费市场。这三个优势条件的整合促进了京津冀钢铁产业的快速发展，也构成了京津冀钢铁产业协同发展的特殊形式。

1. 首钢搬迁至曹妃甸

首钢搬迁指石景山区 800 万吨产能搬迁至河北省渤海之滨的曹妃甸。

北京石景山的首钢是典型的消费地（城市型）布局钢铁厂。改革开放后，首钢的生产规模迅速扩张，1978 年粗钢产量为 179 万吨，居全国第 8 位，到 1994 年，粗钢产量达到 824 万吨，位列全国第一。[1]

首钢钢铁产业发展与北京首都地位间逐渐产生了冲突。20 世纪 80 年代，中央多次对北京城市发展进行书面批示，"北京要下决心基本上不发展重工业""特别是不能再发展那些耗能多、用水多、运输量大、占地大、污染扰民的工业"。[2]

1992 年，首钢收购占地 670 平方公里、地质储量 16 亿吨的秘鲁马尔科纳铁矿，首钢钢铁生产更需要港口设施进行配套。[3]

2005 年 2 月，《关于首钢实施搬迁、结构调整和环境治理的方案》获得国务院批复。根据批复，首钢在北京地区保留总部、研发体系和其他非钢产业，冶炼部分全部从北京迁出，在河北省唐山市滦南县的曹妃甸工业区建设一个年产量 800 万吨的钢铁联合企业，2010 年底前完成首钢曹妃甸新区建设。首钢搬迁至曹妃甸成立了首钢京唐公司，于 2010 年正式投产，钢厂总体技术装备达到世界一流水平，标志着新钢厂、新布局、新优势基本形成，首钢成为我国第一个向沿海地区搬迁的大型钢铁企业。

2. 曹妃甸钢铁基地建设推动了唐山市乃至河北省钢铁产业布局调整

2010 年，首钢在曹妃甸实际建成了 1000 万吨规模的具有国际先进水平的精品板材生产基地，和节能减排、发展循环经济的标志性首钢京唐钢铁联合有限责任公司。京唐钢铁生产基地建设大大提升了首钢钢铁生产能力和生产水平。

---

① 《【纪念改革开放 40 年】首钢记忆》，工人日报网，2018 年 12 月 14 日，http：//news. china. com. cn/2018-12/14/content_ 74273942. htm。

② 北京市邓小平理论研究会编《探索新路构筑辉煌——庆祝中华人民共和国建国五十周年》，中国人民大学出版社，1998。

③ 《总投资 46 亿元！央企再签一非洲铁矿！》，腾讯网，2022 年 5 月 8 日，https：//new. qq. com/rain/a/20220508A09CHU00。

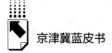

关于曹妃甸钢铁基地的建设意义，中国工程院原院长、著名冶金工业专家、京津冀协同发展专家咨询委员会组长徐匡迪院士曾评价说："中国由钢铁大国迈向钢铁强国，正在由曹妃甸起步。"①

钢铁产业临海布局可以利用沿海大量滩涂以节省土地资源，利用海水进行淡化以节省陆地淡水，利用沿海港口码头等大型运输设施满足钢铁产品长、大、重、多的运输要求，利用海外铁矿石、煤炭等资源将钢铁产业规模效益充分发挥出来。

首钢京唐公司依托曹妃甸深水大港，将吨钢成本降低约 85 元，按年产粗钢 1000 万吨计算，每年可节约 8.5 亿元。② 曹妃甸钢铁基地的建设不仅实现了京冀跨区域钢铁产业要素重组，还带动了河北钢铁生产向沿海集中和转移。2012 年国务院批准同意设立唐山市曹妃甸区。2013 年 1 月 21 日，河北省政府批准曹妃甸装备制造园区为省级高新技术产业开发区，开发区面积达 28.6 平方公里。2014 年 7 月 31 日，北京市、河北省签署《共同打造曹妃甸协同发展示范区框架协议》，明确了"由首钢及相关方共同组建北京（曹妃甸）现代产业发展试验区开发建设投资公司和生态城开发建设投资公司，统筹协调开发建设工作"。③ 2015 年 1 月 29 日，由首钢集团有限公司代表北京方企业持股 67%，唐山曹妃甸发展投资集团有限公司代表河北方企业持股 33%，共同出资成立京冀曹妃甸协同发展示范区建设投资有限公司，作为京冀曹妃甸协同发展示范区两省市指定的开发建设主体，承担试验区建设的重要使命。④

① 《【庆祝改革开放 40 周年】潮起钢铁　不惑奋斗》，中国钢铁新闻网，2018 年 12 月 18 日，http://www.csteelnews.com/xwzx/djbd/201812/t20181218_1244.html。
② 任华山：《北京—曹妃甸区域产业协同发展问题及对策研究》，硕士学位论文，北京理工大学，2016。
③ 《何巍：首钢着力打造曹妃甸协同发展示范区》，人民网，2014 年 11 月 26 日，http://finance.people.com.cn/n/2014/1126/c1004-26098983.html。
④ 《【国企开放日·约】首钢的"搬家"真是大动作》，"首都建设报"微信公众号，2018 年 6 月 2 日，https://mp.weixin.qq.com/s?__biz=MzA4MDkwODkzOA==&mid=2651344332&idx=6&sn=aa2f20c6956c3d409a844e522b9f9251&chksm=8461ea29b316633f3d02e4b64eac4938c98f975f45f7e59b22017416474fcc2b1902d30f1e2b&scene=27。

曹妃甸协同发展示范区主要作为北京转移至此产业的承接地。曹妃甸高新技术产业开发区主要作为河北省新经济增长点，是唐山市"一港"（唐山港），"双城"（唐山市主城区和曹妃甸滨海新城）重点建设地区，承接了唐山市部分的工业布局调整任务。

2022 年 4 月唐山市工业和信息化局发布的《环渤海地区新型工业化基地建设规划》，2022 年 5 月 7 日唐山市公布的《唐山市贯彻落实〈河北省建设京津冀生态环境支撑区"十四五"规划〉的实施方案》，2021 年 11 月 14 日河北省人民政府颁布的《河北省建设全国产业转型升级试验区"十四五"规划》和 2022 年 1 月 15 日《河北省制造业高质量发展"十四五"规划》，都提出打造曹妃甸、京唐港（乐亭）、丰南沿海工业区、渤海新区四大临港精品钢铁基地。[①]

（三）钢铁生产技术变革增强了协同发展效果

1. 京津冀钢铁产业主要生产技术方式的变革

京津冀钢铁产业主要生产技术方式的变革指京津冀钢铁企业以满足用户需求产品生产为目的，以在生产方式中提高能源、环境效率为手段的技术革新、设备改造和更新以及相关管理方式的变革。

表 3 是按照时间顺序梳理的京津冀钢铁产业生产领域主要技术及管理手段变革的内容。梳理京津冀钢铁产业生产技术变革的脉络，一是追求连续化、自动化，进而达到规模化，再在规模化的生产中回收能源和资源，实现循环经济；二是在减少能耗的同时，减少废弃物及污染物的排放；三是可见污染物排放治理之后，开始减少二氧化碳排放；四是淘汰落后产能。

---

① 《唐山市贯彻落实〈河北省建设京津冀生态环境支撑区"十四五"规划〉的实施方案》，唐山市人民政府网站，2022 年 5 月 8 日，http://kejiju.tangshan.gov.cn/zhengwu/tssjhfa/2022 0508/1426224.html；《河北省建设全国产业转型升级试验区"十四五"规划》，河北省人民政府网站，2021 年 11 月 14 日，http://info.hebei.gov.cn/hbszfxxgk/6806024/6807473/6806 589/6985278/index.html。

表3　京津冀钢铁生产领域主要技术及管理手段变化

时间	目标	主要技术及管理手段
1980年开始	挖潜、改造、技术革新	模铸改连铸 轧制连续化
1990年开始	设备大型化、高效化、自动化、连续化、紧凑化、长寿化	大高炉炼铁、转炉炼钢、炉外精炼、连铸、板带热连轧、冷连轧、铁水预处理、炉外精炼，发展顶底复合吹炼转炉和超高功率电炉，应用高炉炼铁精料技术、喷吹煤粉技术、连铸坯热装热送技术、氧气转炉护炉技术等
2001年开始	贯彻清洁生产促进法 发展循环经济 贯彻《钢铁产业发展政策》 取缔"地条钢"	干熄焦（CDQ）、高炉煤气余压透平发电装置（TRT）、转炉煤气干法除尘技术等装置的普及 焦化、烧结、炼铁、连铸、轧钢等主要工序主体装备本地化 推动焦炉煤气发电、水渣超细粉、污水处理等全循环、全回收、全利用设施使用 原料场全封闭、粉尘颗粒物治理、焦化烟气深度脱硝、烧结脱硫消白 积极发展代表钢铁产业发展总趋势的钢铁生产、能源转换与社会废弃物消纳三个功能 清理整顿小钢铁厂
2011年开始	贯彻修订后的清洁生产促进法 "史上最严"的新环保法实施 供给侧结构改革实施，消减、化解过剩产能，产能置换 《打赢蓝天保卫战三年行动计划》 《钢铁企业超低排放改造工作方案》 "双碳"目标 产量与产能实施双控 智能化生产	推动高炉出铁场烟尘治理、综合污水深度处理、冶金渣高效处理与综合利用等一系列节能环保及资源综合利用先进技术实施 京津冀钢铁工业环保工作从单纯的污染治理，转向以全过程节能环保技术集成优化和资源能源高效利用为前提的清洁生产、绿色制造和智能制造

　　资料来源：根据《砥砺前行的河北钢铁工业》《钢铁工业高质量发展研究院》《中国钢铁工业绿色低碳发展路径》《中国钢铁未来发展之路》等整理。

2. 钢铁产业生产技术方式变革带来了京津冀能源效率和环境质量的提升

　　表4是"十三五"时期京津冀区域重点钢铁企业吨钢生产可比能耗，从

表4可以看出，一是部分企业的能耗有波动，多数企业的能耗呈下降趋势；二是能耗波动的企业在"十三五"开始时，其能耗就已经处在较先进水平了。

表4　"十三五"时期京津冀重点钢铁企业吨钢生产可比能耗

单位：千克标煤/吨

年份	首钢集团	天钢集团	天铁集团	河钢集团	河钢承钢	河钢邯钢	河钢石钢	河钢唐钢
2016	612.36	537.61	632.00	532.70	478.10	572.52	514.50	565.66
2017	603.37	524.61	632.00	517.56	482.81	566.31	523.44	497.69
2018	576.95	499.29	632.00	525.41	492.94	560.16	582.81	465.72
2019	575.05	489.66	632.00	507.70	461.28	548.46	544.11	476.95
2020	525.89	458.17	632.00	527.09	474.49	516.38	596.58	520.89
平均值	578.72	501.87	632.00	522.09	477.92	552.77	552.29	505.38

资料来源：耿源《钢铁企业低碳转型升级研究——以京津冀地区为例》，硕士学位论文，北京化工大学，2021。

全国钢铁产能集中的10个城市，2013～2021年$PM_{2.5}$浓度平均下降59%。其中，2021年河北省$PM_{2.5}$浓度比2013年下降62.5%，重污染天数减少87%，降幅居全国前列。[1]

截至2021年，河北钢铁企业已由之前的107家减至68家，产能由峰值时的3.2亿吨压减到2.0亿吨以内。[2]

首钢全面完成500万吨钢去产能任务，企业退出73家，2015～2017年共转型分流6.8万人，钢铁企业实物劳动生产率提高60%。[3]

钢铁产业生产技术方式的革新，使得京津冀产业协同发展的区域环境友好、产业发展绿色高效的目标和转向得到了落实，为京津冀区域环境质量的改善做出了突出贡献。

---

[1] 《【高质量发展产业调研】钢铁强国》，"经济日报"搜狐号，2023年1月5日，https：//www.sohu.com/a/624964003_118392。

[2] 《河北钢铁生产企业已由107家减至68家》，"中国能源报"百家号，2021年6月6日，https：//baijiahao.baidu.com/s？id=1702720463218035278&wfr=spider&for=pc。

[3] 《何文波：怎样看待钢铁企业的改革管理历程以及竞争优势的重塑》，河北钢铁集团网，2019年9月27日，http：//www.txdlgt.com/newsDetails.asp？did=231。

三 未来京津冀钢铁产业协同发展面临的 挑战与机遇

（一）国内钢铁总需求将减少

粗钢的产品用途主要有三个：一是基础设施和建筑用，二是制造业用，三是出口。

基础设施和建筑用钢可以用城镇化率来表示。发达国家的数据显示，在城镇化率达到 75% 以前，城镇化率提升对粗钢需求有较大的推动作用，而在达到 75% 以后拉动效应开始放缓。[①] 2019 年我国常住人口城镇化率为 61.5%，2022 年全国常住人口城镇化率为 65.22%，[②] 城镇化率的提高意味着未来我国对钢铁产品的需求将放缓。

国内制造业用钢除了高端品种，生产能力普遍过剩。2018 年，中国钢材自给率达到 106.7%，国产钢材的国内市场占有率达到 98.7%，在 22 类钢材产品中，有 17 类钢材产品自给率超过 100%。[③] 现在钢铁产业产能和产品过剩已延伸至部分中端产品，如中低牌号无取向电工钢过剩 20%~30%，一般取向电工钢（CGO）过剩 20%，板材普遍过剩。[④]

（二）以"双提高"为代表的钢铁生产技术革新将导致成本上升

今后的钢铁生产技术革新和管理革新将以"双提高"为核心展开和进

---

① 《"绿色"钢铁是如何炼成的？——钢铁行业的碳中和路径》，"中大咨询"百家号，2022 年 1 月 26 日，https://baijiahao.baidu.com/s？id=1722983115559658081&wfr=spider&for=pc。
② 《国家统计局：2022 年末全国常住人口城镇化率为 65.22%》，"中国经济网"百家号，2023 年 2 月 28 日，https://baijiahao.baidu.com/s？id=1759039345012299725&wfr=spider&for=pc。
③ 《李新创：中国钢铁工业 70 年发展历程与展望》，中国钢铁新闻网，2019 年 11 月 7 日，http://www.csteelnews.com/xwzx/gdft/201911/t20191107_19918.html。
④ 《张寿荣院士一文说透我国电工钢产业的过去、现在和未来》，科协智库网，2021 年 6 月 24 日，http://zhiku1.scimall.org.cn/scientist/detail？id=48553&article_id=170505。

行，即提高能源效率的同时提高碳元素效率，且后者更加重要。目前，中国钢产量占全球的 57%，但中国钢铁行业碳排放量占全球钢铁行业碳排放量的 65%~70%。[1]

提高碳元素效率的办法有很多，其中快速见效的办法就是增加以废钢铁为原料的电炉炼钢，即提高短流程炼钢的比重。以往国内比较注重长流程炼钢的发展，主要原因是长流程炼焦、炼铁生产中排出的废气、废热可以收集起来供炼钢使用。因此，若不能得到长流程阶段收集到的能源供应，以电炉炼钢为主的短流程炼钢方式将使吨钢成本提高。

（三）针对用户需求的高端钢铁产品和生产制造技术科技攻关更为重要

"双提高"预示提高钢材产品价值以及研制新的钢铁生产技术将是钢铁企业竞争的焦点。中国现阶段对高级钢铁品种的需求仍然旺盛，顶级高端产品用户需求还不能完全得到满足，每年需进口高端特殊钢 300 万~400 万吨。[2]

（四）环境承载容量受限，环保标准越来越严格

受治理雾霾、环保排名等因素影响，河北省钢铁行业执行特别排放限值，各企业相继投入巨额资金建设了环保节能设备，粉尘、二氧化硫、氮氧化物等排放标准严于国家标准，但由于河北省钢铁产能规模较大，能耗和排放总量依然较大，给全省环境容量造成了一定压力。环保部门干预力度较大，企业面临的环保压力日益加大。

（五）钢铁企业搬迁改造任务重

河北省把钢铁企业的搬迁改造作为重要工作，河北省石钢环保搬迁，华

---

① 《钢铁行业 2025 年前碳达峰，太阳能光热需工业思维迎新机遇》，搜狐网，2021 年 10 月 21 日，https：//www.sohu.com/a/496375501_121123792。

② 《中信特钢研究报告：下游需求增长确定性高，内生外延打开增长空间》，未来智库网，2022 年 12 月 30 日，https：//caifuhao.eastmoney.com/news/20221230162918312816140。

西钢铁、太行钢铁、唐钢新区（河钢乐亭钢铁基地）等改造升级项目已先后投产运行，邯钢老区、国堂等项目搬迁进度加快，河钢乐亭钢铁基地二期工程、冀南钢铁集团有限公司二期工程、太行钢铁重组搬迁改造二期工程等项目前期工作加快推进，邢钢启动了转型升级搬迁改造项目，天柱钢铁搬迁改造二期工程、唐银钢铁搬迁项目等陆续投产达效。

以往中国钢铁企业科技创新走的道路是一条引进、消化、集成再创新的道路，今后发达国家很难将"作为看家本领"的高端钢铁产品生产技术转移到中国，我们必须自己研制高端钢铁产品生产和制造技术以及新的钢铁生产技术。

四　京津冀钢铁产业协同发展的对策建议

今后的京津冀钢铁产业协同发展应在京津冀合理分工，坚持各自城市功能定位，发挥各自优势，将钢铁产业打造成节能、绿色、低碳、可持续、创新型产业而协作行动。下面仅就京津冀相关各方用终端产品化牵引钢铁企业在补链强链中转型升级，以及高校和科研单位产学联合促进钢铁产业补链强链的协作问题提出如下建议。

（一）用终端产品化牵引企业在钢铁产业补链强链中转型升级

终端产品化企业指掌握市场最终需求的产品生产企业，这些企业产品部分或全部依托钢铁材料，或钢铁材料是其产品的基本支撑。

如世界上最有名的轴承企业——瑞典的SKF，在瑞典国内有3个自己的钢厂，炼钢完全为生产轴承服务，这三个钢厂都是SKF收购的，变成了轴承厂办钢厂。[①] 钢铁材料在轴承产品中起着基本支撑作用。国内的中信特钢企业掌控着很多高端产品的市场供应，如高标准轴承钢产销量世界第一，中国市场占有率超过80%；汽车零部件用钢中国产销量第一，高端汽车钢中

---

① 景德喜：《瑞典特殊钢生产概况》，《特殊钢》1982年第3期。

国市场占有率在 65% 以上等。① 这两个例子说明，加入终端产品化企业旗下的钢铁企业可以较顺利地完成产业链和产品线升级。

为此，应鼓励京津冀钢铁企业不仅在京津冀区域内部，还应跨出京津冀区域在全国乃至全球范围内，与产品市场终端化企业合作或组团。还应鼓励京津冀钢铁企业大胆"走出去"，积极开拓国际市场，了解更多市场需求，找到合作伙伴，打造国际品牌。还要关注已经做出部分成绩、具有潜力的"专精特新"钢铁企业，从中选出那些以解决用户实际困难和卡脖子技术问题为目标，有自己解决问题的特殊办法的企业，花大力气促进此类企业的发展。为此，京津冀三地钢铁产业协同发展相关方应加强此方面的经验交流。

（二）构建产学联合生态圈促进钢铁产业补链强链

京津冀高校众多，应用到钢铁企业中的科研成果也很多。有的学校由于有钢铁材料专业特长，如北京科技大学，京津冀钢铁企业与其合作的例子较多。其他高校如何与钢铁企业合作？本报告认为，高校科研单位和人员应更加主动地与钢铁企业转型和升级需求对接。一是通过多种方式接触并找到技术应用的钢铁企业。如设置技术咨询窗口；设置技术咨询表格；设置和接受共同研究与技术指导的申请；设置技术支援组织和对外公布自己单位可利用的实验机器清单；开展系列材料工业发展和技术普及宣讲会；到中小企业集中的地区设置对外联络机构，宣传研究单位的技术和专利。二是对象的选择。可以先撒网，然后逐渐聚焦和确定目标企业。活动可以面向钢铁领域企业，以及创业者、市民、校内外兴趣爱好者，然后逐渐从中筛选出合作对象。三是与钢铁企业多种需求对接。如钢铁生产标准开发、技术推广、技术解决方案、创新突破、高质量专利、成果转化、管理优化等方面。四是京津冀高校应与钢铁企业合作培养"走出去"需要的专业人员，不仅包括相关

---

① 《2022 年中国特钢行业市场竞争格局——中信特钢：将加快形成"专精特新"产品集群》，前瞻产业研究院，2022 年 9 月 19 日，https://bg.qianzhan.com/trends/detail/506/2209 19-23a6953d.html。

专业的本科生、硕士生、博士生，还包括在岗在职人员"走出去"需要的业务培训等。

为此，京津冀高校和科研机构应建立服务企业的新制度。如改变对高校科研项目，特别是应用型项目结题成果的考核方法和考核形式，增加对其成果应用的评价内容。如课题解决了哪些实际问题，研发项目在企业如何应用等。对成果应用效果明显的研发项目应给予奖励。应鼓励高校科研人员适当兼职企业技术开发项目，兼职活动既有利于科研人员扩展和深化研发项目，解决科研和实际应用"两张皮"的问题，也有利于课堂授课时的理论联系实际。

京津冀三地高校和科研机构应加强服务钢铁企业的经验交流，应邀请钢铁界人士来校交流钢铁产品和生产技术进步的情况及其新需求，还应交流包括国内外钢铁产业发展和经营管理进步等方面的信息，推动钢铁产业发展与高校科研快速融为一体。

参考文献

王大勇：《改革开放四十年河北钢铁工业发展回顾与展望》，《经济与管理》2018 年第 5 期。

王大勇主编《砥砺前行的河北钢铁工业》，冶金工业出版社，2020。

颜瑞、朱晓宁、张群：《京津冀地区钢铁行业发展现状及未来趋势研究》，《冶金经济与管理》2016 年第 6 期。

孙虎、乔标：《京津冀产业协同发展的问题与建议》，《中国软科学》2015 年第 7 期。

齐岳、张权生、马宇哲：《京津冀一体化下天津钢铁集团投资规划研究》，《经营与管理》2019 年第 7 期。

赵燕娜、朝霞、颜云云：《河北钢铁工业可持续发展研究》，气象出版社，2014。

李新创：《钢铁工业高质量发展研究院》，冶金工业出版社，2022。

李新创：《中国钢铁工业绿色低碳发展路径》，冶金工业出版社，2022。

李新创：《中国钢铁未来发展之路》，冶金工业出版社，2018。

B.11
京津冀智能制造软件产业协同发展研究

周驰 周文文*

摘 要： 京津冀地区是中国重要的制造业基地之一，随着我国经济发展进入新时代，京津冀区域智能制造软件产业成为制造业转型升级的新动力。智能制造软件产业是京津冀地区高端制造业发展的重要组成部分，随着智能制造技术的不断升级和进一步成熟，市场需求在日益增加，市场规模在不断扩大。但是由于市场对新技术便捷性要求的提高，京津冀地区制造业的发展依然面临严峻的挑战，制造企业数字化转型与区域产业布局优化成为推动该地区智能制造软件产业发展的重要途径。本报告通过分析京津冀智能制造软件产业的现状，探讨产业协同状况，进而指出地区内智能制造软件产业在协同发展中存在的体制机制障碍、发展不协调、产业布局不完善等问题，最后从完善京津冀智能制造软件产业协同发展体制机制、促进京津冀智能制造软件产业协调发展、优化京津冀智能制造软件产业布局等方面提出京津冀智能制造软件产业协同发展的具体对策与建议。

关键词： 京津冀 智能制造 软件产业 协同发展 转型升级

---

* 周驰，博士，天津理工大学管理学院副教授，硕士生导师，教师发展中心主任，大数据管理与应用系主任，兼任香港岭南大学研究员，研究方向为平台经济与运营管理、商务智能与决策分析等；周文文，北京工业大学副教授，博士生导师，内蒙古碳中和专家，国家发改委对外合作处合作讲师，研究方向为大数据技术与应用、能源环境、能源金融等。

一 京津冀智能制造软件产业协同发展的现状分析

（一）京津冀智能制造软件产业发展现状

京津冀地区制造业发展历史悠久、基础设施雄厚，其作为我国北方最大的制造业基地，具有完善的制造业产业体系、庞大的产业规模和完整的制造业生产流程。随着我国经济高质量发展和经济大环境进入新时代，京津冀地区传统制造业出现了众多新需求和新形势。同时智能制造软件产业充分发挥数字经济赋能作用，智能制造产业逐步取代传统制造业并得到了迅猛发展。根据海比研究院发布的《2022 中国智能制造软件市场研究及选型评估报告》，自 2015 年以来，由于政府持续大力出台有关智能制造软件产业的利好政策，智能制造产业得到了有效的支持与发展。截至 2021 年，我国智能制造软件市场规模达到 1438.7 亿元，预计未来 5 年智能创造软件市场规模依旧保持较快增长，年均复合增长率为 19.0%，2026 年有望达到 3429.0 亿元。2022 年前三季度，高技术产业（制造业）增加值同比增长 6.8%，占规模以上工业增加值的比重为 14.1%。智能制造软件产业的高质量发展拉动其在工业软件中的占比持续增加，2021 年占比为 59.6%，预计 2026 年占比将达到 73.0%。目前，该地区智能制造软件企业数量与规模仍在不断扩大，技术创新能力和应用研发水平也在不断提升。此外，京津冀地区高等院校、研究院所和企业分布密集，为智能制造软件产业市场的良性发展提供了良好的条件。分别阐述北京市、天津市、河北省智能制造软件产业的发展现状。

1. 北京市智能制造软件产业发展现状

北京市是中国科技创新的重要基地，智能制造软件产业是该市高端制造业发展的重要组成部分。根据国家统计局公布的数据，2022 年一季度中国制造业投资同比增长 15.6%，北京市智能制造投资依旧是地方经济发展的一大亮点，尤其是高技术产业投资增势迅猛。2015 年 9 月，在工信部首批拟定的试点示范项目中，北京市智能制造申请审批通过的项目有 46 个，覆盖 38 个行业，体现出北京市试点项目涵盖行业之广。北京市政府印发的《北京市"十四五"时期高精尖产业发展规划》中提出，到 2025 年北京高精尖产业增加值占地区生产总值的比重将达到 30% 以上，制造业增加值占地区生产总值的比重在 13% 左右，并力争达到 15%，软件和信息服务业营收将达到 3 万亿元，新增规模以上先进制造业企业数量将达到 500 家。北京市智能制造软件产业通过政策扶持推动试点示范项目的成长，由点向面推广，形成智能制造业创新发展的特色应用模式。

随着智能制造技术的不断成熟和市场需求的增长，北京市的智能制造软件企业数量与市场规模持续扩大，培育了一批以华夏通、启明星辰、北大方正、融创华智等为代表的优秀企业。北京市的智能制造软件企业在技术研发方面具有较高水平，具备自主研发能力。例如，华夏通推出了工业物联网平台和智能制造云平台等产品；启明星辰推出了面向数字化转型的智能制造解决方案；北大方正通过自主研发实现了智能制造全流程管理平台的开发，这些企业的技术成果都达到国内领先水平。并且随着制造业向智能化、网络化和数字化转型，工业互联网平台成为推动产业升级的重要载体。在北京智能制造软件产业中，工业互联网平台发展迅速，涵盖了从设计到生产、销售、售后等各个方面。例如，北京中国汽车新技术股份有限公司（CATARC）打造的汽车智能制造云平台，涵盖 CAD/CAM/CAE 设计、零件制造、车身焊装、油漆喷涂、车身总装、测试验证等环节，可实现生产过程的全生命周期管理；北京勘新科技有限公司开发的钢铁生产行业物联网平台，通过传感器和云端计算技术，实时监控钢材生产过程中的产量、质量、能耗等关键指标，提高了生产效率和产品质量；北京飞云智能科技有限公司的工业互联网平台，可以以图形化方式绘制机器人控制程序，支持高速路径规划、快速调试和智能诊断控制等功能，提高了机器人控制的可编程性和生产效率。这些案例只是北京智能制造软件产业工业互联网平台的冰山一角，越来越多的企业开始积极探索和尝试制造业数字化转型和智能化发展。

2. 天津市智能制造软件产业发展现状

天津市是中国北方地区的重要沿海城市，拥有多所知名高校和科研机构，也是中国制造业的重要基地之一。随着智能制造技术的广泛普及，天津市智能制造软件产业也在寻求高质量发展。随着全球制造业的数字化转型和升级，市场对智能制造软件的需求不断增长。天津市的智能制造软件企业也得到了充分发展，形成了一批以北斗星通、天津绿软、海天互联、天融信等为代表的实力强劲的带头企业，其在技术研发方面具备较高水平，拥有自主研发能力和核心技术。例如，北斗星通研发的智能制造管理平台已覆盖了工业大数据、工业互联网、云计算等领域；天津绿软则推出基于大数据的智能制造服务平台；海天互联致力于打造数字化工厂解决方案；天融信提供了安全智能制造解决方案等。天津市政府在扶持智能制造产业方面，通过加大资金扶持力度、搭建产学研融合平台、鼓励企业创新等一系列措施，促进智能制造软件企业不断创新发展。天津市的高校和科研机构在智能制造软件产业领域人才培养方面取得了很大成效。例如，天津大学在制造信息化领域拥有一支强大的教学和科研团队，天津理工大学、天津工业大学也在推进制造产业数字化、智能化等方面开展了广泛而深入的研究。这些高校和科研机构为天津市智能制造软件产业的发展提供了重要的人才支持。

天津市举办了"第 25 届中国国际软件博览会暨首届中国数据治理年会"。2019 年，天津市智能制造软件产业集群拥有 800 余家企业，从业人员达到 10 万人，产值达到 738.3 亿元，增长 13.6%。其中，工业机器人和智能交通装备产业表现较好。同时，天津市发布了《蓝色智慧科技行动计划》，旨在大力推动智能制造产业的深度发展。2020 年，天津市智能制造软件产业规模以上工业增加值达到 329.1 亿元，同比增长 16.8%。其中，数字化加工、高端数控机床、工业机器人等智能装备生产销售规模有较大幅度提升。截至 2021 年底，天津市智能制造软件产业实现产值 931.4 亿元，同比增长 16.3%；核心产业链上下游企业达 350 余家，从业人员近 15 万人。自 2018 年以来，天津市制定出台国内首部智能制造发展条例，设立了百亿元智能制造财政专项资金和千亿级新一代人工智能科技产业基金，累计支持 8

批近 3000 个项目，市区财政安排专项资金 50 多亿元，带动投资超过 800 亿元，重点支持软件和信息技术服务业龙头企业发展、企业上云上平台、大数据试点示范以及区块链试点示范等 400 多个项目，累计支持资金超过 7 亿元。推动建立信创海河实验室，打造了天津市先进技术研究院、计算机病毒防治技术国家工程实验室、国家先进计算产业创新中心等 10 余个国家级创新平台，形成了产学研用融合、"大装置+大平台"赋能的创新载体。天津市的智能制造软件产业具有广阔的发展前景，政府的政策扶持、优质的人才资源、丰富的产业资源以及企业的技术研发和市场需求都为产业的高质量发展提供了有利条件。

3. 河北省智能制造软件产业发展现状

河北省也是中国北方地区重要的制造业基地之一。近年来，伴随智能制造技术的广泛普及，河北省智能制造软件产业规模及相关企业数量也在逐年增加。河北省智能制造企业，如瑞凌自动化、华云数据、保定博格等，均涉及工业大数据、云计算、物联网等多个领域。而且河北省智能制造软件企业在技术研发方面具有较强的能力和创新意识，瑞凌自动化智能工厂管理平台实现了全面的数字化、智能化管理，华云数据推出了基于 AI 的智能制造云平台，保定博格研发出针对工业生产线的自动化设备。河北省政府通过加大资金扶持力度、优化创新创业环境、鼓励企业增加研发投入等一系列措施，大力扶持智能制造软件产业。在智能制造领域人才培养方面，河北省高校和科研机构为智能制造软件产业的发展提供了人才支持。例如，河北工业大学在推进数字化、智能化等方面开展了广泛而深入的研究，河北师范大学也在机器人技术领域开展了前沿研究。此外，河北省智能制造软件产业呈现快速发展的态势，这得益于河北省政府的政策扶持、企业的技术研发、市场需求以及人才支持。

2019 年，河北省智能制造软件产业规模以上工业增加值达到 3829 亿元，同比增长 8.3%。其中，工业机器人产业增速稳步提升，行业转型升级步伐加快。2020 年，河北省智能制造软件和装备制造业实现规模以上工业增加值 4142 亿元，同比增长 6.5%。其中，重点领域和关键环节有新能源汽

车、智能机器人、智能制造装备等。2021 年，河北省智能制造软件和装备制造业规模以上工业增加值达到 4547 亿元，同比增长 9.6%。其中，以新一代信息技术为基础的智能制造产业增速最快，达到 17% 以上。自主研发的工业机器人、智能钢铁、高端汽车等新兴产业蓬勃发展。河北省将重点围绕中国软件百强企业、大数据企业 50 强等开展招商工作，加快落地一批大型软件企业、培育一批软件"专精特新"企业、打造一批软件百强企业，加快软件产业园建设，推动软件名城创建，力争将河北省软件和信息技术服务业打造为千亿级支柱产业。未来，河北省智能制造软件产业将继续发展壮大，为京津冀地区乃至全国的智能制造业转型升级做出更大的贡献。

（二）京津冀智能制造软件产业协同发展现状

京津冀地区是中国的重要经济区域，智能制造软件产业也在此地区得到了高质量发展。为加强智能制造产业协同发展，实现区域一体化，近年来京津冀地区在智能制造软件产业领域开展了一系列协同合作。目前，该地区在智能制造软件产业领域已形成一条完整的产业链，包括从软件开发到生产、服务等各个环节。例如，在工业互联网、云计算、物联网等领域，京津冀地区相关企业通过产业链上下游协同合作，实现资源共享、互利共赢。京津冀三地在 IaaS、PaaS、SaaS 层面上分别具有不同的优势，并逐步形成了以北京、天津为核心的区域性产业集群和以河北为代表的"农村工厂"型企业，实现了互补性的分工与协作。在 IaaS 层面，北京发展 IT 行业较早，集聚了一大批云计算、大数据、人工智能等领域的科技企业，拥有较大的市场规模和人才集聚优势，如阿里云、腾讯云等大型云计算厂商，这使得北京的 IaaS 领域成熟较早，成为该地区工业互联网发展的先行者。在 PaaS 层面，天津以大型制造企业与科研机构的合作创新为主要发展方向。这些企业或科研机构通过长期的技术研究和实践，已在某些领域具备极强的技术实力，例如在人工智能、物联网等方面具有较为突出的优势。同时，天津市政府也给予了较多政策和经费支持，使得 PaaS 的产业生态逐步完善。在 SaaS 层面，河北由于工业转型较晚，且中小型企业占比较大，因此 SaaS 方面的企业较多。

这些企业专注于一些特定的智能制造应用领域，如工艺设计、设备监控与维护、生产计划排程等。这些企业通常使用自己的专业技术，占有较大的市场份额。京津冀地区通过发布产业扶持政策，加大投资力度，为智能制造软件产业的发展提供了有力支持。例如，北京推出了《北京市智能制造"十四五"规划》，天津出台了《天津市工业互联网发展行动计划（2021—2023年）》等政策文件，鼓励企业加大科研力度，提升技术创新能力，推动京津冀地区智能制造软件产业的协同发展，为智能制造软件产业的持续发展提供了不竭动力。

开设智能制造专业的高等院校以及智能制造产业相关研究院所、国家级重点实验室不断增多，形成了人才培养、科研支撑、应用转化相结合的发展模式，有效推动智能制造产业基础研究和应用落地，成为推动京津冀智能制造软件产业发展的智力孵化器。京津冀地区智能制造软件企业之间开展了技术合作、产业联盟等多种形式的合作。例如，北京市智能制造行业联盟、天津市智能制造技术创新战略联盟、河北省工业互联网产业联盟的建立，进一步促进了企业之间的合作和资源共享，推动了整个区域智能制造软件产业的高质量发展。此外，京津冀地区的高校和科研机构之间也积极开展人才交流、加强合作、共同推进智能制造软件产业发展。例如，清华大学、南开大学和河北工业大学等高校，都在智能制造软件领域开展了前沿研究和人才培养工作，加强了区域内的人才交流和技术合作。

京津冀智能制造产业载体结构布局相对合理，发展支撑度高，智能制造国家级试验区、区域层面产业园区与创新中心的建设有较强的互补性与递进性，有利于优化产业载体结构布局，有利于推动智能制造产业发展的体制机制创新、资源要素汇聚、规模优势效应释放等。京津冀地区在智能制造软件产业领域的协同发展模式，不仅有助于实现产业链上下游企业的互利共赢，提高区域经济的整体水平，还能够提高整个国家智能制造软件产业水平。此外，京津冀地区还加强了与国际先进地区的交流合作，例如与德国汉诺威工业博览会、美国拉斯维加斯消费电子展等举办合作论坛，吸引国际上的智能制造软件企业进入京津冀地区，促进国际间的技术交流和创新合作。综上所

述，京津冀地区智能制造软件产业协同发展取得了一定的成果，但也面临一些挑战，如缺乏核心技术、人才短缺等问题。区域内的政府部门和企业需要进一步加强合作，提高技术创新能力，培养更多高端人才，以推动智能制造软件产业健康、可持续发展。

二 京津冀智能制造软件产业协同发展的主要问题

（一）京津冀智能制造软件产业协同发展的体制机制障碍

近年来，作为我国三大经济圈之一的京津冀地区经济合作虽然取得了一定成效，但是京津冀经济圈一直未能形成优势互补、协同合作的有机整体，缺乏一个稳定的合作机制，在港口、基础设施、产业项目等多方面存在严重的无序竞争，使得区域整合效应未能得到充分发挥。从智能制造软件产业协同发展方面来看，京津冀地区虽然取得了一些成果，但在体制机制上仍存在一些障碍。北京、天津、河北三地在产业规划、政策扶持、标准体系、人才培养等方面存在差异，缺乏协同合作机制。例如，三地对智能制造软件产业的定位不同、政策扶持程度不同、标准体系不统一、人才培养方式存在差异等，这些差异都导致了企业在区域内的落地和合作存在一定的困难。当前京津冀协同发展面临众多极需解决的体制机制障碍，例如，软件产业协同发展体制机制不完善、津冀地区疏解北京非首都功能效果不显著、区域经济结构和管理体制缺乏层次性和互补性等，这些都需要通过完善相关体制机制得以解决。

1. 软件产业协同发展体制机制不健全

完善京津冀地区智能制造软件产业体制机制改革是推动京津冀智能制造软件产业协同发展的制度保障。"十四五"开局以来，党中央对京津冀地区进行重新定位，确定"以京津冀、长三角、粤港澳大湾区为重点，提升创新策源能力和全球资源配置能力，加快打造引领高质量发展的第一梯队"。然而，京津冀在推动智能制造软件产业协同发展的过程中存在行政壁垒。三地政府的税收政策、补贴政策、人才政策的差异性，使企业选择落户或发展的意愿受到影响，从而造成资源分散和利用不充分，阻碍了区域协同发展。

2. 天津、河北疏解北京非首都功能效果不显著

先进制造业、软件产业和现代服务业等带动作用强的项目比较匮乏，配套体系、相关政策和综合环境不够完善，部分承接平台存在"硬件到位、软件不足"的问题，三地之间自贸试验区互补融合的发展态势不明显，导致京津冀三地发展水平依旧悬殊。在智能制造软件产业方面，京津冀地区产业链和创新链对接不紧密，特别是科技创新方面，北京属于"创新高地"，而河北经济、人才相对薄弱，处于"创新洼地"，京津冀地区急需加快新旧动能转换，形成产业协同发展的新格局。区域内不同环节的企业之间缺乏有效的协同合作机制，这不利于形成区域内的协同效应，直接影响整个地区的智能制造软件产业发展。

3. 区域经济结构和管理体制缺乏层次性和互补性

长期以来，京津冀地区智能制造软件产业发展较快，但是三地内部智能制造软件产业之间缺乏有效的协同配合机制。产业集群的发展存在一定的规模效应，但是三地产业链的分工并不明确，尤其是跨地区资源共享和工程化配套软件开发平台的建设等方面还有待进一步完善。区域壁垒导致产业难以实现优势互补，这已成为制约该地区经济和科技协同发展的主要因素。

4. 区域内创新驱动能力存在较大差异

在软件产业创新投入方面，京津冀三地研究与试验发展（R&D）经费内部投入存在较大差距。据国家统计局最新数据（见图1），2020年北京、天津和河北的R&D经费支出分别为2326.6亿元、485.0亿元和634.4亿元，北京R&D经费投入远高于天津和河北，且经费支出分别是天津、河北的4.8倍和3.7倍；而R&D经费支出占地区生产总值的比重分别为6.44%、3.44%和1.75%。2021年，北京、天津和河北的R&D经费支出分别为2629.3亿元、574.3亿元和745.5亿元。三地在创新产出方面的差距进一步

扩大，区域内创新驱动能力梯度落差较大，导致三地在技术改革和软件产品更新换代方面水平参差不齐。

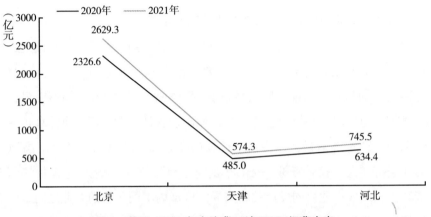

图1 2020~2021年京津冀三地R&D经费支出

资料来源：国家统计局。

5. 京津冀软件产业项目侧重点不同，缺乏主导产业的顶层设计

北京智能制造软件产业以高科技研发为主，天津则以嵌入式系统软件和集成电路设计为主，河北的软件产业发展相对较弱，其吸纳资本主要在制造业。三个地区在软件产业发展方面存在"以我为主"的格局，其主导产业选择上趋同性小，长此以往，会影响整个京津冀智能制造软件产业的发展。

因此，京津冀地区在智能制造软件产业协同发展方面仍面临一些体制机制上的障碍，需要进一步加强三地之间的协同合作，形成统一的规划、政策、标准和人才培养体系，加快建立信息平台和数据共享机制，以推动智能制造软件产业的健康、可持续发展。

（二）京津冀智能制造软件产业发展不协调

智能制造软件产业是京津冀智能制造协同发展战略的重中之重，没有产业的协同发展，就没有经济的协同发展，也就没有京津冀协同发展战略的物质基础。自京津冀协同发展战略实施以来，从产业协同发展的角度看，北京非首都功能区的产业转移和工业园区合作项目，以及打造区域产业链体系和区域创新体系等方面的各项努力，支持了天津、河北的发展，京津冀智能制造产业协同发展取得了很大成效。然而，仍存在多重、重大制约因素以及各种突出的机制体制性障碍，导致京津冀地区在推进制造业转型及一体化协同过程中面临许多问题。目前，造成京津冀地区智能制造软件水平存在较大差异的主要原因在于，三地在智能制造软件产业的定位和规划上存在差异。北京在制造业转型升级中非常重视智能制造软件产业的发展，提出了《〈中国制造 2025〉北京行动纲要》；天津则在 2018 年出台了《天津市关于加快推进智能科技产业发展的若干政策》，强调打造智能制造核心区；而河北在智能制造软件产业发展方面起步较晚，目前尚未形成完整的规划和政策体系。导致京津冀智能制造软件产业发展不协调的原因主要有以下两个方面。

1. 区域内经济发展不平衡，导致人才流动和产业转移遭遇较大阻碍

国家统计局最新数据显示（见图 2），2021 年京津冀三地人均地区生产总值分别为 18.75 万元、11.37 万元和 5.41 万元，2022 年京津冀三地人均地区生产总值分别为 19.03 万元、11.92 万元和 5.69 万元。2022 年，河北人均地区生产总值仅相当于北京的 29.9%、天津的 47.7%。并且近年来京津冀地区生产总值增速明显低于长三角、珠三角地区，其中天津连续 3 年地

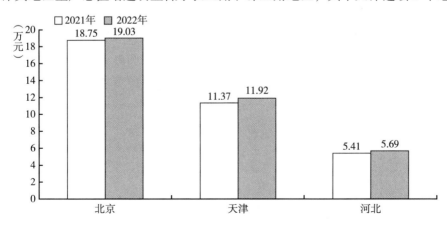

图 2　2021～2022 年京津冀人均地区生产总值

区生产总值增速位列全国倒数第二，仅高于湖北。经济发展的不平衡映射出三地在公共服务、人才流动和产业转移方面的差距。国家统计局数据显示，京津冀三地在医疗、教育和基础设施建设方面存在较大差距，尤其是京冀两地，使得北京优质的服务资源难以向周边地区辐射扩散，三地人才流动和产业转移遭受较大阻碍。

2. 资源分布不均衡，京津对河北存在明显的"虹吸效应"

京津对河北的"虹吸效应"存在已久，尤其在人才流动方面，造成河北高层次人才短缺、人才地缘结构单一。京津冀地区缺乏统一的信息平台和数据共享机制。由于企业之间信息不对称，缺乏有效的信息交流和共享机制，企业之间难以进行协同创新，也难以形成区域内的协同效应。因此，需要建立统一的信息平台和数据共享机制，促进企业之间信息交流和协同创新，加快智能制造软件产业的协同发展。

京津冀地区在智能制造软件标准的制定上存在差异，标准是保证智能制造软件产业发展的基础，不同地区的标准体系缺乏统一和协调，这可能导致产品研发和生产时出现兼容性问题。三地在智能制造软件人才培养方面存在差异，尽管都致力于培养高素质人才，但具体的人才培养目标与重点不尽相同。北京鼓励高校和科研机构联合培养博士生和硕士生，天津重点培养人工智能等领域的高端人才，而河北则鼓励企业与高校合作共同培养技术人才。同时，尽管三地都出台了一系列产业扶持政策与措施，但具体的扶持力度和方式存在较大差异。例如，北京推动科技型企业上市、发行债券等，天津则重点扶持研发创新等方面，河北则更注重基础设施建设和产业基金等方面的支持。相较于珠三角地区，京津冀地区企业研发活动受到的政府补贴激励作用更大，同时京津冀地区企业研发积极性较高，由此可见创新是京津冀智能制造软件产业实现转型升级的重要动力。在当前京津冀协同发展整体面临"虹吸效应"的背景下，创新成为破除京津冀地区"虹吸效应"，继而推动整个区域协同发展的关键。综上所述，京津冀智能制造软件产业发展的不协调主要表现在产业定位、政策扶持、标准制定和人才培养等方面，需要三地加强协调合作，形成统一的发展战略和政策体系，加强标准制定和人才培养等方面的合作，进一步促进京津冀智能制造软件产业的协同发展。

（三）京津冀智能制造软件产业布局存在问题

近年来，京津冀地区智能制造软件产业得到迅速发展，然而由于京津冀地区城市之间的发展重点和产业特色有所不同，该地区智能制造软件产业的布局问题也显得尤为重要。京津冀地区现存的智能制造软件产业布局问题具体有以下四个方面。

1.产业集群发育不足，区域的竞争性有待加强

京津冀地区在形成具有竞争力和协同效应的产业集群方面取得的成果还不够显著。仅有地理区位上的集聚并不能有效提高区域的竞争力，相较于长三角地区、粤港澳大湾区，京津冀地区智能制造软件产业的创新协同发展水平还有待提高，产业园区的资源配置效率有待提升。同时京津冀地区应从技术、市场、政策等多方面出发，在以下几个重点领域加强布局。模拟仿真和数字孪生技术：基于虚拟现实技术，实现对生产线的智能优化和管理，提升生产效率和质量。物联网技术：将传感器和设备与互联网连接，实现设备状态的实时监控和远程控制，提高生产效率和生产线的智能化水平。云计算和大数据技术：通过云计算和大数据技术，实现生产过程的数据采集、分析和处理，为企业提供智能化的决策支持。

2.区域经济结构不合理、京冀关联不足

目前，京津冀地区智能制造软件产业的协同发展需要完善市场和服务体系。此外，京津两地的联系较为紧密，但是与周边的冀南、冀中等区域的联系度较低。这导致京津冀地区智能制造软件产业链上下游之间的合作和协同发展不够紧密，影响了整个产业链的高效运转。同时，区域之间交通、通信等方面的限制，影响了企业在区域范围内的选择和发展。由于经济结构的限制和区域之间的相对独立性，京津冀地区存在企业难以互相借鉴和合作的问题，从而影响了人才的流动和资源的优化配置。在这种情况下，京津冀地区难以通过人才和资源的最优组合来推动智能制造软件产业发展。

3. 中心城市对周边辐射带动作用不明显

京津冀地区不均衡的发展现状导致三地之间竞合演化关系较复杂，同时影响到区域智能制造软件产业的协同发展。京津冀三地产业布局与各自的特色不够匹配，京津冀地区在智能制造软件产业发展中具有不同的特色，但是在产业布局上没有完全匹配这些特色。北京的智能制造软件产业主要集中在海淀区、中关村等地，这些地区更适合发展高新技术产业；天津的产业特色则更偏向航空、海洋等领域；河北则更侧重发展重化工业等传统产业。因此，产业布局时需要更加关注京津冀地区的产业特色，以使产业布局更加精准、优化。在智能制造软件产业层面上，高新技术产业、战略性新兴产业主要集中于北京和天津，河北分布较少、相对分散、缺少优势产业集群。因此，河北需要加强与京津地区的合作和交流，优化产业布局和产业配套，提高产业链的协同效应和竞争力，以更好地推动智能制造软件产业发展。

4. 优势产业布局分散，产业链条不够完善、整合度不高

尽管京津冀地区在人工智能、互联网+、智能制造等领域取得一些突破，但仍缺乏集中发展的战略性产业。智能制造软件产业涉及硬件、软件、服务等多个方面，但是目前京津冀地区的产业链条还不够完善，缺少服务支撑等环节。比如，在智能制造软件领域，目前还缺乏像云计算、大数据等底层支撑技术，导致技术效果不够令人满意。并且由于历史原因和地缘因素，京津冀地区的区域合作整合度还不够高，各个地区之间缺乏密切的合作。在智能制造软件产业领域，这种问题尤为突出，这也限制了整个产业链的优化和升级。

综上所述，这些问题的产生主要与产业氛围、市场环境、政策支持等方面密切相关。这需要京津冀地区与相关行业共同努力，建立完善的产业创新生态系统，推动产业链的优化和升级，做好优势产业的集群化布局，在市场的竞争中得到更好的发展。

为实现京津冀智能制造软件产业的高质量发展，需要建立更加精准的产业布局。

优化产业链布局：目前京津冀地区制造业发达，但软件产业相对薄弱，所以需要优化产业链布局，发展智能制造与汇智技术、云计算、大数据、物联网等相关领域的软件产业。例如，通过对具体产业的分析，鼓励企业开发各种软件，包括智能设备诊断系统、设备监控系统、智能控制系统、生产管理系统、营销管理系统等。

建立服务平台：建立以服务集群为基础的服务平台，加快软件产业发展，提高各类企业实际运用各类信息软件的能力。通过政策支持和资金投入，深度发展包括政府信息化建设在内的系统软件应用等，打造以软件服务和技术支撑为主导的产业布局。

创新合作模式：加强各类企业之间的合作，共享资源，加快开发新产品和新技术。例如，建立技术应用孵化器，共同推进技术创新，协同推进各类信息技术的研发、测试和应用，培育科技人才，共同营造千亿级软件产业生态环境。

加强政策支持：政府可以完善相关政策，为软件企业提供税收减免、专项资金、人才培养等方面的扶持，特别是在城乡一体化、乡村振兴等重点领域加强支持，帮助软件企业拓展业务。例如，吸引一批软件企业进行技术创新，打破资源分布碎片化的局面，实现对资源、环境、信息、产业和社会五大方面的监控与管理。

综上所述，发展京津冀智能制造软件产业，需要优化产业链布局、建立服务平台、创新合作模式和加强政策支持，只有这样才能充分发挥优秀企业的创新能力，促进京津冀地区智能制造软件产业更好的发展。

三　京津冀智能制造软件产业协同发展的对策建议

（一）完善京津冀智能制造软件产业协同发展体制机制

1.共同建立京津冀政府之间合作协调机制

京津冀各地应建立更加有效的沟通机制，比如京津冀地区管理层对话交

流机制；政府间应加强协调和合作，形成合作新优势，避免重复建设和资源浪费，推动共同发展。此外，各级政府应出台一系列政策支持措施，促进政策的一体化。包括财政补贴、税收优惠、人才引进和培养等方面的政策，以支持和促进京津冀智能制造软件产业发展。共同发挥行业协调作用，推动建立京津冀间产业联盟。

2. 设立京津冀智能制造软件产业协同发展机构

设置负责推进京津冀协同发展的机构，可将软件产业部署工作、重大项目的审批监管、公共资源平台的建设工作纳入其中。鼓励和推进成立京津冀软件企业联合会、京津冀软件产业行业协会等中立机构，在行业内部形成统一的规定和章程，促进软件行业之间、软件企业之间自律风气的形成，为行业之间资源共享、信息互通提供一条便捷的渠道。

3. 完善京津冀智能制造软件产业创新生态系统

营造开放、公平的创新创业环境，建立多元化的创新体制机制。强化科技创新对新兴产业的推动作用。利用北京科技创新中心的优势，在京津冀地区建立国家重点实验室和研发平台，聚焦高端装备制造业产业链关键环节。同时引进一批国际领先的科研团队和核心企业，打造京津冀共性技术研发平台，促进高端产业的集聚和发展。加大企业研发力度，加大高精尖企业研究与试验发展经费扶持力度，同时给予税收优惠，促进京津冀智能制造软件产业发展。

4. 完善京津冀智能制造软件产业的规范体系

要想实现京津冀软件产业的智能化协同发展，就需要将京津冀软件产业作为一个整体，实现上下游产业链的紧密衔接，这种衔接不仅体现在空间上，还体现在网络上。因此，应完善京津冀智能制造相关的标准规范体系，统一京津冀软件产业的数据标准，从源头规范智能制造软件产业数据。这样既有利于产业链数据间的共享和联结，也有利于企业间数据的统一与沟通。从产品设计、生产、仓储、物流、销售、售后等环节统一规划管理，统一行业标准，实现上下游产业链与供应链的对接，有助于推动京津冀软件产业的智能制造进程，实现精益生产。

（二）促进京津冀智能制造软件产业协同发展

1.加强京津冀各高校与科研机构间的合作，着力培养高精尖软件人才

京津冀地区是全国高校和科研院所最集中的区域之一。需要加强高校与科研机构之间的协作，构建科研网络，促进科研成果的加速形成，达到产、学、研之间良性互动的目的，加速科研成果在异地的转化和传播。为满足京津冀协同发展对特色软件人才的需求，京津冀地区应积极寻求关键软件技术方面的突破。围绕关键基础软件、大型工业软件、行业应用软件等对人才的特色化需求，完善教学体系，并且注重产业导向，鼓励企业深度参与教学体系与课程设计、教材编制、师资队伍、实训基地与实验平台建设，促进人才培养与人才需求无缝对接。在高校培育的同时，借助企业力量，促进软件等新兴领域人才培养。

2.提升京津冀智能制造软件产业资源配置效率

依托京津冀地区资源要素，打造三轴节点城市软件产业圈，依托软件产业发展轴，加强区域节点城市的要素集聚，以科技创新引领智能制造软件产业转型升级，推进区域经济高质量发展。促进智能制造软件产业创新链、产业链、供应链的协调联动，加强节点城市的软件产业配套能力，积极扩大北京优质软件产业资源的辐射带动范围，促进智能制造软件产业等资源要素的优化配置。提高京津冀地区人才和技术资源的利用率，推进各类要素的合理流动和高效集聚。

（三）优化京津冀智能制造软件产业布局

1.制定和实施京津冀智能制造软件产业集群发展规划

强化市场在资源配置中的决定性作用，积极整合智能制造软件产业创新资源，布局基础研究、创新应用和融合发展项目，建立合理的区域分工和协作机制，加速推进智能制造软件和实体经济的融合，促进创新的循环发展，打造具备全球竞争力的智能制造软件产业集群。同时，政府应发挥积极作用，加强监管，为产业发展提供有力支持，促进应用开发与规模生产之间的

衔接和创新升级。

2. 强化京津冀智能制造软件产业配套能力

加强京津冀三地智能制造软件产业链之间的协作和对接，形成具备优势的产业链，提高产业效率和质量。针对京津冀智能制造软件产业及其相关上下游配套产业，加快区域科技服务体系建设，增强生产性服务业的配套能力，并有针对性地提升河北的智能制造软件产业配套能力，缩小其与京津两地的差距。建立京津冀重要领域、智能制造软件的重点产业项目数据库，建设智能制造软件产业转移和项目落地平台，以"一盘棋"思维和差异化路径规划，共建智能制造软件产业协同优势互补、互利共赢的发展格局。

3. 构建京津冀智能制造软件产业联动发展格局

京津冀智能制造软件产业协同发展需要统一规划、共同成长，以智能化升级来带动京津冀智能制造软件产业联动发展。为保持京津冀智能制造软件产业重点区域的平衡，应构建河北雄安新区和北京城市副中心"两翼"联动发展格局。立足京津冀整体谋划高精尖智能制造软件产业，发挥北京"一核"辐射带动作用和先进软件技术、数字资源优势，加速数字化、网络化、智能化赋能津冀传统智能制造产业，协同推进智能制造软件产业发展。应鼓励北京智能制造软件企业通过"母子工厂"等模式在津冀布局一批带动力强的项目，鼓励资金、人才等资源投向智能制造软件产业，吸引津冀智能制造软件企业集聚，构建创新联动的产业协同发展格局。

4. 明确功能定位，促进智能制造软件产业错位布局协调发展

为实现京津冀智能制造软件产业的高质量发展，需要构建更加精准的智能制造软件产业布局。各地应针对自身智能制造软件产业特色和优势，制定相应的发展规划，明确各地的发展方向和定位，确保各地的发展路径相互补充和协调，避免软件产业重叠和竞争。依据《京津冀都市圈区域规划》，北京应发挥高校、科研机构、人才集聚的优势，使智能制造软件产业与高新技术产业园区、大型企业相结合，重点发展智能制造软件产业。天津应进一步强化制造业产业基础优势，借助新一代信息技术和先进制造技术，促进制造

业与服务业深度融合，夯实智能制造软件发展的产业基础。河北则应充当好京津智能制造软件产业的研发转化及加工配套基地，从而实现京津冀地区智能制造软件产业的协同发展。

参考文献

姚锡凡等：《智慧制造——面向未来互联网的人机物协同制造新模式》，《计算机集成制造系统》2014 年第 6 期。

董志学、刘英骥：《我国主要省市智能制造能力综合评价与研究——基于因子分析法的实证分析》，《现代制造工程》2016 年第 1 期。

周密：《在京津冀协同发展中更好地发挥市场作用》，《理论与现代化》2020 年第 3 期。

柳天恩、王利动：《京津冀产业转移的重要进展与困境摆脱》，《区域经济评论》2022 年第 1 期。

王昭洋等：《工业软件一体化与标识解析路径研究》，《中国工程科学》2022 年第 2 期。

姚东旭：《京津冀协同创新是否存在"虹吸效应"——基于与珠三角地区对比分析的视角》，《经济理论与经济管理》2019 年第 9 期。

钱海章、张强、李帅：《"十四五"规划下中国制造供给能力及发展路径思考》，《数量经济技术经济研究》2022 年第 1 期。

吴敬茹、杨在军：《京津冀城市群先进制造产业发展水平测度与影响因素分析》，《统计与决策》2021 年第 14 期。

李春发、王聪：《非首都功能疏解下制造业产业转移与津冀竞合演化研究》，《城市问题》2021 年第 7 期。

关峻、吴姗、邢李志：《复杂网络视角下京津冀地区现代制造业竞争态势研究》，《科技进步与对策》2018 年第 7 期。

B.12
京津冀制造业服务化转型研究

刘亭立　王婧怡　刘佳宁　云世纪*

摘　要： 在构建"以国内大循环为主体、国内国际双循环相互促进的新
发展格局"背景下，促进服务型制造的创新发展具有重要的现
实意义。本报告基于京津冀制造业现状，分别从行业层面和企业
层面分析了京津冀制造业服务化程度，实证检验了制造业服务化
的经济后果。研究发现，京津冀制造业服务化程度呈现上升态
势，同时存在明显的地区差异和行业差异；制造业服务化程度的
提高显著促进了企业投资效率的提升，其中，数字化水平具有正
向促进作用。

关键词： 京津冀　制造业　服务化转型　投资效率

一　制造业服务化转型的必要性

（一）制造业发展现状与趋势

发展理论中的重要观点之一就是"制造业富国"，这主要得益于制造业
的规模经济和效率经济特征。许多发达国家的经验证实，制造业的产出增加

---

* 刘亭立，管理学博士，北京工业大学经济与管理学院工商管理系主任，教授，博士生导师，
研究方向为公司治理、公司金融等；王婧怡，北京工业大学经济与管理学院工商管理系硕士
研究生，研究方向为公司治理；刘佳宁，北京工业大学经济与管理学院应用经济系博士研究
生，研究方向为公司金融；云世纪，北京工业大学经济与管理学院工商管理系硕士研究生，
研究方向为公司治理。

值和经济总体生产率具有正相关关系，高收入国家制造业产值占 GDP 的比重为 25%～35%。因此，坚定不移地发展制造业依然是我国强国战略中的关键举措。在构建以国内大循环为主体，国内国际双循环相互促进的新发展格局背景下，《中共中央关于制定国民经济和社会发展第十四个五年规划和二〇三五远景目标的建议》（以下简称《建议》）中明确提出要"保持制造业比重基本稳定"，制造业作为"底层"和"基础"的作用得到了突出强调。制造业是经济社会发展的物质基础，制造业的高质量发展对整个经济社会的高质量发展至关重要。

随着第五次技术革命兴起，传统制造业和服务业之间的界限逐渐模糊，制造业服务化成为大势所趋。Vandermerwe and Rada 最早提出制造业服务化的概念，制造业服务化指在生产过程中增加服务要素，以服务型要素投入影响技术路径，从而推动制造业转型升级和高质量发展。2016 年工业和信息化部等三部门联合发布的《发展服务型制造专项行动指南》明确指出"服务型制造，是制造与服务融合发展的新型产业形态"。2020年，工业和信息化部等十五个部门联合印发《关于进一步促进服务型制造发展的指导意见》，进一步强调"加快培育发展服务型制造新业态新模式，促进制造业提质增效和转型升级，为制造强国建设提供有力支撑"。2023 年，中共中央、国务院印发的《质量强国建设纲要》再次明确指出："培育壮大质量竞争型产业，推动制造业高端化、智能化、绿色化发展，大力发展服务型制造。"不难看出，作为两业融合发展的新业态，服务型制造肩负着提高制造业创新能力和要素配置效率的战略使命。京津冀三地也在制造业高质量发展"十四五"规划中进一步明确了制造业企业服务化转型的基本方向。制造业服务化转型的内在逻辑在于通过延伸拓展产业链高价值服务环节，增强自主创新能力，从而占据产业链的高端位置，辐射带动京津冀产业转型升级。

（二）制造业服务化转型的研究现状

与制造业服务化相关的文献可追溯至 Vandermerwe and Rada。制造业

服务化起源于企业经营的战略转变，早期的高管将公司传统业务以外的服务视为无利润的商业模块，但是自20世纪80年代开始，他们有意识地将企业的业务范围拓展至服务业，并逐渐形成了"产品+服务"的运营模式。Reiskin等认为这个战略的转变就是从以产品生产为核心到以服务提供为核心。具体来说，这个战略的改变不仅影响了产权运营方式及归属的转变，还产生了新的经济范式，从投入服务化和产出服务化两方面对企业自身价值以及消费者偏好的实现产生极其深远的影响。因此，对制造业服务化的认识是一个由简单到复杂、从现象到本质逐渐升华的过程。学者们普遍认为，制造业服务化最主要的特点就是服务要素占企业投入和产出的比例上升，但这并不意味着制造元素重要性的降低，而是制造业的进化升级，因此，该趋势不仅有利于企业提升市场竞争力，而且有利于挖掘新的经济增长点。制造业服务化水平的度量可以分为宏观、中观与微观三个层次，其中宏观与中观层次均基于投入产出表进行度量，区别在于研究层次和主要使用的投入产出表的层级不同，微观层面的度量却基于企业层面的数据和方法。

自2015年以来，制造业服务化相关的政策文件在国家文件中所占比例逐渐升高，这主要是由世界经济新发展格局和我国经济进入新时代背景下的制造业服务化转型的重要性所决定的。随着21世纪通信和交通技术的发展，制造业服务化程度在发达国家呈现不断提高的趋势，然而，我国的制造业服务化水平仍旧偏低。

二　京津冀制造业服务化转型的现状分析

（一）京津冀制造业分类对比分析

通过分析三次产业的贡献率可以初步了解不同地区产业结构特征。1996~2020年京津冀三次产业贡献率如图1所示。

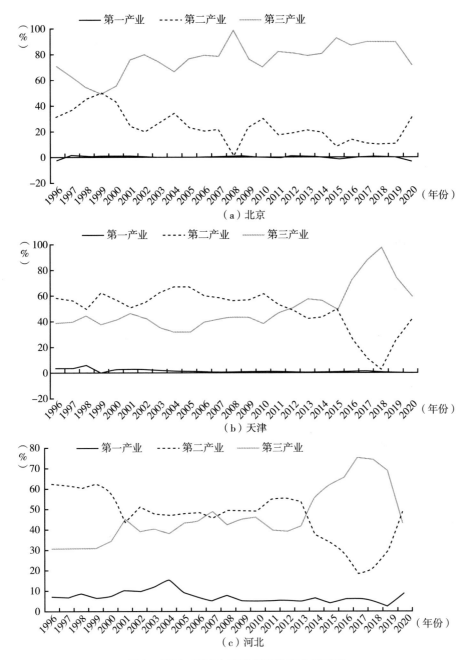

图1 1996~2020年京津冀三次产业贡献率

资料来源：历年北京市、天津市、河北省统计年鉴。

从图1可以看出，京津冀三地产业结构存在显著差异。1996~2020年，对北京地区生产总值贡献率最高的始终是第三产业；2012年以前，对天津地区生产总值贡献率最高的是第二产业，从2013年开始第三产业贡献率超过第二产业，但占比依然低于北京，2016年天津第三产业贡献率突破60%；2014年前对河北地区生产总值贡献率最大的是第二产业，2015年前河北第三产业贡献率维持在30%~50%，从2015年开始第三产业成为对河北地区生产总值贡献率最高的产业。北京的第三产业发展水平最高，且对地区生产总值的贡献率一直维持在较高水平。相较于北京，天津和河北的第三产业起步较晚，且发展水平较低，但增长速度较快。受疫情影响，2019~2020年京津冀第三产业贡献率快速下降，取而代之的是第二产业贡献率的回升。

第二产业以制造业为主。根据生产过程中使用的物质形态的差异，制造业可分为离散型制造业和流程型制造业。离散型制造业是将不同的现成元件及子系统组装配置加工成较大型系统，其主要特征：生产过程中基本上没有发生物质改变，只是物料的形状和组合发生改变。机械制造业、汽车制造业、家电制造业等是常见的离散型制造业。流程型制造业则通常为化学反应，主要控制对象是温度、压力、液位、流量等模拟量参数。按照这一分类，分别对京津冀三地的制造业结构进行了对比分析。图2和图3展示了2016~2020年北京两类制造业的资产规模。

从北京制造业的结构来看，离散型制造业的资产规模整体上大于流程型制造业。在离散型制造业中，汽车制造业以及计算机、通信和其他电子设备制造业的资产规模较大，增长速度较快。在流程型制造业中，医药制造业的资产规模较大，且增长速度较快。

图4和图5展示了2016~2020年天津离散型制造业和流程型制造业的资产规模。天津流程型制造业的资产规模大于离散型制造业。在流程型制造业中，黑色金属冶炼和压延加工业的资产规模较大，但逐年递减。在离散型制造业中，汽车制造业，计算机、通信和其他电子设备制造业，电气机械和器材制造业的资产规模较大，且整体呈增长趋势。

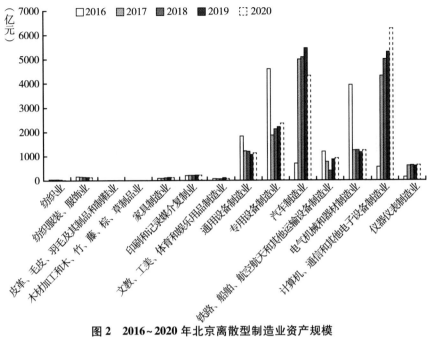

图 2　2016~2020 年北京离散型制造业资产规模

资料来源：历年北京市统计年鉴。

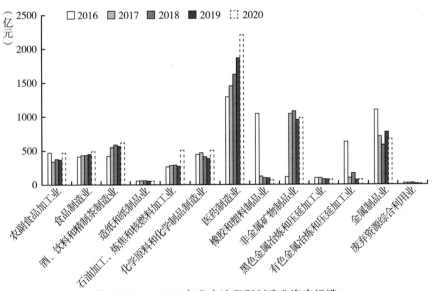

图 3　2016~2020 年北京流程型制造业资产规模

资料来源：历年北京市统计年鉴。

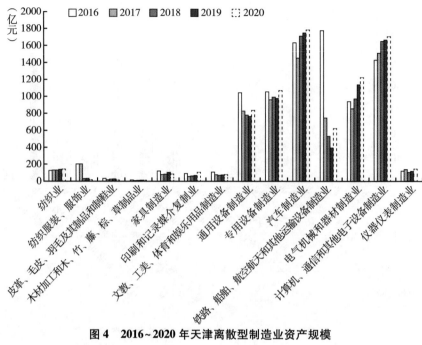

图4   2016~2020年天津离散型制造业资产规模

资料来源：历年天津市统计年鉴。

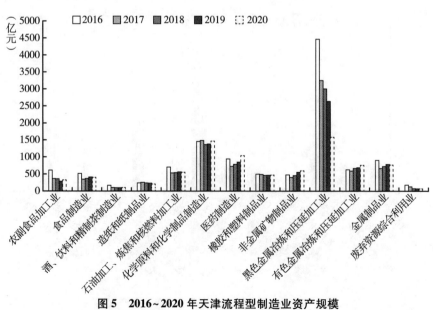

图5   2016~2020年天津流程型制造业资产规模

资料来源：历年天津市统计年鉴。

图 6 和图 7 展示了 2016～2020 年河北离散型制造业和流程型制造业的资产规模。河北流程型制造业的资产规模大于离散型制造业。在流程型制造业中，黑色金属冶炼和压延加工业的资产规模较大，且整体呈增长趋势。在离散型制造业中，汽车制造业和专用设备制造业的资产规模较大，且整体呈增长趋势。可以看出，目前在河北黑色金属冶炼和压延加工业仍占据主要地位，高技术制造业资产规模虽小，但发展潜力巨大。

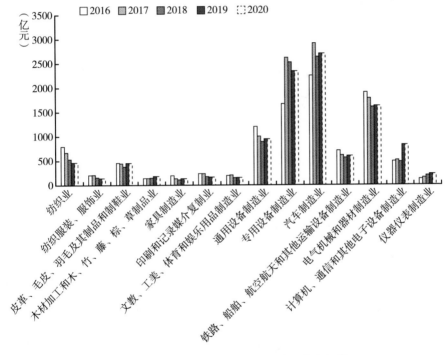

图 6 2016～2020 年河北离散型制造业资产规模

资料来源：历年河北省统计年鉴。

对比京津冀三地，北京的离散型制造业资产规模较大，而天津和河北的流程型制造业资产规模较大，且相较于天津，河北的流程型制造业资产规模更大。2016～2020 年，北京的发展重点主要集中于计算机、通信和其他电子设备制造与医药制造等高技术制造业；天津正在将发展重点由冶金行业转向以计算机、通信和其他电子设备制造业为代表的高技术制造业；

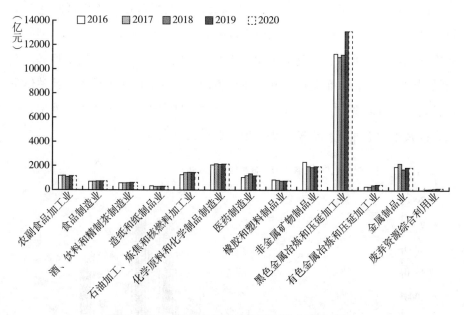

图7 2016~2020年河北流程型制造业资产规模

资料来源：历年河北省统计年鉴。

河北的发展重点仍保持在金属冶炼行业，但工业机械类行业也得到了一定的发展。进一步分析发现，北京和天津的流程型制造业债务规模更加稳定，财务风险相对较小。河北的离散型制造业规模更加稳定，面临的财务风险更加可控。

（二）基于行业层面的服务化转型分析

京津冀地区是中国重要的制造业基地之一，本节将利用投入产出表，结合相关政策文件，分析制造业服务化转型的趋势和未来发展方向，并对5个重点行业进行解析。

基于我国2012年和2017年投入产出表数据，分别计算京津冀各行业的消耗系数，从而测算出不同行业的服务化转型程度及变化趋势，如表1所示。

表1　京津冀细分行业的制造业服务化水平

行业	基于 2012 年投入产出表			基于 2017 年投入产出表		
	北京	天津	河北	北京	天津	河北
农林牧渔产品和服务	0.36	0.20	0.05	0.85	0.18	0.13
煤炭采选产品	0.10	0.16	0.22	0.76	0.64	0.20
石油和天然气开采产品	0.23	0.03	0.07	0.55	0.14	0.04
金属矿采选产品	0.00	0.00	0.00	0.82	0.00	0.00
非金属矿和其他矿采选产品	0.60	0.50	0.21	0.61	0.48	0.35
食品和烟草	0.55	0.23	0.09	0.76	0.32	0.11
纺织品	0.12	0.02	0.03	0.12	0.05	0.01
纺织服装鞋帽皮革羽绒及其制品	0.49	0.38	0.04	0.40	0.61	0.08
木材加工品和家具	0.56	0.43	0.32	0.08	0.61	0.31
造纸印刷和文教体育用品	0.74	0.55	0.57	0.51	0.61	0.47
石油、炼焦产品和核燃料加工品	0.77	0.42	0.36	0.58	0.56	0.36
化学产品	0.39	0.15	0.16	0.70	0.26	0.23
非金属矿物制品	0.79	0.82	0.55	0.94	0.83	0.73
金属冶炼和压延加工品	0.49	0.18	0.19	0.64	0.23	0.20
金属制品	0.59	0.29	0.21	0.96	0.34	0.36
通用设备	0.20	0.17	0.17	0.94	0.19	0.12
专用设备	0.60	0.26	0.21	0.88	0.10	0.10
交通运输设备	0.08	0.14	0.25	0.98	0.27	0.13
电气机械和器材	0.48	0.33	0.41	0.50	0.44	0.47
通信设备、计算机和其他电子设备	0.33	0.07	0.41	0.90	0.12	0.34
仪器仪表	0.66	0.63	0.50	0.93	0.54	0.33
其他制造产品	0.84	0.75	0.71	0.99	0.24	0.40

资料来源：历年北京市、天津市、河北省统计年鉴。

从表1可以看出，京津冀制造业服务化水平整体呈现增长态势。其中，食品和烟草制品制造业是京津冀地区服务化转型水平较高的行业之一，并且服务化水平呈现整体稳步上升的趋势，其中天津的增长幅度最大。化学产品服务化水平的提高在京津冀三地都有比较明显的体现，其中北京的增幅最大。进一步从行业结构来看，以仪器仪表，通信设备、计算机和其他电子设备，通用设备等为代表的高端制造业服务化水平提升速度较快，成为地区服务化转型的重要驱动力。这些高端制造业的服务化水平提升速度远高于全行业平均水平。北京和天津的通信设备、计算机和其他电子设备制造业的服务化水平也呈增长态势，行业服务化转型使企业生产更加智能化和高效化，同时减少了人工成本和物流成本，提高了生产效率和企业利润，打通了产业链上下游，推动了整个产业的转型升级。

制造业服务化转型受到国家政策和市场需求的双向推动。"互联网+"等政策鼓励企业加强服务化转型，推动制造业向智能化、高端化、绿色化和服务化方向发展。市场需求方面，客户对个性化、定制化、高品质的产品和服务的需求不断增加，促进了企业进行服务化转型。从京津冀的对比分析来看，制造业的服务化转型存在显著的地区差异。具体来看，有些行业在京津冀三地的服务化水平差异较小，如非金属矿物制品、电器机械和器材、纺织品等；而有些行业则存在明显的差异，如通用设备、专用设备和金属矿采选产品等。有些行业的服务化水平整体呈现上升趋势，如金属制品等；而有些行业服务化水平提升速度较慢，如纺织品制造业、纺织服装鞋帽皮革羽绒及其制品制造业等。图8直观地呈现了京津冀三地制造业服务化程度。

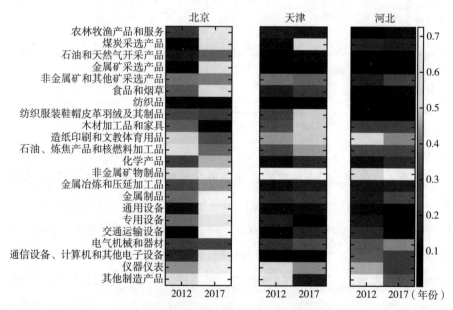

图8　京津冀制造业细分行业的服务化水平

说明：右侧为图例，服务化水平越高，颜色越浅。

资料来源：历年北京市、天津市、河北省统计年鉴。

离散型制造业和流程型制造业是制造业两种基本的生产方式。京津冀两类制造业的服务化水平如表2所示。

表2　京津冀离散型制造业和流程型制造业服务化水平

地区	制造业类型	基于2012年投入产出表	基于2017年投入产出表
北京	总体制造业	0.44	0.72
	离散型制造业	0.45	0.62
	流程型制造业	0.79	0.8
天津	总体制造业	0.23	0.32
	离散型制造业	0.27	0.36
	流程型制造业	0.16	0.22
河北	总体制造业	0.19	0.24
	离散型制造业	0.25	0.28
	流程型制造业	0.1	0.16

资料来源：历年北京市、天津市、河北省统计年鉴。

总体而言，北京制造业的服务化程度较高，并且流程型制造业的服务化程度高于离散型制造业，这一点与天津和河北正好相反，天津与河北的离散型制造业服务化程度高于流程型制造业。这也反映出三地制造业结构的差异（见图9）。

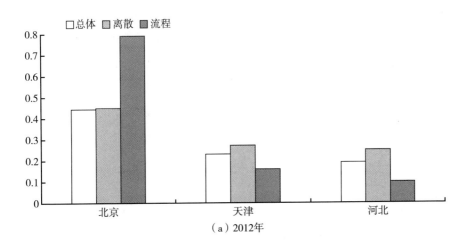

（a）2012年

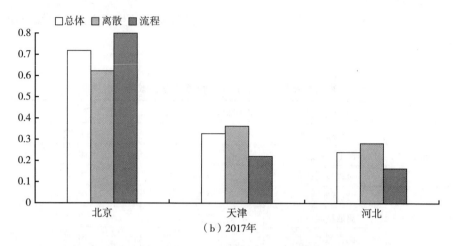

图9 2012年和2017年京津冀制造业服务化水平

资料来源：历年北京市、天津市、河北省统计年鉴。

　　离散型制造业服务化的推进，一方面是由于国家政策的鼓励和引导。比如，政府加大对高技术产业的扶持力度，加大对技术研发、人才培养、质量管理等方面的支持力度，进一步加速了京津冀地区制造业的转型升级。另一方面，是由于消费者需求的变化和市场竞争的加剧。随着消费者对品质、服务、个性化等方面的要求不断提高，企业必须不断提高服务水平才能保持市场竞争力。同时，全球化的竞争促使制造业向服务化方向转型。离散型制造业服务化转型也存在一些问题。一方面，服务化转型的成本较高，需要企业投入的资金较多。另一方面，服务化转型也需要企业调整组织结构和管理模式，以使服务与产品更加紧密地结合在一起，这对企业的管理和运营能力提出了更高的要求。

　　流程型制造业服务化转型的趋势也是由多种因素推动的。首先，消费者需求的变化和市场竞争的加剧推动了流程型制造业的服务化转型，消费者对产品质量、品牌、售后服务等方面的要求越来越高，企业只有通过不断提升服务水平才能在市场上获得竞争优势。其次，政府对高技术产业的支持和鼓励也是流程型制造业服务化转型的重要推手。政府鼓励企业加大技术研发、人才培养、质量管理等方面的投入，以推动流程型制造业向高端化和智能化方向转型升级。然而，流程型制造业服务化转型也存在一些问题和挑战。一方面，服务化转型需要企业进行较大规模的投入，包括技术、人员、管理等方面，成本较高。另一方面，服务化转型也需要企业不断创新，开拓市场，加强品牌建设和品质管理，提高企业的核心竞争力，这对企业的管理和运营能力提出了更高的要求。

（三）基于企业层面的服务化转型分析

为贯彻落实国家关于发展服务型制造业的战略部署，工信部从2017年开始分批次对服务型制造示范企业（项目、平台）进行遴选。首批服务型制造示范企业（项目、平台）共包括30家服务型制造示范企业、60个服务型制造示范项目和30个服务型制造示范平台。截至2022年，京津冀服务型制造示范企业（项目、平台）入选数量如表3所示。

表3 截至2022年京津冀服务型制造示范企业（项目、平台）数量

单位：家，个

地区	示范企业	示范项目	示范平台	合计
北京	6	6	1	13
天津	12	9	3	24
河北	4	6	6	16
京津冀地区合计	22	21	10	53

注：数据来自工信部发布的《服务型制造示范企业（项目、平台）名单》。

京津冀入选全国服务型制造示范企业（项目、平台）的数量逐年增加，但在入选企业的性质方面存在一定差异，如图10所示。可以看出，第三产业正积极融入制造业服务化转型进程，特别是北京和天津。从制造业内部结构来看，北京离散型制造业的服务化转型更加突出，河北的示范企业（项目、平台）则主要集中于离散型制造业，这与行业层面的分析是一致的。

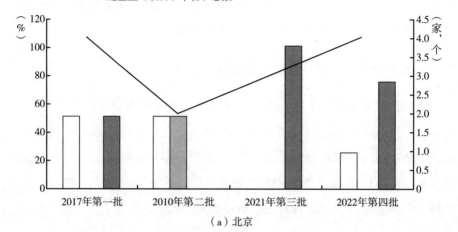

（a）北京

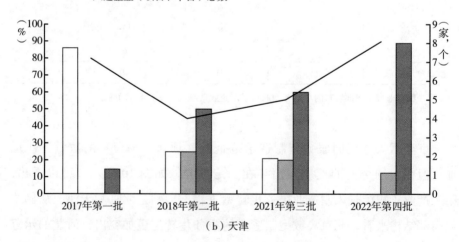

（b）天津

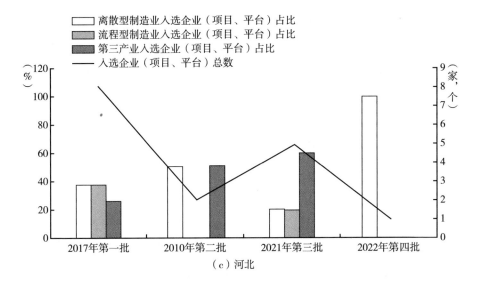

图 10 京津冀三地入选全国服务型制造示范企业（项目、平台）名单对比分析

说明：数据来自工信部发布的《服务型制造示范企业（项目、平台）名单》。

三 制造业服务化转型的经济后果研究

（一）制造业服务化转型影响企业投资效率的理论分析

2022 年，中共中央、国务院印发的《扩大内需战略规划纲要（2022—2035 年）》围绕推动制造业高质量发展，特别强调"要加大制造业投资支持力度"，那么制造业服务化转型是否有利于提高企业的投资效率？本节将分别从制造业全样本和京津冀地区样本两个维度对此进行实证检验。

制造业服务化转型的核心并非是从制造业转向服务业，而是通过服务业深度融入制造业，推进传统制造业转型升级，提高自身效率，实现高质量发展。制造业服务化转型主要有两个方向，一是制造过程中加大对服务要素的投入，如技术、信息、资金等要素；二是延展制造过程的价值链，如从单纯的制造延伸至生命周期的各个环节，向价值链高端跃升。

制造业进行服务化转型不仅影响我国企业在微笑曲线中的价值体现，而且有助于中国制造业在全球价值链中地位的提升。制造业服务化转型对企业发展、国民就业和宏观经济发展都有巨大的推动作用。例如，Crozet 和 Milet 研究发现，有意识进行服务化转型的公司不仅能够增强其盈利能力和业务能力，而且能够极大地促进就业岗位的增加。罗军发现制造业服务化能够促进城镇人口就业。刘晓彦指出，产品导向型服务能够促进顾客导向型服务的发展，顾客导向型服务对企业绩效产生积极影响。陈漫和张新国研究了两种服务化转型模式对托宾 Q 值的影响，并表明嵌入式的服务转型能够更显著地提升企业绩效。Shen 等肯定了服务化转型与创新之间的密切关系。余东华和胡亚男则认为服务化转型能提高企业的全要素生产率，促进制造业高质量发展。在中国经济新常态下，制造业服务化转型与经济高质量发展之间有密切联系。因此，着力推动制造企业进行服务化转型升级，将有利于新时代中国经济的腾飞。何琼发现服务化转型与企业绩效存在"U"形关系，罗彦等则发现投入服务化与企业加成率呈倒"U"形，而 Wang 等发现服务化与突破性产品创新绩效之间存在倒"U"形关系。

服务型制造的发展需要推进产业的技术创新、商业模式创新，加强其他领域先进技术的应用与融合，进而实现制造业的质量变革、效率变革、动力变革。① 制造业服务化水平的提高意味着企业能够更直接、更全面、更动态的满足消费需求，促进消费升级。在扩大内需的拉动之下，制造业投资需求会被激活，资源配置趋向合理，投资效率提高。据此，提出本研究的核心假说 H_1。

H_1：随着制造业服务化转型程度的提高，企业投资效率会提高。

数字化技术的发展，使其成为影响制造业服务化转型的关键因素。数字化技术和平台的应用能够提高企业对结构化和非结构化数据的应用水平，不仅能够盘活"消费者资产"，而且能够拓展服务边界，创造新的商业机会。Favoretto 等的研究也充分肯定了企业数字化对服务化转型的重要促进作用。

---

① 刘尚文：《发展服务型制造是大势所趋》，《经济日报》2023 年 3 月 15 日，第 10 版。

然而，数字化技术的作用不仅体现在数字平台的搭建上，还体现在大数据、云计算及区块链等技术增强了企业的技术创新能力，这些技术会被应用于企业的产品制造、研发设计及企业管理等领域。尤其，企业产品的迭代也依赖于以智能制造为代表的数字化技术的基础性应用。基于数字化技术的制造业服务化转型应以创新为导向，关注内部的集中化和整合在服务化转型过程中的关键作用，打造优良的数字伙伴关系。

服务化转型极大地改变了企业的生态环境，重塑企业的商业模式，对企业经营管理的诸多领域产生深刻影响。一方面，数字技术的普及与应用有效降低了企业在投资过程中的信息不对称、不完备程度，为企业投资活动提供更全面、更有价值的信息资源；另一方面，服务化转型还有利于企业优化内部治理体系，监督并约束管理层在企业投资过程中的非理性行为，推动管理层的决策趋于智能化、高效化、精准化。服务化转型带来的信息资源，使其激发的投资需求更加合理，有利于抑制过度投资及缓解投资不足。

据此，提出本研究假说 H_2。

H_2：企业的数字化技术水平正向调节了服务化转型对投资效率的影响程度。

（二）样本选择与模型构建

本研究以 2012~2021 年证监会行业分类下制造业所有 A 股上市公司为初始样本，并剔除数据缺失和异常的样本，最终得到 13812 个公司—年度观测值，其中包含京津冀地区 1272 个公司—年度观测值。

检验模型如公式（1）和公式（2）所示。

$$Efficiency_{k,t} = \alpha + \beta_1 ser_{k,t} + \sum Controls + FirmFE + YearFE + \varepsilon_{k,t} \qquad (1)$$

$$Efficiency_{k,t} = \alpha + \beta_1 ser_{k,t} + \beta_2 ser_{k,t} \times digital_{k,t} + \sum Controls \\ + FirmFE + YearFE + \varepsilon_{k,t} \qquad (2)$$

其中，k 表示企业，t 表示年份，$Efficiency_{k,t}$ 表示在第 t 年企业 k 的投资

效率，$ser_{k,t}$ 表示在第 t 年企业 k 的服务化程度，$digital_{k,t}$ 表示在第 t 年企业 k 的数字化转型程度。$\sum Controls$ 表示一系列企业层面的控制变量。$FirmFE$、$YearFE$ 分别表示企业固定效应、年份固定效应，$\varepsilon_{k,t}$ 表示误差项。

借鉴 Richardson 的模型，通过回归结果的残差来度量投资效率。借鉴张峰、余东华的统计方法，通过公司主营业务收入构成中是否包含"服务"来识别制造业企业中的服务业务，识别服务型收入的关键词主要有维修、维护、安装、对外检测、装修、售后、培训、咨询等。然后以该服务业务收入占主营业务收入的比例测算制造业服务化程度。该指标值越高，表明该企业的服务化程度越高。为确保估计结果的准确性和防止遗漏变量带来的影响，控制了以下变量：总资产报酬率、企业成长性、资产结构、企业规模、企业自由现金流、产权性质、董事会规模、管理层薪酬、股权集中度、资产负债率和独董占比。变量名称及定义如表 4 所示。

表 4　变量名称及定义

变量名称		变量定义
Efficiency	投资效率	1-Richardson 模型残差绝对值
ser	制造业服务化程度	服务业务收入占主营业务收入比例
digital	数字化程度	数字化转型指数
ROA	总资产报酬率	息税前利润/总资产
Growth	企业成长性	主营业务收入增长率
Structure	资产结构	固定资产净额占总资产的比重
Size	企业规模	总资产加 1 的自然对数
FCF	企业自由现金流	自由现金流/总资产
soe	产权性质	国有企业取 1，否则为 0
Bsize	董事会规模	董事人员数加 1 的自然对数
lnsala	管理层薪酬	管理层薪酬的自然对数
TOP1	股权集中度	第一大股东持股比例
Lev	资产负债率	总负债/总资产
Ind	独董占比	独立董事人数占董事会总人数的比重

从表 5 可以看出，京津冀样本公司的投资效应与全样本基本持平，但制造业服务化转型水平较高，同时各公司间存在较大差异。

表 5 描述性统计分析结果

变量名称	全样本				京津冀样本			
	样本量	平均值	中位数	标准差	样本量	平均值	中位数	标准差
Efficiency	13812	0.9708	0.9801	0.0330	1272	0.9744	0.9817	0.0276
ser	13812	0.1349	0.0292	0.2378	1272	0.2072	0.0526	0.2918
digital	13812	37.0458	34.9477	10.4688	1272	39.9471	39.0823	11.246
ROA	13812	0.0401	0.0380	0.0740	1272	0.0389	0.0356	0.0730
Growth	13812	0.1975	0.1065	1.2334	1272	0.2514	0.1036	1.9025
Structure	13812	0.2267	0.2021	0.1346	1272	0.1961	0.1599	0.1367
Size	13812	22.1907	22.0379	1.1763	1272	22.4081	22.0355	1.3739
FCF	13812	0.0062	0.0172	0.1061	1272	0.0011	0.0170	0.1070
soe	13812	0.2997	0.0000	0.4581	1272	0.4560	0.0000	0.4983
Lev	13812	0.4083	0.4022	0.1914	1272	0.3927	0.3918	0.2004
Bsize	13812	2.1174	2.1972	0.1908	1272	2.1357	2.1972	0.1992
*TOP*1	13812	32.9165	30.7650	14.024	1272	33.4539	31.9700	13.8909
lnd	13812	0.3755	0.3333	0.0559	1272	0.3749	0.3333	0.0553
lnsala	13812	14.9524	14.9211	0.7877	1272	15.0437	15.0284	0.8177

注：数据来自国泰安（CSMAR）及万德（Wind）数据库。

（三）实证结果分析与讨论

表 6 为全样本回归结果。第（1）列中加入总资产报酬率、资产结构、企业成长性、企业规模等控制变量，以及控制了企业固定效应、年份固定效应；第（2）列在第（1）列的基础上加入数字化程度变量。

表 6 全国制造业服务化转型对投资效应的影响回归结果

变量名称	（1）	（2）	（3）
	Efficiency	*Efficiency*	*Efficiency*
ser	0.0040 *	0.0037 *	0.0009
	（1.8576）	（1.7276）	（0.3674）
digital		0.0001 *	0.0001 *
		（1.9172）	（1.7313）

续表

变量名称	（1） *Efficiency*	（2） *Efficiency*	（3） *Efficiency*
ser×digital			0. 0004 *** （2. 6727）
ROA	−0. 0325 *** （−6. 0963）	−0. 0323 *** （−6. 0633）	−0. 0320 *** （−6. 0050）
Growth	−0. 0031 *** （−13. 4937）	−0. 0031 *** （−13. 4618）	−0. 0031 *** （−13. 4302）
Structure	0. 0407 *** （8. 9643）	0. 0409 *** （9. 0094）	0. 0405 *** （8. 9189）
Size	−0. 0039 *** （−4. 3241）	−0. 0041 *** （−4. 5284）	−0. 0042 *** （−4. 6244）
FCF	0. 0306 *** （11. 3267）	0. 0304 *** （11. 2857）	0. 0305 *** （11. 3073）
soe	0. 0046 ** （2. 2376）	0. 0047 ** （2. 2780）	0. 0048 ** （2. 3111）
Lev	−0. 0133 *** （−4. 0627）	−0. 0132 *** （−4. 0433）	−0. 0131 *** （−4. 0090）
Bsize	0. 0082 ** （2. 4768）	0. 0081 ** （2. 4530）	0. 0081 ** （2. 4485）
*TOP*1	−0. 0002 *** （−4. 1822）	−0. 0002 *** （−4. 0999）	−0. 0002 *** （−4. 1173）
Ind	0. 0219 ** （2. 3463）	0. 0220 ** （2. 3487）	0. 0220 ** （2. 3570）
lnsala	0. 0019 *** （2. 6122）	0. 0019 ** （2. 5500）	0. 0019 ** （2. 5143）
Constant	1. 0061 *** （45. 7871）	1. 0064 *** （45. 8065）	1. 0093 *** （45. 8949）
FirmFE	是	是	是
YearFE	是	是	是
N	13655	13655	13655
R^2	0. 3433	0. 3435	0. 3439

　　注：***指在1%的水平上显著，**指在5%的水平上显著，*指在10%的水平上显著。数据来自国泰安（CSMAR）及万德（Wind）数据库。

表 6 第 (1)、(2) 列结果表明，制造业服务化有助于提升企业的投资效率，这一关系通过了 10% 水平的显著性检验，进一步加入数字化程度变量，结果依然显著。第 (3) 列在第 (2) 列的基础上加入服务化与数字化转型的交乘项，估计系数在 1% 的水平上显著。这表明，企业数字化转型正向调节了制造业服务化对企业投资效率的提高效应。

表 7 为京津冀地区制造业上市公司样本的回归结果。第 (1) 列中加入总资产报酬率、资产结构、企业成长性、企业规模等控制变量，以及企业固定效应、年份固定效应；第 (2) 列在第 (1) 列的基础上加入数字化程度变量。

表 7　京津冀地区制造业服务化转型对投资效应的影响回归结果

变量名称	(1)	(2)	(3)
	Efficiency	*Efficiency*	*Efficiency*
ser	0.0115 **	0.0115 **	0.0043
	(2.5349)	(2.5253)	(0.7887)
digital		0.0000	−0.0001
		(0.2166)	(−0.4061)
ser×digital			0.0008 **
			(2.4165)
ROA	−0.0382 ***	−0.0381 ***	−0.0368 **
	(−2.6456)	(−2.6369)	(−2.5449)
Growth	−0.0043 ***	−0.0043 ***	−0.0043 ***
	(−11.3285)	(−11.3057)	(−11.2698)
Structure	0.0353 ***	0.0353 ***	0.0351 ***
	(2.7164)	(2.7184)	(2.7068)
Size	0.0076 ***	0.0076 ***	0.0071 ***
	(3.6460)	(3.5637)	(3.3590)
FCF	0.0269 ***	0.0268 ***	0.0263 ***
	(3.9007)	(3.8834)	(3.8105)
soe	0.0046	0.0047	0.0050
	(0.8966)	(0.9161)	(0.9862)
Lev	−0.0086	−0.0086	−0.0072
	(−1.0840)	(−1.0861)	(−0.9047)
Bsize	−0.0026	−0.0026	−0.0028
	(−0.3321)	(−0.3266)	(−0.3559)

续表

变量名称	（1） Efficiency	（2） Efficiency	（3） Efficiency
TOP1	-0.0002	-0.0002	-0.0002*
	(-1.5984)	(-1.5942)	(-1.8283)
Ind	-0.0156	-0.0155	-0.0148
	(-0.7202)	(-0.7132)	(-0.6827)
lnsala	0.0012	0.0012	0.0008
	(0.6419)	(0.6326)	(0.4522)
Constant	0.7987***	0.7987***	0.8188***
	(15.9279)	(15.9215)	(16.1379)
FirmFE	是	是	是
YearFE	是	是	是
N	1256	1256	1256
R^2	0.4089	0.4089	0.4121

注：*** 指在 1%的水平上显著，** 指在 5%的水平上显著，* 指在 10%的水平上显著。数据来自国泰安（CSMAR）及万德（Wind）数据库。

表 7 第（1）、（2）列结果均表明，制造业服务化能够显著提高企业的投资效率。第（2）列显示加入数字化程度这一变量后结果依然显著。第（3）列在第（2）列的基础上加入服务化与数字化转型的交乘项，估计系数在 5%的水平上显著。这表明，企业数字化转型正向调节了制造业服务化对企业投资效率的提高效应。同时，我们注意到，相比于全国制造业服务化对企业投资效率的影响，京津冀地区的制造业服务化对企业投资效率的影响系数更大且显著性水平更高。

在此基础上，我们对京津冀三地分样本进行了回归，结果如表 8 所示。结果显示，北京的制造业服务化水平对企业投资效率的影响作用在 1%的水平上显著为正，天津和河北的回归系数均不显著，说明京津冀地区的制造业上市公司服务化水平及其对企业投资效率的影响主要体现在北京的制造业中。回归系数不显著，部分原因可能是这两个地区样本量过少。为进一步验证，我们从北京原有的 793 条观测值中随机抽取 200 条样本进行回归，并重复 1000 次，结果显示回归系数均不显著，但系数为正，所以天津和河北的回归结果不显著可能是样本量较少造成的。

表 8　京津冀分样本制造业服务化转型对投资效应的影响回归结果

变量名称	北京			天津		河北	
	(1)	(2)	(3)	(1)	(3)	(1)	(3)
	Efficiency	*Efficiency*	*Efficiency*	*Efficiency*	*Efficiency*	*Efficiency*	*Efficiency*
ser	0.0154 ***	0.0153 ***	0.0119 **	−0.0027	0.0022	−0.0159	−0.0149
	(3.3968)	(3.3732)	(2.1220)	(−0.1280)	(0.0707)	(−0.8454)	(−0.7967)
digital		0.0002	0.0001		−0.0006		−0.0001
		(1.0436)	(0.6869)		(−1.0620)		(−0.2680)
ser×digital			0.0004		−0.0003		0.0021 *
			(1.0151)				
Controls	是	是	是		(−0.1457)		(1.7628)
FirmFE	是	是	是	是	是	是	是
YearFE	是	是	是	是	是	是	是
R^2	0.3767	0.3777	0.3787	0.423	0.4286	0.5813	0.5870
N	793			175		288	

注：*** 指在 1% 的水平上显著，** 指在 5% 的水平上显著，* 指在 10% 的水平上显著。数据来自国泰安（CSMAR）及万德（Wind）数据库。

四　研究结论与启示

随着产品复杂性的不断提高以及数字技术的迅猛发展，制造业的服务化趋势成为影响制造业发展的重要因素，越来越多的城市、企业意识到服务型制造是引领产业创新发展、实现制造业企业弯道超车的关键环节和重要途径。本研究重点关注了京津冀制造业服务化转型的现状，实证检验了制造业服务化程度对投资效率的影响。研究发现：京津冀地区是中国重要的制造业基地之一，拥有 22 个细分制造业，总体来看，京津冀制造业服务化水平呈现增长态势。从行业层面来看，不同行业的服务化发展程度存在差异。从企业层面来看，天津制造业企业（项目、平台）入选工信部服务型制造示范企业（项目、平台）名单的数量最多。制造业服务化转型有助于提升微观企业的投资效率。虽然在京津冀分样本的回归结果中，仅有北京制造业服务

化水平对企业投资效率有显著的正向影响，天津和河北的实证结果并不显著，这可能是样本量较小所致。

本研究证实了制造业服务化是实现制造业转型升级的重要路径之一，服务化程度的提升有助于产业升级和投资效率提升，具体的研究启示：京津冀制造业门类齐全，产业体系较完备，市场规模可观，制造业服务化转型具有广阔的应用前景，发展服务型制造契合京津冀的战略发展定位。因此，积极利用新一代信息技术，加快推动制造业服务化转型是实现京津冀高质量发展的重要抓手。京津冀制造业服务化转型，不仅有利于制造业企业优化资源配置、提高投资效率、扩大内需，而且有助于激活服务要素和服务市场，打破生产性服务业的体制机制约束，提升产业基础能力和产业链现代化水平。

参考文献

陈丽娴、魏作磊：《制造业服务化驱动中国经济高质量发展的理论逻辑与实证检验》，《经济与管理评论》2022年第6期。

陈漫、张新国：《经济周期下的中国制造企业服务转型：嵌入还是混入》，《中国工业经济》2016年第8期。

程大中、程卓：《中国出口贸易中的服务含量分析》，《统计研究》2015年第3期。

杜运苏、彭冬冬：《制造业服务化与全球增加值贸易网络地位提升——基于2000～2014年世界投入产出表》，《财贸经济》2018年第2期。

冯玉静、翟亮亮：《产业政策、创新与制造企业服务化——基于"中国制造2025"准自然实验的经验研究》，《科技进步与对策》2022年第13期。

高翔、袁凯华：《中国企业制造业服务化水平的测度及演变分析》，《数量经济技术经济研究》2020年第11期。

顾乃华、夏杰长：《服务业发展与城市转型：基于广东实践的分类研究》，《广东社会科学》2011年第4期。

黄群慧、杨虎涛：《中国制造业比重"内外差"现象及其"去工业化"涵义》，《社会科学文摘》2022年第8期。

李海舰、田跃新、李文杰：《互联网思维与传统企业再造》，《中国工业经济》2014年第10期。

李庆雪等：《行业要素错配下企业服务化意愿与企业绩效——基于装备制造业上市公司的经验分析》，《中国软科学》2021 年第 9 期。

林永民、赵欣、张振山：《区块链赋能制造业服务化转型的机理路径——基于交易成本视角》，《价值工程》2022 年第 22 期。

刘斌、王乃嘉：《制造业投入服务化与企业出口的二元边际——基于中国微观企业数据的经验研究》，《中国工业经济》2016 年第 9 期。

刘晓彦：《制造业服务化研究争议的一种解释：两类基本服务与企业绩效》，《科技进步与对策》2022 年第 24 期。

罗军：《制造业服务化转型如何创造服务业就业》，《山西财经大学学报》2020 年第 9 期。

罗彦、段文静、祝树金：《制造业服务化如何影响企业竞争优势——基于企业加成率视角的研究》，《财经理论与实践》2021 年第 1 期。

彭水军、袁凯华、韦韬：《贸易增加值视角下中国制造业服务化转型的事实与解释》，《数量经济技术经济研究》2017 年第 9 期。

沈国兵、袁征宇：《企业互联网化对中国企业创新及出口的影响》，《经济研究》2020 年第 1 期。

孙新波等：《数字价值创造：研究框架与展望》，《外国经济与管理》2021 年第 10 期。

王直、魏尚进、祝坤福：《总贸易核算法：官方贸易统计与全球价值链的度量》，《中国社会科学》2015 年第 9 期。

徐振鑫、莫长炜、陈其林：《制造业服务化：我国制造业升级的一个现实性选择》，《经济学家》2016 年第 9 期。

许和连、成丽红、孙天阳：《制造业投入服务化对企业出口国内增加值的提升效应——基于中国制造业微观企业的经验研究》，《中国工业经济》2017 年第 10 期。

余东华、胡亚男：《制造业服务化、技术路径选择与高质量发展》，《经济与管理研究》2021 年第 9 期。

张月友：《中国的"产业互促悖论"——基于国内关联与总关联分离视角》，《中国工业经济》2014 年第 10 期。

赵璨等：《"互联网+"有利于降低企业成本粘性吗?》，《财经研究》2020 年第 4 期。

赵宸宇：《数字化发展与服务化转型——来自制造业上市公司的经验证据》，《南开管理评论》2021 年第 2 期。

S. Vandermerwe, J. Rada, "Servitization of Business: Adding Value by Adding Services," *European Management Journal* 6 (1988).

D. R. Edward et al., "Servicizing the Chemical Supply Chain," *Journal of Industrial Ecology* 3 (1999).

J. Makower, "The Clean Revolution: Technologies from the Leading Edge," *Global*

Business Network Worldview Meeting 6 （2001）.

M. W. Toffel, "Contracting for Servicizing," *Harvard Business School Technology & Operations Mgt. Unit Research Paper* （2008）.

A. Szalavetz, "Tertiarization' of Manufacturing Industry in the New Economy-experiences in Hungarian Companies," *Institute for World Economics-Centre for Economic and Regional Studies-Hungarian Academy of Sciences* （2003）.

L. Fontagné, A. Harrison, "The Factory-free Economy: Outsourcing, Servitization and the Future of Industry," *National Bureau of Economic Research* （2017）.

Y. Kubo, "Across-Country Comparison of Interindustry Linkages and the Role of Imported Intermediate Inputs," *World Development* 13 （1985）.

P. N. Rasmussen, *Studies in Inter-sectoral Relations*, （E. Harck, 1956）.

A. Gustafsson et al., "The Relevance of Service in European Manufacturing Industries," *Journal of Service Management* 21 （2010）.

M. Crozet, E. Milet, "Should Everybody be in Services? The Effect of Servitization on Manufacturing Firm Performance," *Journal of Economics & Management Strategy* 26 （2017）.

L. Shen, C. Sun, M. Ali, "Role of Servitization, Digitalization, and Innovation Performance in Manufacturing Enterprises," *Sustainability* 13 （2021）.

Y. Wang, J. Gao, Z. Wei, "The Double-edged Sword of Servitization in Radical Product Innovation: The Role of Latent Needs Identification," *Technovation* （2022）.

C. Favoretto et al., "From Servitization to Digital Servitization: How Digitalization Transforms Companies' Transition Towards Services," *Industrial Marketing Management* （2022）.

M. Chen et al., "Data Analytics Capability and Servitization: the Moderated Mediation Role of Bricolage and Innovation Orientation," *International Journal of Operations & Production Management* 42 （2022）.

A. Sklyar, et al., "Resource Integration Through Digitalisation: A Service Ecosystem Perspective," *Journal of Marketing Management* 35 （2019）.

M. Kolagar, V. Parida, D. Sjödin, "Ecosystem Transformation for Digital Servitization: A Systematic Review, Integrative Framework, and Future Research Agenda," *Journal of Business Research* （2022）.

B . 13
京津冀绿色制造协同发展研究

戴铁军　李姣姣　刘曼　胡慧静*

摘　要： 京津冀逐步形成了多领域协同推动区域制造业整体实现绿色升级的新格局，且呈现较好的政策、区位、产业、集群、科研和人才优势。然而，京津冀绿色制造协同发展，也面临着绿色制造业结构、组织、关联、机制的协同问题，以及产业链条衔接不畅问题和资源环保约束。鉴于此，本报告提出五条京津冀绿色制造协同发展路径，分别为优化产业布局，实现产业链与创新链深度融合；推进优势互补，构建区域绿色制造协同创新体系；推进政策落地，积极开展智能制造示范应用；推进合作共赢，促进绿色制造共享平台建设；推进融合发展，加快绿色制造业服务化进程。

关键词： 京津冀　绿色制造平台　产业布局　协同创新体系　协同发展

一　京津冀绿色制造协同发展现状与趋势

绿色制造是生态文明背景下新时代制造模式，其将环境影响和资源效益

---

* 戴铁军，产业生态学博士，北京工业大学经济与管理学院教授，博士研究生导师，研究方向为循环经济理论与评价、产业生态学等学科交叉性研究工作；李姣姣，河北省工业和信息化发展研究院经济师，研究方向为工业经济、绿色制造；刘曼，河北省工业和信息化发展研究院工程师，研究方向为固废资源综合利用；胡慧静，北京工业大学经济与管理学院硕士研究生，研究方向为循环经济。

与生产效率作为重要因素，考虑在产品的设计、生产、包装、运输、销售、消费以及报废回收的全生命周期中，尽量做到环境污染小、资源利用效率高。① 为落实关于全面推行绿色制造的战略部署，工业和信息化部于2016年印发《绿色制造标准体系建设指南》，制定绿色制造的综合标准化体系，开启推进绿色制造体系建设的进程。工业和信息化部相继发布绿色工厂评价行业标准、绿色设计产品标准清单以及绿色供应链管理企业评价指标体系等，加快构建绿色制造体系。

京津冀已经建立了一整套绿色制造发展政策体系，包括政策法规、技术标准等。天津市工业和信息化局编制11个行业绿色工厂评价地方标准，制定财政专项奖励政策。河北省发布《河北省绿色工厂星级评价导则》团体标准，制定了河北省绿色工厂星级分类管理办法。

京津冀开展绿色制造试点示范工作，已经在汽车制造、高端装备、绿色石化、钢铁等重点产业链创建了一批绿色制造示范单位，国家级绿色制造示范单位数量持续增加，逐步形成了可复制可推广的绿色制造模式。节能、节水、综合利用等绿色技术装备得到积极推广，有效提高资源节约集约利用水平，有力支撑工业绿色发展。此外，京津冀地区形成制造企业与科研机构、上下游企业、第三方服务机构的联合体，有效促进制造业绿色化升级，形成了多领域主体共同带动区域制造业整体实现绿色化升级的新格局。

（一）京津冀绿色制造协同发展现状

2017年至2023年2月，工业和信息化部先后7次遴选公布了国家级绿色工厂、绿色工业园区、绿色设计产品、绿色供应链管理示范企业，京津冀累计认定国家级绿色工厂381家、绿色工业园区20家、绿色设计产品148种、绿色供应链管理示范企业63家，如表1所示。

---

① 戴正宗：《绿色制造引领工业绿色低碳转型》，《中国财经报》2022年9月29日，第7版。

表1　京津冀和全国分批次国家级绿色工厂、绿色工业园区、
绿色设计产品、绿色供应链管理示范企业数量

单位：家，种

批次	绿色工厂		绿色工业园区		绿色设计产品		绿色供应链管理示范企业	
	全国	京津冀	全国	京津冀	全国	京津冀	全国	京津冀
第一批	201	26	24	2	193	1	15	0
第二批	208	13	22	2	53	1	4	0
第三批	391	34	34	4	480	58	21	0
第四批	602	67	40	2	371	11	50	10
第五批	719	80	53	4	1073	14	99	19
第六批	662	81	52	3	990	26	107	25
第七批	880	80	47	3	643	37	112	9
合计	3663	381	272	20	3803	148	408	63

资料来源：根据工业和信息化部网站数据计算。

京津冀绿色制造水平持续提高，绿色工厂和绿色供应链管理示范企业数量在第四批及以后大量增加，绿色工业园区数量持续稳定增长，绿色设计产品数量从第三批开始也有明显增长，如图1所示。可以发现，京津冀绿色制造水平不断提高，绿色工厂、绿色工业园区、绿色设计产品、绿色供应链管理示范企业的总量在不断增加。

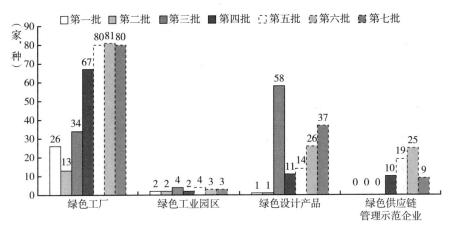

图1　京津冀和全国分批次国家级绿色工厂、绿色工业园区、
绿色设计产品、绿色供应链管理示范企业数量

资料来源：根据工业和信息化部网站数据计算。

截至 2023 年 2 月，工业和信息化部确定的绿色工厂、绿色工业园区、绿色设计产品、绿色供应链管理示范企业批次不同、数量不同，京津冀三地分布状况见表 2。京津冀绿色制造水平持续提高，尤其是第三批名单公布之后发展加速。京津冀地区绿色制造业在这段时间取得了突出成就，而河北省国家级绿色工厂、绿色工业园区、绿色设计产品、绿色供应链管理示范企业总体数量高于北京市和天津市，其原因在于京津冀地区产业结构不断优化，北京市持续发展第三产业、高科技产业，河北省持续吸纳北京、天津的外放产业。

表 2　京津冀分批次国家级绿色工厂、绿色工业园区、绿色设计产品、绿色供应链管理示范企业数量

批次	绿色工厂			绿色工业园区			绿色设计产品			绿色供应链管理示范企业		
	北京	天津	河北	北京	天津	河北	北京	天津	河北	北京	天津	河北
第一批	8	1	17	0	1	1	0	0	1	0	0	0
第二批	4	4	5	0	2	0	0	1	0	0	0	0
第三批	10	9	15	1	1	2	45	0	13	0	0	0
第四批	18	16	33	0	0	2	10	1	0	6	3	1
第五批	27	28	25	0	1	3	3	5	6	5	11	3
第六批	29	28	24	0	1	2	13	3	10	8	14	3
第七批	20	20	40	1	0	2	7	18	12	2	7	0
合计	116	106	159	2	6	12	78	28	42	21	35	7

资料来源：根据工业和信息化部网站数据计算。

（二）京津冀绿色制造协同发展趋势

京津冀绿色制造协同发展趋势，具体如下。构建跨地区的绿色制造服务平台，促进绿色制造资源共建共享。发展相关的绿色原材料、绿色产品设计和绿色制造核心装备的数据库和知识库，为京津冀三地企业提供绿色设计服务，分享绿色设计资源，提供系统性、集成性的服务平台，为绿色制造提供数据服务。

突破绿色工艺与装备，加强绿色设计创新发展。加强绿色工艺技术和装备的研发，协调优化绿色设计、绿色材料、绿色生产、绿色包装和绿色处

理，根据京津冀三地的要素资源优势承担不同的绿色工艺与装备任务，以实现资源利用效率高、污染排放小、回收方式简单、循环利用方便为目标，突破绿色工艺与装备的关键核心技术，助力京津冀绿色制造的应用与发展。

持续推广绿色生产理念，探索绿色制造智能技术。加强绿色生产理念的宣传教育，提高企业和公众对绿色生产的认知，增强其绿色生产意识；推出环境保护、节能减排等激励措施，提高企业绿色生产的积极性。逐步构建京津冀智能绿色制造产业生态，推动京津冀智能绿色制造产业链形成，加强智能绿色制造的核心技术、关键设备和关键元器件的研发，探索智能绿色制造新出路。

京津冀地区绿色工厂改造典型案例

——天津海特飞机工程有限公司

天津海特飞机工程有限公司是坐落于天津港保税区的一家提供飞机维修、"客改货"等服务的绿色工厂，该公司开展了废水、废气和噪声的污染改造项目，成为天津市绿色工厂改造的典型企业。

废水处理——针对整机喷漆业务中的喷漆废水，建设综合废水处理站项目，使用一套含铬废水处理装置、一套综合废水处理装置，每日稳定处理业务废水，保证达标排放。

废气处理——采用"沸石转轮+催化燃烧"废气处理工艺，与之前的"漆雾过滤棉+活性炭吸附"废气处理工艺相比，有机废气处理效率提升55%，每年减少排放空气污染物0.31吨、废活性炭量20吨。

噪声处理——在试车坪上安装降噪导流屏，将96%的气流导向空中，降低约46分贝的飞机发动机测试产生的噪声。

能源节约、材料减害——用地源热泵系统代替集中供暖和中央空调制冷，制冷效率提高50%以上；在喷漆工艺流程中，用环保型油漆替代传统的高固态高污染性油漆。

资料来源：河北省工业和信息化发展研究院。

二 京津冀绿色制造协同发展的优势与挑战

（一）京津冀绿色制造协同发展优势

1. 政策优势

党的十八大以来，习近平总书记为推动京津冀协同发展亲自谋划、亲自部署，多次到京津冀实地调研、召开重要会议、做出重要指示，致力于促进京津冀各城市之间的协同和高质量发展。同时，中央成立京津冀协同发展领导小组对京津冀协同发展进行组织领导，国务院成立京津冀专家咨询委员会对京津冀协同发展进行研究，提出咨询意见和建议，京津冀三地各自成立协同发展领导小组和专家咨询委员会来推进京津冀协同发展国家战略落地见效。

2016 年 9 月，工业和信息化部发布《关于开展绿色制造体系建设的通知》和《绿色制造工程实施指南（2016—2020 年）》，提出要全面形成绿色制造业体系，从科技创新、制造业改造升级等方面为中国制造业全面推动绿色制造注入动力。为强化绿色制造支撑，工业和信息化部于 2021 年 12 月发布《"十四五"工业绿色发展规划》，进一步明确绿色制造的目标和任务。目前，京津冀绿色制造的顶层设计基本建立，不断推出配套的政策标准，并在实践中不断修订和完善，绿色制造在先试先行的保障体系下不断蓬勃发展。[①]

2. 区位优势

京津冀区位优势突出，辐射三北地区、中部地区和西部地区，拥有多个国内大海港，具有连通全国的枢纽性区位。北京市是中国政治中心、经济中心，是京津冀三地重要的科技创新中心。天津市是中国北方最大的开放城市，港口优势明显，是以货运为主的海陆空一体化综合运输枢纽。河北省环绕北京和天津，具有独特的区位优势。河北省交通发达，有京广、京九等 18 条国家铁路干线从省内经过；公路通车里程较多，拥有快捷的

---

① 柳天恩、田学斌：《京津冀协同发展：进展、成效与展望》，《中国流通经济》2019 年第 11 期。

网络通道；拥有秦皇岛港、唐山港、黄骅港 3 个港口，在中国港口运输中具有重要地位。

《京津冀地区城际铁路网规划》中提出，以"京津、京保石、京唐秦"三大通道为主轴，打造干线铁路、城际铁路、市域（郊）铁路、城市轨道交通"四网融合"的绿色交通系统，到 2030 年基本形成以"四纵四横一环"为骨架的城际铁路网。2023 年，京津城际铁路和津秦客运专线已经通车，京津冀地区有 6 条铁路在建，未来 5 年还要规划建设包括高铁、城际铁路等在内的 10 条线路，将有力带动京津冀经济圈及铁路沿线城市经济快速发展。① 交通运输的客观优势有利于津冀承接北京的科技创新成果和产业项目等优质资源，方便产品供应，有利于通过市场需求驱动京津冀地区制造业结构的优化。

3. 产业优势

京津冀地区拥有良好的制造业基础，区域内已经形成较多的产业集群，涉及高新技术、机械、电子、汽车制造等产业，产业带具备明显特征。截至 2022 年，京津冀已经建成北京、天津、邯郸、石家庄、张家口等 14 个国家级经济技术开发区。北京市作为首都城市，具有总部经济产业的突出特征，具有较强的经济控制力和影响力。北京市以服务经济为主，处于产业链条的高端，占据区域制造业的研究开发中心、技术创新中心、营销中心及管理控制中心的位置。天津市是中国近代工业的摇篮，具有较好的工业基础。天津累计建成 12 个国家新型工业化产业示范基地，信创、高端装备等 12 条重点产业链以及 31 个示范工业园区。天津市不仅具备石油、化工、冶金等重化工业的产业优势，还拥有通信设备、计算机及其他电子设备制造等高新技术产业，是具备种类齐全的现代制造业体系的现代化制造业基地。此外，天津市的产业优势还在于其拥有先进的制造技术，处于产业链条的中端，是制造业的研发转化基地。河北省是我国近

---

① 《总投资近 3300 亿！河北"市市通高铁"后，继续推进 6 条高铁建设！》，搜狐网，2023 年 7 月 27 日，http://society.sohu.com/a/709463698_121687421。

代工业的摇篮,我国第一座现代化煤井、第一条标准轨铁路、第一台蒸汽机车、第一袋水泥、第一件卫生陶瓷均诞生于河北省。近年来,河北省工业快速发展,逐步形成了以装备制造、钢铁、石化、食品、医药、建材、纺织服装等七大产业为主导并涵盖 40 个工业行业大类的较为完备的产业体系,在新一代信息技术、高端装备制造、生物医药健康、新能源、新材料等新兴领域形成局部优势。

4. 集群优势

京津冀制造业产业规模庞大、集群效应较为明显。京津冀地区制造业产值占全国制造业总产值的比重达到 30% 以上,[①] 主要产业包括装备制造、石油化工、钢铁等绿色转型重点行业。京津冀制造业技术一直处于国内领先水平,在技术创新、产品质量、管理水平等方面具有显著优势,拥有一批具有国际竞争力的高新技术企业。京津冀地区制造业拥有完善的产业链和质量管理体系,涵盖从原材料到成品的全流程,具有稳定区域经济增长、稳定区域投资、稳定区域外贸的核心作用。为推动京津冀制造业效率变革、动力变革,提升全要素生产效率,要充分发挥三地优势及北京市的辐射带动作用,建设京津冀绿色制造业集群。

5. 科研优势

北京科研力量优势明显,具有研究力量雄厚的自然科学、技术科学和社会科学体系。北京研发投入居全国第一,2022 年研发经费支出高达 2843.3 亿元,投入强度高达 6.83%。[②] 北京拥有“中国硅谷”中关村科技园,是我国科教智力和人才资源最为密集的区域,拥有以北京大学、清华大学、中国人民大学为代表的高校 41 所,以中国科学院、中国工程院所属院所为代表的科研院所 206 家;拥有国家重点实验室 67 个、国家工程研究中心 27 个、国家工程技术研究中心 28 个;拥有大学科技园 26 家、留学人员创业园 34

---

① 蒋海兵、李业锦:《京津冀地区制造业空间格局演化及其驱动因素》,《地理科学进展》2021 年第 5 期。

② 《图知道 | 数读 2022 年全国科技经费投入》,“华声在线”百家号,2023 年 9 月 20 日,https://baijiahao.baidu.com/s?id=1777548960729371152&wfr=spider&for=pc。

家。天津拥有高校 56 所，在《2022 年自然指数——科研城市》公布的全球科研城市排名中排第 20 名，为天津和中国的发展提供重大科研成果支撑。天津和北京在绿色制造相关的科技领域已具备雄厚的基础，对京津冀地区具有一定的技术溢出和扩散作用。

6. 人才优势

2016 年，京津冀三地人才工作领导小组联合发布《京津冀人才一体化发展规划（2017—2030 年）》，该规划是中国首个跨区域的人才规划，也是首个服务国家重大战略的人才专项规划。该规划围绕全国科技创新中心建设，把北京打造成创新型人才聚集中心，将把天津打造成产业创新人才聚集中心，到 2030 年，京津冀将基本建成"世界高端人才聚集区"。可以看出，京津冀地区人才外溢和辐射政策保障突出。2023 年 3 月 3 日，京津冀（河北三河）人力资源服务产业园开园系列活动在河北省三河成功举办。京津冀（河北三河）人力资源服务产业园坚持"立足北三县、服务副中心、辐射京津冀"的总体建设目标和"一园多能、区域辐射、融合发展"的建园理念，采用"政府引导、市场运作、合作共建"的模式，按照国家级产业园标准建设，与京津产业园错位发展，实现紧缺人才和劳动力协同共享。园区总面积 4.2 万平方米，2023 年已入驻机构 34家，其中北京机构 17 家、天津机构 3 家、河北机构14 家。[①] 共同建成京津冀（河北三河）人力资源服务产业园，必将有力促进三地人力资源与新技术、新产业融合发展，为加快培育发展新动能、激发人才新活力、塑造区域新优势贡献人社力量。

（二）京津冀绿色制造协同发展困难

1. 绿色制造业结构协同困难

京津冀绿色制造业结构协同困难有以下两个方面。一是区域分工不清

---

① 《京津冀人力资源服务产业园开园已入驻 34 家机构》，"新京报"百家号，2023 年 3 月 3日，https://baijiahao.baidu.com/s? id＝1759338343221431048&wfr＝spider&for＝pc。

晰。京津冀地区在专用设备制造业、金属制品业、电气机械和器材制造业、医药制造业领域仍存在明显的产业同构现象。天津与河北之间的产业同构化程度较高、协同度较低，黑色金属冶炼和压延加工业、金属制品业、医药制造业、专用设备制造业、电气机械和器材制造业等是产业同构的重点领域。北京与河北之间的产业同构化程度较低、产业协同度较高，同构的产业类别主要集中在金属制品业、医药制造业、专用设备制造业、电气机械和器材制造业等四个领域，具有良好的绿色制造协同发展前景。津冀分工不合理成为京津冀绿色制造协同发展进程迟缓的原因之一。

二是产业布局不合理。京津冀三地的主导产业交叉较多，专用设备制造业、金属制品业、电气机械和器材制造业、医药制造业是京津冀三地同构严重的主导产业。黑色金属冶炼和压延加工业，纺织服装、服饰业，专用设备制造业，金属制品业，医药制造业是天津的主导产业，天津主导产业的数量偏少，但是占比大，在天津的产业格局中占据绝对优势地位，容易形成少数主导产业垄断格局。河北制造业由高速增长阶段进入高质量发展阶段，主要问题由总量问题变成结构问题，去产能、调结构、促转型任务艰巨，如何推动工业迈向价值链中高端成为重点难题。

2.绿色制造业组织协同困难

京津冀绿色制造业组织协同困难有以下几个方面。一是市场协同度较低。津冀两地资源要素重合度偏高、产业结构同构明显，在吸引北京要素外溢、承接资源转移等领域具有竞争关系，阻碍了津冀两地市场协同度的提升。如何发挥天津市制造技术先进的优势、河北省制造产业体量大的优势，扭转两地的强烈竞争关系，成为津冀两地市场协同的难点问题。京津冀市场潜力未被充分挖掘，存在市场空间不足、市场发展不够充分的问题，阻碍京津冀地区要素的流动和配置。

二是综合实力不均。北京市具备雄厚的财政实力，占京津冀财政收入的一半，三地内部财政实力差距较大。京津两地居民收入较高，而河北省大部分城市人均收入水平低于全国平均水平，三地所处的发展阶段各不相同。京津冀内部发展不均衡，使得三地在发展方向、发展路径和发展模式上存在不同程度的差异，进而对三地之间的绿色制造协同发展进程产生影响。

三是所有制结构不优。京津冀地区的国有企业占比较高，业务集中在传统产业，综合竞争优势不明显，各项效益指标表现并不优秀。总体来看，京津冀国有企业都存在资产盈利水平不高、经营业绩不佳和管理水平不高的问题，特别是河北省的国有企业利润率一直处在全国平均水平以下。京津冀地区的民营经济发展缓慢，业务集中在中低端产业链，科技含量低、研发能力弱、竞争优势少，管理水平和盈利能力不高。

3.绿色制造业关联协同困难

京津冀绿色制造业关联协同困难有以下两个方面。一是绿色制造业关联度低。京津冀三地的高新技术型产业差异化特征较强，基础制造业同构性较强，导致三地传统制造业竞争性强、高新技术型产业关联度低。由于科技含量高低不均、产业关联度较低，三地在许多新兴领域的对接出现困难，如何促进三地在技术和产业方面契合共进，成为京津冀绿色制造协同发展需要解决的难题。

二是绿色制造业外向度低。京津冀地区经济发展外向度偏低，并且京津冀地区经济发展外向度的结构、质量与水平均存在差异。由于市场环境不同、产业基础差异大等因素，北京和天津凭借天然优势吸引大批外资企业，河北省所处的资本环境相对不佳，京津冀三地经济发展外向度差距较大。加上河北省管理体制较为传统，其要素资源流失较严重。

4.绿色制造业机制协同困难

京津冀三地主体所拥有的资源要素、决策话语权具有较大的差距，在一定程度上阻滞了三地在资源、技术、信息、人才方面的融合发展。推动京津冀绿色制造协同发展，毋庸置疑会涉及利益再分配与分配均衡问题。协同利益与自身利益不一致时，需要协调机制进行有效调节，以发展成果共享的方式惠及各协同主体，提高各主体参与协同的积极性，化解阻滞区域协同发展的矛盾。因此，只有在充分认识区域协同的发展规律、足够重视区域合作发展的协同意识、尽量完善前瞻性利益协调机制的基础上，充

分发挥各区域优势，解决区域协调机制缺位的问题，才能将京津冀一体化转为现实。①

5. 绿色制造产业链条衔接不畅

京津冀地区的产业聚集和产业发展整体上由政府主导，市场化程度不高，导致京津冀三地的产业发展情况相对独立、产业之间的关联性较弱。北京以汽车、钢铁、化工、电子信息及医药制造产业为主，天津的优势产业是高端制造业和科技成果转化业，北京和天津的产业结构有所重合，京津两地的竞争关系大于合作关系。同时，北京和天津的优势要素对河北的辐射拉动作用不强，并未有效带动河北绿色制造业高质量发展。京津冀绿色制造产业链条合作不畅，以石油化工产业链条为例，京津冀三地都有石油化工产业并且都作为主导产业发展，导致三地的石油化工产业布局散乱、单体规模较小。京津冀绿色制造产业链条衔接不畅，运作体系存在缺陷，无法发挥产业链的合作效用。②

6. 绿色制造环保资源约束趋紧

京津冀地区土地资源日趋紧张、水土流失严重、荒漠化问题严峻，资源约束日益趋紧，环境承载能力逼近上限。随着京津冀城镇化水平的提升和城镇人口数量的迅速增长，建设用地刚性需求与耕地保护重要责任之间的矛盾凸显，土地资源供应日益紧张。森林资源具有水源涵养、防风固沙的作用，但是京津冀地区森林覆盖率不足、分布不均，重点区域的森林覆盖率较低，导致山地地区生态系统无法发挥作用。

京津冀水资源紧张局面持续，水资源总量仅占全国的 0.63%。由于人民生活、城市建设生产等都需要大量水资源，京津冀地区面临地下水超采问题。京津冀已经成为全国地下水超采最严重的地区，地面沉降面积逐渐增加，水资源匮乏的趋势愈加突出，对京津冀的发展束缚明显。尽管京津冀地区大气污染的恶化态势有所改善，但是大气状况仍然不佳。

---

① 丛屹、王焱：《协同发展、合作治理、困境摆脱与京津冀体制机制创新》，《改革》2014 年第 6 期。

② 李子彪、李少帅：《产业链视角下京津冀产业创新合作发展》，《技术经济》2017 年第 10 期。

三　京津冀绿色制造协同发展路径

（一）优化产业布局，实现产业链与创新链深度融合

优化京津冀绿色制造产业布局、实现产业链与创新链融合发展是一项复杂的重大工程，要兼顾绿色制造产业发展规律，深度实现创新发展驱动格局。[1] 立足京津冀绿色制造资源要素条件，建立产业链与创新链融合机制，探索产业链与创新链融合的高水平协同发展机制。通过梳理京津冀绿色制造产业链与创新链融合发展的薄弱环节和关键领域，面向制约绿色制造产业发展的领域着重发力，补齐产业链与创新链技术短板，疏通产业链与创新链融合发展路径。例如，京津冀集成电路产业链聚焦芯片设计和制造及设备，芯片原材料、半导体封测环节薄弱；京津冀新能源汽车产业链以汽车零部件环节为主，配套环节缺失。产业链与创新链融合发展有利于绿色制造产业链各环节实现有序对接，形成完善的产业生态系统。不断完善区域间绿色制造产业与技术合作平台建设，促进生物医药、新能源汽车等重点产业链上下游的深度合作，提升河北的产业承接能力，构建京津冀产业链与创新链融合协作发展新生态。

（二）推进优势互补，构建区域绿色制造协同创新体系

应充分发挥三地的要素优势，明确三地在协同创新体系中的定位，完善以北京为核心、津冀为两翼的科技创新体系，构建优势互补的区域绿色制造协同创新体系。北京市发挥人才智力优势，主动向天津和河北辐射，与津冀两地开展紧密的创新合作，带动津冀两地创新要素集聚，有效疏通区域绿色制造协同创新网络。天津具备承接北京部分科创功能的能力，可以发挥创新

---

[1]　张晓兰、黄伟熔：《我国产业链创新链融合发展的趋势特征、经验借鉴与战略要点》，《经济纵横》2023 年第 1 期。

成果转化的先进优势，打造绿色制造创新成果转化高地。河北可加强承接创新转化成果，不断夯实绿色制造产业基础，以绿色制造产业链为基础打造创新链。通过打通京津冀绿色制造协同创新链条，打造京津冀梯度传递式的绿色制造创新格局，提升京津冀绿色制造协同创新能力。①

持续优化京津冀一体化资源要素市场，建立统一的绿色制造科技创新成果认证标准，打破由行政分割导致的高端人才、知识技术、创新资金等创新要素资源的流动障碍，推动京津冀绿色制造科技资源的开放共享，最大限度地实现京津冀绿色制造科创资源的高效配置。围绕京津冀绿色制造协同创新体系定位，摸清京津冀三地的发展需求，围绕京津冀的共性问题与需求，整合京津冀的绿色制造科技创新战略力量，规划一批产学研结合的创新载体，不断推进京津冀地区优势互补、互利共赢，构建区域绿色制造协同创新体系。

（三）推进政策落地，积极开展智能制造示范应用

绿色制造顺应智能制造的发展趋势，与智能制造加速融合。根据《智能制造发展指数报告（2021）》，京津冀地区拥有 49 个智能制造产业园，拥有较多的高成熟度智能制造企业，集中在科技水平较高的高端制造业，是绿色制造的重点发展领域。将绿色制造融入京津冀智能制造中长期规划，充分利用智能制造带来的资金、人力资本等优势资源，使用好智能制造开放兼容的制度体系，致力于服务绿色制造发展需求，使智能制造全面渗透至绿色制造的各个环节。②

把握智能制造知识密度高、创新辐射性强的特点，承接智能制造的先进技术和创新体系，带动绿色制造智能化发展。通过智能制造技术实现生产过程的精细化管理，优化生产工艺，实现全产业链的科学管理。通过建立智能管控平台，采用数字化和信息化手段采集产品全生命周期信息，对产品能

---

① 王浩等：《京津冀协同发展下科技成果转移转化现状、问题及提升路径研究》，《天津经济》2022 年第 11 期。

② 李金华：《中国绿色制造、智能制造发展现状与未来路径》，《经济与管理研究》2022 年第 6 期。

耗、设备运行等进行精细化分析，深入开展对标管理，依靠节能管理等智能化手段促进企业绿色转型。通过智能化供应链管理，与上下游产业链对接，选择符合绿色制造的原材料供应商和回收利用方式，促进全产业链绿色转型升级。加快优化绿色制造与智能制造融合的产业生态，建立智能制造和绿色制造的交叉创新机制，共同研发智能化环保设备和绿色化智能制造技术，实现技术和经验的共享与转化，鼓励创建绿色制造与智能制造融合的示范企业、示范园区，优化绿色智能制造大环境。

（四）推进合作共赢，促进绿色制造平台共享建设

在京津冀三地政府的统筹指导下，通过建立绿色制造共享平台，整合绿色制造的科创、生产、消费、投资等各类主体，利用信息化手段为绿色制造领域各类主体的对接提供服务，对资源进行高效配置。京津冀三地政府共同牵头，围绕绿色制造集群的共性需求加强保障工作，引导绿色制造领域各类主体入驻绿色制造共享平台。通过绿色制造重点企业与高校、科研机构合作的方式，集中力量突破绿色制造的技术瓶颈，为入驻绿色制造共享平台的企业提供技术研发及创新方面的帮助。政府通过大力支持绿色制造领域的综合型科技人才培养，为绿色制造共享平台提供复合型人才，为绿色制造提供源源不断的发展动力。

通过京津冀绿色制造共享平台，京津冀的绿色制造主体可以进行深入交流与合作，有利于链接产业链各个环节的信息与技术，实现绿色制造全要素的共享和传递。企业、科研机构与高校可以通过绿色制造共享平台实现产学研一体化，促进绿色制造领域科技创新发展，有利于科技创新成果落地转化。绿色制造共享平台在绿色制造企业与金融投资机构之间构建起桥梁，拓宽京津冀绿色制造领域融资渠道，加强绿色制造产业链各主体之间的链接，激发绿色制造市场活力。以京津冀绿色制造共享平台为载体，对绿色制造进行数据监测与分析，对绿色制造全产业链条的传导效应进行情景构造与沙盘推演，制定差别化的绿色转型方案，为推进京津冀绿色制造协同发展战略提供决策支撑与参考。

（五）推进融合发展，加快绿色制造业服务化进程

推动先进制造业与现代服务业深度融合，促进绿色制造企业向服务型制造转型，通过绿色制造服务化转型实现制造业价值链向中高端延伸。推进绿色制造企业从传统制造产品供应者转向绿色制造产品服务提供者，通过为需求者提供异质性产品供给服务，为需求者提供超出产品基础功能的附加价值，紧密供需双方的交互，增强客户黏性，提升绿色制造企业自身价值；通过为客户提供特异性和知识密集型产品定制研发服务，拓展制造企业销售产品的单一盈利模式，增加绿色制造企业的柔性营业收入；绿色制造企业通过结合自身优势和所处发展阶段，选择不同类型的绿色制造服务化战略，在服务化过程中不断优化企业管理组织架构，改进企业运作流程，整合内外部优质要素资源，建立高效的资源配置模式，通过经营生产方式的转变不断提升绿色制造企业竞争力。

四　京津冀绿色制造协同发展机制

（一）明确京津冀绿色制造协同发展战略目标

京津冀绿色制造协同发展的战略目标，是以构建京津冀绿色制造合作共赢、福利共进的内生协同机制为方向，从京津冀绿色制造的产业基础、要素禀赋等基本情况出发，结合当前国内外绿色制造发展的新动态，建立产业发展、科技创新、生态环境等领域的机制。

在产业发展方面，培育具有代表性的绿色制造产品，鼓励重点行业绿色制造转型。带动新能源、新材料、储能、新能源汽车、被动式超低能耗建筑等绿色新兴产业的发展，完成对钢铁、建材、石油化工等行业全生产流程的绿色改造，进而带动制造业全局的绿色转型。不断推进产业绿色转型，推进能源资源科学配置、高效利用，把控原材料结构，优化生产流程和制造工艺，提升资源回收利用率，建立绿色制造全生产流程的管理体系。在科技创新方面，通过产学研结合的方式，集成优质要素，实现上中下游绿色制造产业链技术创新的紧密对接，不断提升绿色制造科技创新水平，加强节能环保装备研发，开发一批经济性好、推广潜力大的绿色工艺技术装备，引导企业加强生产设备的更新和先进工艺的引进，加速绿色智能制造先进技术的转化落地。在生态环境方面，制定环境治理、节能减排的目标，不断推进区域生态环境联防联治，通过构筑绿色壁垒，强化绿色制造企业的竞争优势，推进京津冀绿色制造协同发展目标实现。

（二）构建科学的绿色制造协同发展推进体系

构建区域内要素市场一体化的政策体系，通过要素市场一体化的指导和帮助，缩小要素资源区域内边际收益的差异，塑造区域要素资源的内生性，实现京津冀绿色制造协同发展的网络化。

京津冀三地政府应从区域整体进行规划，构建基于利益让渡的联动协调机制，以相互包容、相互理解为原则，积极构建利益共享、责任共担的协同机制。通过设立单独的经费和人员，保障区域领导机构具备权威性、独立性，制定以区域协同发展为目标的整体性全局性规划；保障各利益主体充分参与区域绿色制造协同发展的规划与推进，为各类群体组织和社会群众提供参与和监督渠道，建立公平有效的监督评估机制，对京津冀绿色制造协同发展情况进行动态化的监测和考核，形成多方参与、共同监督的治理体系，为绿色制造协同发展的可持续进程提供保障；制定相关法律法规，提供法律保障，使区域绿色制造协同发展进程有法可依。建立科学的要素回报机制，弱化政府在市场中的主导地位，重视河北省在资源输出方面做出的贡献，同时强调环境要素的稀缺性，通过提升价格机制在市场配置中的作用，实现要素回报的公平化，构建市场主导、政府引导、企业为主体的绿色发展推进机制。

（三）构建需求驱动的绿色制造协同创新体系

需求侧创新以需求和供给之间充分的信息交流为基础，为满足消费者的诉求和消费偏好进行产品设计、生产与服务，生产者的技术风险较低，有利

于创新规模的扩张。① 通过完善京津冀高质量绿色需求的市场建设，创造绿色需求引导创新的条件。通过在环境安全、能源效率等方面制定产品执行标准及法规，引入国际先进绿色制造企业等措施，鼓励消费者了解并参与主流的绿色消费趋势。

加大对京津冀绿色制造产品的公共采购力度，强化制造企业绿色转型责任，刺激绿色制造产品引导创新。通过完善绿色产品的管理和监督、提升绿色产品技术认证标准，提升消费者对绿色制造产品功能价值和环境价值的信任度，激发消费者对绿色制造产品的需求。

（四）建立绿色制造协同发展数字金融服务机制

建立京津冀绿色制造协同发展数字金融服务机制，将大数据、互联网等信息技术的发展和应用不断与金融服务融合，使用大数据技术为京津冀绿色制造协同发展金融服务机制提供支持，帮助金融服务机制更加准确地开展绿色制造市场调控，规避绿色制造潜在威胁，为绿色制造提供更加精准的金融服务方案和更加高效准确的金融服务。②

为建立京津冀绿色制造协同发展数字金融服务机制，对绿色制造金融风险控制的核心数据进行掌握，以此为基础由内向外地添加绿色制造周边信息、绿色制造相关组织信息以及社会各界的非结构化信息，做好数据的分析和储存工作，逐步扩充和完善绿色制造金融数据库，为数字金融服务提供基础性信息。构建信息数据共享的绿色制造信息化平台，搭建多主体协作式的绿色制造金融服务体系，联动科研机构、金融消费者等多部门，实现多主体合作的绿色制造金融服务机制，提高金融服务管理与决策的科学性，有效控制金融风险。加大数据质量监管力度，保证数据资源质量，充分利用数据可视化、人工智能、云计算等信息技术手段，提升信息资源服务决策的能力，提升金融服务的效率性和前瞻性，不断推动数据融合的绿色制造协同发展金融服务市场化进程。

---

① 易先忠、孙思意：《强化数字经济下市场需求对创新的引致作用》，《中国社会科学报》2022 年 7 月 6 日，第 3 版。

② 杨传钰：《大数据背景下中小企业金融风险控制策略研究》，《全国流通经济》2022 年第 29 期。

B.14
京津冀制造业"专精特新"企业发展研究

王宛秋　董玉杰*

摘　要： 本报告从政策支持及认定情况、行业和区域分布、创新能力、供应链协同、创新协同等方面对京津冀制造业"专精特新"企业进行深入分析。总体看，三地制造业"专精特新"企业均呈现动力强劲、蒸蒸日上的发展态势。横向对比发现：数量上，河北省的制造业"专精特新"企业显著多于北京和天津；创新质量上，天津和北京的制造业"专精特新"企业更为突出；此外，三地在优势行业上错位分布并各具集聚效应。建议从发挥政策效能、优化协作机制、推进多形式联通、深化跨区域合作、促进优质资源整合五个方面，打造创新驱动三地经济协同发展的新格局。

关键词： "专精特新"企业　京津冀　制造业　协同发展

引　言

　　"专精特新"企业是指具有"专业化、精细化、特色化、新颖化"发展特征的中小企业。"专精特新"企业的培育与发展在提高中小企业整体素

---

* 王宛秋，管理学博士，北京工业大学经济与管理学院教授，研究方向为并购、企业创新发展；董玉杰，管理学博士，北京工业大学经济与管理学院，研究方向为创新管理、团队管理。

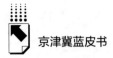
质、实现产业结构优化升级、加快制造强国建设等方面发挥着不可或缺的重要作用。2011年7月，由工业和信息化部发布的《中国产业发展和产业政策报告（2011）》首次在政策层面提出"专精特新"企业的概念。近年来，对"专精特新"企业的支持力度逐渐加大，以期从以下四个方面促进"专精特新"企业的发展。一是推动企业加大创新投入力度，加快技术成果产业化应用，推进工业"四基"领域或制造强国战略明确的十大重点产业领域"补短板"和"锻长板"；二是促进企业与行业龙头协同创新、产业链上下游协作配套，支撑产业链补链、延链、固链，提升产业链稳定性和竞争力；三是促进数字化、网络化、智能化改造，并通过工业设计促进提品质和创品牌；四是支持企业挂牌或上市、加强国际合作等，进一步增强企业发展潜力和拓展企业发展空间。

京津冀三地也密集出台支持政策。三地的支持政策总体上呈现方向一致、错位发展的特点。培育目标均围绕国家"专精特新"企业的培育方向，并结合地方经济特色和区域性产业优势进行设定，在专业化、精细化、特色化和新颖化方面，各地根据地方经济的特点和定位，各有侧重。为此，本报告将主要围绕京津冀三地制造业"专精特新"企业政策支持及认定情况、行业和区域分布、创新能力、供应链协同、创新协同等方面进行分析，并在此基础上对京津冀制造业"专精特新"企业协同发展提出对策建议。

一 京津冀"专精特新"企业发展的政策背景

（一）国家"专精特新"企业政策支持及认定情况

1. 政策支持情况

截至2022年12月，国家层面共出台378项涉及"专精特新"企业发展的政策（见图1）。其中包括《关于开展专精特新"小巨人"企业培育工作的通知》《关于支持"专精特新"中小企业高质量发展的通知》《工业和信息化部办公厅关于开展第四批专精特新"小巨人"企业培育和第一批专精特新"小巨人"企业复核工作的通知》等 11 项直接引导和支持"专精特新"企业发展的政策，以及 367 项在产业发展、财政税收、融资渠道、协同发展等方面涉及支持"专精特新"企业发展的政策。

从 2018 年 11 月的《关于开展专精特新"小巨人"企业培育工作的通知》、2020 年 7 月的《关于开展第二批专精特新"小巨人"企业培育工作的通知》到 2021 年 4 月的《关于开展第三批专精特新"小巨人"企业培育工作的通知》，专精特新"小巨人"企业的培育条件不断调整改进。直到 2022 年 6 月，工业和信息化部印发《优质中小企业梯度培育管理暂行办法》，统一明确了"专精特新"中小企业、专精特新"小巨人"企业的认定标准。

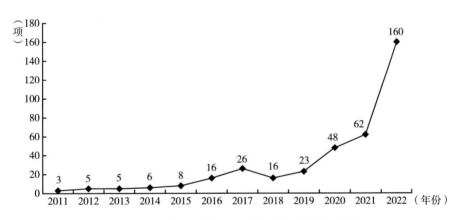

图 1　2011~2022 年国家"专精特新"政策发文数量

资料来源：北大法宝。

2. 认定情况

截至 2022 年 12 月，工业和信息化部先后公布了四批国家级专精特新"小巨人"企业，共 9279 家，其中，2018 年 11 月第一批认定 248 家，2020 年 7 月第二批认定 1744 家，2021 年 4 月第三批认定 2930 家，2022 年 8 月第四批认定 4357 家，数量呈迅猛增长趋势。

（二）京津冀"专精特新"企业支持政策及认定情况

1. 政策支持情况

（1）北京市"专精特新"企业支持政策

北京市在 2019～2022 年发布关于支持"专精特新"企业的政策共 40 项（见图 2）。2019 年 12 月北京市经济和信息化局发布的《关于推进北京市中小企业专精特新发展的指导意见》首次正式提出要培育一批"专精特新"中小企业。2022 年 8 月，根据工业和信息化部《优质中小企业梯度培育管理暂行办法》和《北京市"十四五"时期高精尖产业发展规划》《关于推进北京市中小企业专精特新发展的指导意见》等相关文件规定，进一步制定了《北京市优质中小企业梯度培育管理实施细则》。

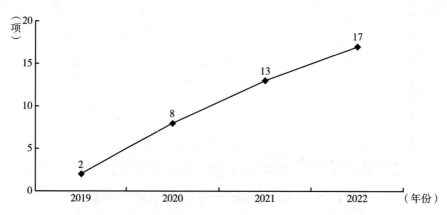

图 2 2019～2022 年北京市"专精特新"企业支持政策数量

资料来源：北京市工业和信息化局。

（2）河北省"专精特新"企业支持政策

河北省在 2015～2022 年发布关于支持"专精特新"企业的政策共 37 项（见图 3）。2015 年 8 月发布的《河北省工业和信息化厅关于促进中小企业"专精特新"发展的意见》作为河北省首条"专精特新"政策，明确了河北省推动中小企业创业创新、促进中小企业转型升级的方向。2016

年7月,河北省工业和信息化厅发布了《关于公布河北省首批"专精特新"中小企业名单的通知》,首次认定了"专精特新"中小企业105家。在此基础上,进一步发布了《河北省"专精特新"中小企业认定管理办法》(2018年)和《河北省"专精特新"中小企业培育工作指南》(2021年)作为认定标准。

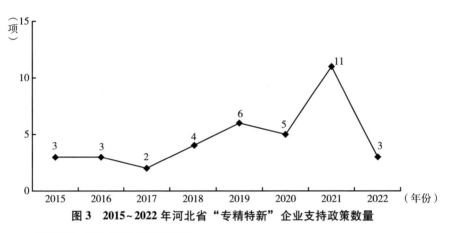

图3 2015~2022年河北省"专精特新"企业支持政策数量

资料来源:河北省工业和信息化厅。

(3)天津市"专精特新"企业支持政策

天津市在2019~2022年发布关于支持"专精特新"企业的政策共22项(见图4)。2019年发布的《天津市"专精特新"中小企业培育工程管理办法》,首次正式提出了"专精特新"企业培育方向、培育条件、申报程序、管理方式等。2022年发布的《市工业和信息化局关于印发天津市优质中小企业梯度培育管理实施细则的通知》对天津市"专精特新"中小企业的认定标准进行了调整。

2. 认定情况

(1)北京市"专精特新"企业认定情况

北京市自2020年开展首批"专精特新"中小企业认定,截至2022年底,3年分别认定819家、1298家和3140家,共计5257家企业。认定市专精特新"小巨人"企业2批,分别为100家和751家,共851家企业。

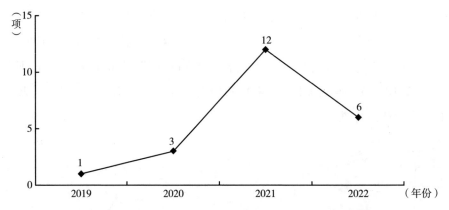

图4 2019~2022年天津市"专精特新"企业支持政策数量

资料来源：天津市工业和信息化局。

（2）河北省"专精特新"企业认定情况

河北省自2015年开展首批"专精特新"中小企业认定，截至2022年底，共认定8批，分别为105家、219家、200家、500家、578家、596家、773家和1030家，总计4001家企业。认定5批"专精特新"示范企业，分别为52家、149家、188家、327家和187家，总计903家。

（3）天津市"专精特新"企业认定情况

天津市自2019年开展首批"专精特新"中小企业认定，截至2022年底，共认定4批，分别为510家、197家、436家和73家，共计1216家企业。

二 京津冀制造业"专精特新"企业发展现状分析

（一）京津冀国家级制造业专精特新"小巨人"企业的总体情况

1. 认定情况

截至2022年底，工业和信息化部先后公布了四批国家级专精特新"小巨人"企业，京津冀三地分别为599家、197家和347家，共计1143家。其中，制造业企业共计439家，京津冀三地分别为76家、99家、264家（见表1）。

表1　截至2022年京津冀国家级专精特新"小巨人"企业总体情况

单位：家

批次	北京		河北		天津		合计	
	全部	制造业	全部	制造业	全部	制造业	全部	制造业
第一批	5	2	9	7	6	4	20	13
第二批	93	22	99	77	38	15	230	114
第三批	167	14	102	76	89	48	358	138
第四批	334	38	137	104	64	32	535	174
合计	599	76	347	264	197	99	1143	439

资料来源：工业和信息化部、企查查。

2. 工业"四基"分布情况分析

核心基础零部件和元器件、先进基础工艺、关键基础材料、产业技术基础，简称"四基"，是工业的基础能力。根据《工业"四基"发展目录（2016年版）》，对照企业官方网站披露的主要产品，可以看出，439家京津冀国家级制造业专精特新"小巨人"企业中工业"四基"企业数分别为219家、42家、167家和11家。总体而言，京津冀国家级制造业专精特新"小巨人"企业绝大多数属于关键基础材料以及核心基础零部件和元器件企业。三地国家级制造业专精特新"小巨人"企业工业"四基"具体分布情况见图5。

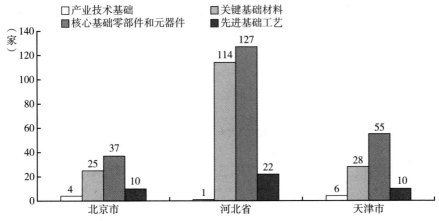

图5　截至2022年京津冀国家级制造业专精特新"小巨人"企业工业"四基"分布情况

资料来源：工业和信息化部、企查查、公司官方网站。

3. 上市及挂牌情况

京津冀地区439家国家级制造业专精特新"小巨人"企业中有27家已经上市或挂牌（见图6）。

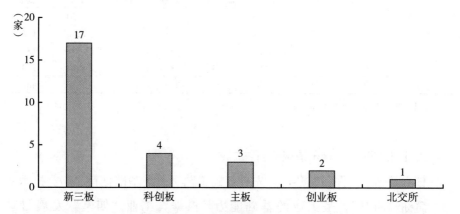

图6 截至2022年京津冀国家级制造业专精特新"小巨人"企业上市或挂牌情况

资料来源：工业和信息化部、企查查、Choice数据库。

分省市来看，北京市累计培育国家级专精特新"小巨人"企业599家，其中制造业企业76家，截至2022年底，有14家公司实现上市或挂牌；天津市累计培育国家级专精特新"小巨人"企业197家，其中制造业企业99家，均未上市或挂牌；河北省累计培育国家级专精特新"小巨人"企业347家，其中制造业企业264家，13家实现上市或挂牌（见表2）。总体来看，京津冀地区国家级制造业专精特新"小巨人"企业上市或挂牌主要集中在新三板，占总体的63%。

表2 截至2022年京津冀国家级制造业专精特新"小巨人"企业上市或挂牌情况

单位：家

省市	主板	创业板	科创板	北交所	新三板	合计
北京市	2	1	4	0	7	14
天津市	0	0	0	0	0	0
河北省	1	1	0	1	10	13
合计	3	2	4	1	17	27

（二）京津冀省（市）级制造业"专精特新"企业的总体情况

1. 北京市制造业"专精特新"企业总体情况

截至 2022 年，北京市认证市级专精特新"小巨人"企业 851 家，其中制造业企业 98 家，整体占比不高，已实现上市或挂牌的有 23 家。市级"专精特新"企业 5257 家，其中制造业企业 365 家，已实现上市或挂牌的有 34 家。具体情况见表 3。

表 3　截至 2022 年北京市市级制造业"专精特新"企业上市或挂牌情况

单位：家

类别	主板	创业板	科创板	北交所	新三板	合计
市级专精特新"小巨人"企业	5	6	3	2	7	23
市级"专精特新"企业	5	8	3	3	15	34

资料来源：工业和信息化部、北京市经济和信息化局、企查查、Choice 数据库。

2. 天津市制造业"专精特新"企业总体情况

截至 2022 年，天津市共培育市级"专精特新"企业 1216 家，其中制造业企业 535 家，新三板挂牌 16 家，主板上市 2 家，创业板上市 4 家，北交所上市 1 家。为积极推动企业上市进程，2021 年 12 月天津市工业和信息化局与天津滨海柜台交易市场股份公司共同建设区域性股权市场"专精特新企业上市后备板"，充分发挥沪深交易所、北交所和新三板天津基地的服务功能作用，在板块内部设培育层、成长层、精选层，为在"专精特新企业上市后备板"挂牌企业提供一站式、多维度、全周期综合金融服务。

3. 河北省制造业"专精特新"企业总体情况

截至河北省 2022 年第二批省级"专精特新"中小企业认定，河北省省级"专精特新"企业达到 4001 家，其中制造业企业 2892 家。已实现上市或挂牌的省级制造业"专精特新"企业有 62 家。此外，河北省认证的省级

"专精特新"示范企业中，制造业企业有675家，已实现上市或挂牌的有49家。具体情况见表4。

表4 截至2022年河北省省级制造业"专精特新"企业上市或挂牌情况

单位：家

类别	主板	创业板	科创板	北交所	新三板	合计
省级"专精特新"示范企业	5	6	0	1	37	49
省级"专精特新"企业	4	10	0	1	47	62

资料来源：工业和信息化部、河北省工业和信息化厅、企查查、Choice数据库。

三 京津冀制造业"专精特新"企业行业分布分析

京津冀"专精特新"企业行业分布分析是理解三地产业集聚和错位发展现状的基础，也是更好促进三地"专精特新"企业协同发展的基础。为保证可比性，本报告采用三地的国家级制造业专精特新"小巨人"企业和省（市）级"专精特新"企业作为分析对象，分析如下。

（一）行业分布整体情况

439家京津冀国家级制造业专精特新"小巨人"企业中，企业数量排在首位的是专用设备制造业，排名前十的行业见图7。在行业分布上，很好地契合了专精特新"小巨人"企业在我国建设制造强国进程中强化工业"四基"、强链、补链的基本定位。

3792家省（市）级制造业"专精特新"企业中，通用设备制造业、专用设备制造业、金属制品业、电气机械和器材制造业及化学原料和化学制品制造业等5个行业占比较高（见图8）。由此可以看出，京津冀地区的产业优势明显，而且均聚焦国家重点发展领域，较好地发挥了其制造业强链、补链的关键作用。

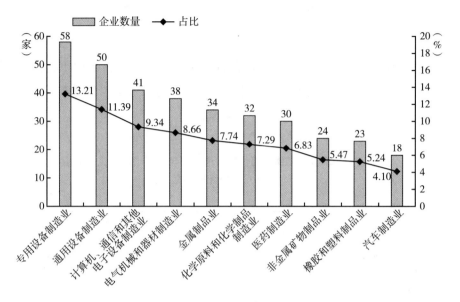

图7 截至2022年京津冀国家级制造业专精特新"小巨人"企业排名前十的行业

资料来源：工业和信息化部、企查查。

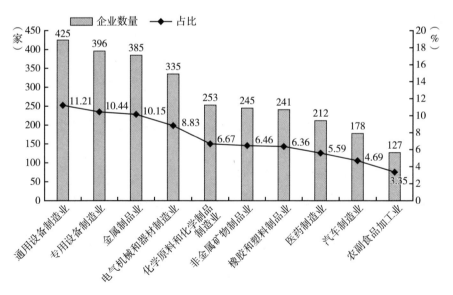

图8 截至2022年京津冀省（市）级制造业"专精特新"企业排名前十的行业

资料来源：北京市工业和信息化局、天津市工业和信息化局、河北省工业和信息化厅、企查查。

（二）行业分布对比分析

京津冀三地国家级制造业专精特新"小巨人"企业排名前十行业的地区对比情况见表5。可以看出，京津冀三地在优势产业上错位分布并各具集聚效应，为三地协同发展奠定了一定的基础。

表5　截至2022年京津冀国家级制造业专精特新"小巨人"企业
排名前十行业的地区对比

单位：家

行业	北京市	河北省	天津市	合计
专用设备制造业	12	33	13	58
通用设备制造业	2	30	18	50
计算机、通信和其他电子设备制造业	16	15	10	41
电气机械和器材制造业	6	23	9	38
金属制品业	3	25	6	34
化学原料和化学制品制造业	6	21	5	32
医药制造业	8	17	5	30
非金属矿物制造业	2	20	2	24
橡胶和塑料制品业	——	19	4	23
汽车制造业	1	12	5	18
合计	56	215	77	348

资料来源：工业和信息化部、企查查。

京津冀省（市）级制造业"专精特新"企业排名前十行业的地区对比情况见表6。排名前十的行业共有2797家企业，占比高达73.76%。可以看出，通用设备制造业占比最高，占排名前十的行业企业数量的15.19%，其次是专用设备制造业和金属制品业，三者合计占排名前十的行业企业数量的43.12%。

表6　截至2022年京津冀省（市）级制造业"专精特新"企业排名前十行业的地区对比

单位：家

行业	北京市	河北省	天津市	合计
通用设备制造业	24	321	80	425
专用设备制造业	52	282	62	396
金属制品业	17	310	58	385

行业	北京市	河北省	天津市	合计
电气机械和器材制造业	45	238	52	335
化学原料和化学制品制造业	18	198	37	253
非金属矿物制造业	22	195	28	245
橡胶和塑料制品业	9	203	29	241
医药制造业	63	130	19	212
汽车制造业	5	136	37	178
农副食品加工业	1	116	10	127
合计	256	2129	412	2797

资料来源：北京市工业和信息化局、天津市工业和信息化局、河北省工业和信息化厅、企查查。

四 京津冀国家级专精特新"小巨人" 企业创新能力分析

创新能力是"专精特新"中小企业的灵魂，专利数量是反映企业创新能力的重要指标。因此，本报告通过专利数量透视和分析京津冀国家级专精特新"小巨人"企业的创新能力。

（一）创新体量分析

1. 分省市创新体量分析

如图9所示，京津冀三地四批439家国家级制造业专精特新"小巨人"企业专利申请总量达5.44万项。其中，天津市领跑三地。

根据智慧芽全球专利数据库《2022专精特新"小巨人"企业科创能力报告》，天津市、北京市国家级制造业专精特新"小巨人"企业平均专利数远超全国9279家国家级专精特新"小巨人"企业的平均专利数104.43项，河北省国家级制造业专精特新"小巨人"企业虽专利数量较多，但企业平均专利数量较少。具体如表7所示。

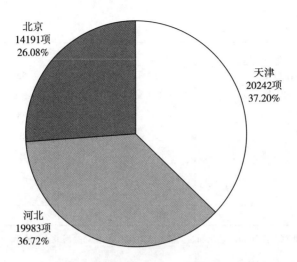

北京
14191项
26.08%

天津
20242项
37.20%

河北
19983项
36.72%

图9　截至2022年京津冀国家级制造业专精特新"小巨人"企业
各省市专利总量及占比

资料来源：工业和信息化部、智慧芽全球专利数据库。

表7　截至2022年京津冀国家级制造业专精特新"小巨人"企业各省市平均专利数量

省市	专利数量(项)	制造业企业数量(家)	平均专利数量(项/家)
天津	20242	99	204.46
河北	19983	264	75.69
北京	14191	76	186.72
总计	54416	439	123.95

资料来源：工业和信息化部、智慧芽全球专利数据库。

2. 分行业创新体量分析

从行业细分的角度来看，京津冀三地439家国家级制造业专精特新"小巨人"企业共涉25个行业大类。其中，化学纤维制造业、造纸与纸制品制造业与其他制造业等13个行业专利申请总量相对较少，因此本报告将这些行业合并为"其他"类别。如图10所示，专用设备制造业专精特新"小巨人"企业专利申请总数最多，其与通用设备制造业，计算机、通信和其他电子设备制造业，电气机械和器材制造业占比共计55.08%，超过总创新体量的一半。

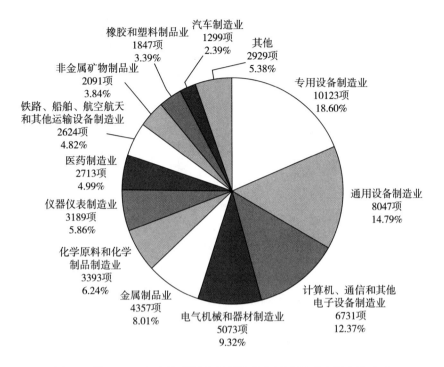

图10 截至2022年京津冀国家级制造业专精特新"小巨人"企业创新体量行业分类

资料来源：工业和信息化部、智慧芽全球专利数据库、企查查。

进一步分析专利数量排名前十的行业的省市构成情况（见图11），在金属制品业、医药制造业与非金属矿物制品业三个行业专利数量上，河北占比最多（超过41%）且明显超过其他两市；在电气机械和器材制造业、仪器仪表制造业与通用设备制造业三个行业专利数量上，天津贡献突出（超过45%）；在专用设备制造业专利数量上，北京市占比最多，达42.72%；其他行业三个省市构成相对均匀。值得一提的是，在京津冀仪器仪表制造业总共3189项专利中，天津市有1827项，其中天津海鸥表业集团有限公司专利数量为1416项，占天津市仪器仪表制造业专利总量的77.50%。明星"小巨人"企业对所在省市行业创新技术发展的支撑作用值得关注。

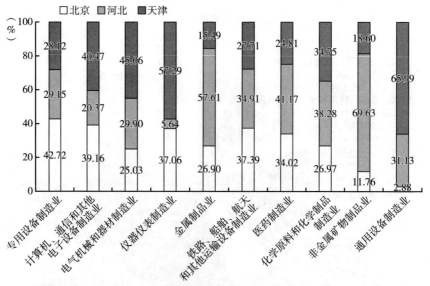

图11 截至2022年京津冀国家级制造业专精特新"小巨人"企业排名前十的行业专利数量省市构成

资料来源：工业和信息化部、智慧芽全球专利数据库。

（二）创新质量分析

1. 分省市创新质量分析

专利包括发明专利、实用新型专利和外观设计专利三类。如图12所示，整体来看，京津冀国家级制造业专精特新"小巨人"企业专利数量最多的类别是发明专利，为2.67万项；其次是实用新型专利，为2.42万项；外观设计专利数量较少，为0.35万项。从省市细分角度，北京市专利类型以发明专利为主，河北省以实用新型专利为主，天津市发明专利与实用新型专利数量较多。

发明专利申请占总专利申请量（包含发明专利、实用新型专利和外观设计专利三类）的比重（以下简称"发明专利申请占比"）可以有效反映总体创新质量。京津冀国家级制造业专精特新"小巨人"企业发明专利申请占比高于全国平均水平43.44%，体现出较强的创新能力。三地国家级制造业专精特新"小巨人"企业发明专利申请占比具体对比见图13，其中北京市发明专利申请占比最高，创新质量最为显著。

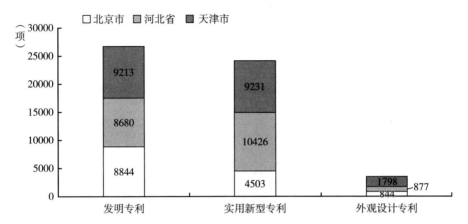

图 12　截至 2022 年京津冀国家级制造业专精特新"小巨人"企业创新质量情况

资料来源：工业和信息化部、智慧芽全球专利数据库。

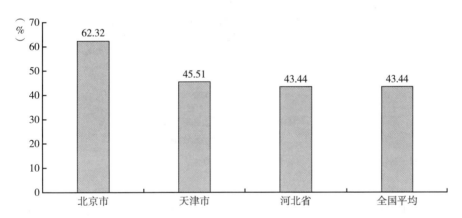

图 13　截至 2022 年京津冀国家级制造业专精特新"小巨人"企业发明专利申请占比对比

资料来源：工业和信息化部、智慧芽全球专利数据库。

2. 分行业创新质量分析

按照行业类型，进一步对京津冀国家级制造业专精特新"小巨人"企业的专利类型进行了统计，此部分依然采用具有代表性的专利总量排名前十的行业进行分析。

发明专利中，专用设备制造业，通用设备制造业，计算机、通信和其他

电子设备制造业，化学原料和化学制品制造业占比总计52.65%，超过发明专利总数的一半（见图14）。

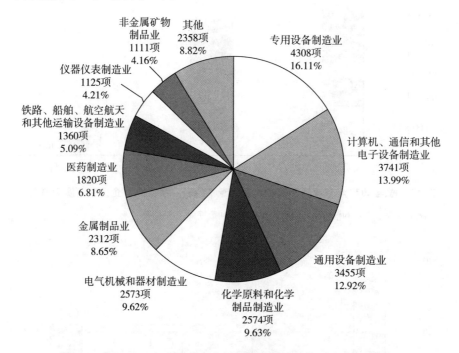

**图14 截至2022年京津冀国家级制造业专精特新"小巨人"企业
发明专利行业细分情况**

资料来源：工业和信息化部、智慧芽全球专利数据库、企查查。

实用新型专利中，专用设备制造业占比最高，达22.61%，其次是通用设备制造业（17.43%）与计算机、通信和其他电子设备制造业（10.46%）（见图15）。这三个行业不仅是实用新型专利的前三名，也是发明专利占比前三名，说明其创新能力较强。

外观设计专利中，仪器仪表制造业占比最高，达31.51%，其次是计算机、通信和其他电子设备制造业（13.19%）（见图16）。

从具体行业看，化学原料和化学制品制造业发明专利总量占其专利总量的比例最高，达75.86%，其次是医药制造业，计算机、通信和其他电子设备制造业，非金属矿物制品业，占比均高于53%（见图17）。

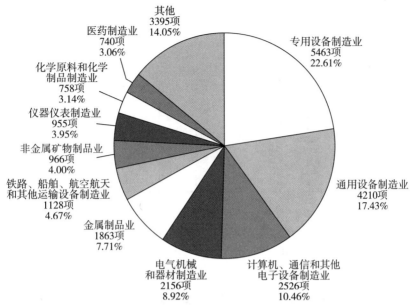

**图 15 截至 2022 年京津冀国家级制造业专精特新"小巨人"企业
实用新型专利行业细分情况**

资料来源：工业和信息化部、智慧芽全球专利数据库、企查查。

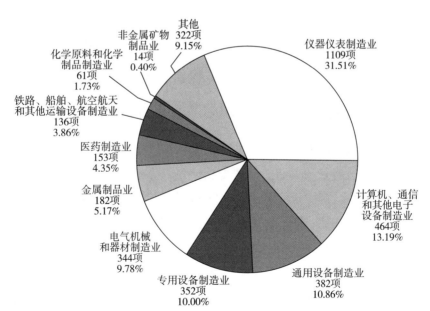

**图 16 截至 2022 年京津冀国家级制造业专精特新"小巨人"企业
外观设计专利行业细分情况**

资料来源：工业和信息化部、智慧芽全球专利数据库、企查查。

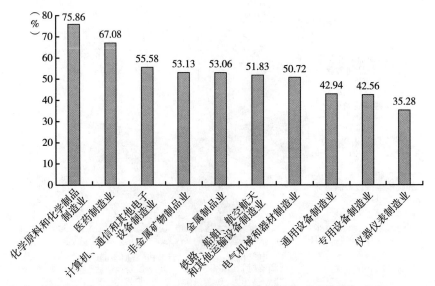

图 17　截至 2022 年京津冀国家级制造业专精特新"小巨人"企业
创新质量指标行业对比

资料来源：工业和信息化部、智慧芽全球专利数据库、企查查。

五　京津冀制造业"专精特新"企业
协同发展现状和对策

（一）京津冀制造业"专精特新"企业协同发展现状

1. 上下游供应链协同分析

本报告通过对京津冀制造业"专精特新"企业间供需关系的分析，反映京津冀区域供应链协同情况。如果企业的供应商与客户所在地为京津冀三地，且与企业所在地不同，则该企业存在京津冀供应链合作。

京津冀国家级和省（市）级 4231 家制造业"专精特新"企业中，有三地上下游协作的共 1482 家，其中国家级制造业专精特新"小巨人"企业 256 家，省（市）级制造业"专精特新"企业 1226 家。[①] 总体来看，存在

---

① 同时有上下游合作的企业，记做一家企业，不分开计算。

京津冀区域供应链合作的制造业"专精特新"企业占总体的35%，有潜力进一步推动企业间更深层次的合作。

从协作主体来看，京津冀有上下游协作的企业共494家，京冀有上下游协作的企业597家，津冀有上下游协作的企业238家，京津有上下游协作的企业153家（见图18）。

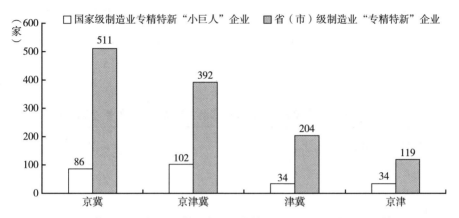

图 18　截至 2022 年京津冀制造业"专精特新"企业供应链合作情况

资料来源：工业和信息化部、企查查。

从协作类型来看，有上游协作的企业582家，有下游协作的企业1285家（见表8）。

表 8　截至 2022 年京津冀制造业"专精特新"企业上下游协作情况

单位：家

	级别	京津冀	京津	京冀	津冀	合计
上游	国家级制造业"专精特新""小巨人"企业	68	15	37	13	133
	省（市）级制造业"专精特新"企业	195	27	158	69	449
	合计	263	42	195	82	582
下游	国家级制造业"专精特新""小巨人"企业	98	28	63	28	217
	省（市）级制造业"专精特新"企业	370	109	424	165	1068
	合计	468	137	487	193	1285

资料来源：工业和信息化部、企查查。

2. 创新协同情况分析

联合创新和申请专利是企业间创新协作的有效途径之一，因此，本报告采用专利信息分析京津冀地区企业间的创新协作情况。

（1）整体创新协作情况分析

京津冀 439 家国家级制造业专精特新"小巨人"企业中共有 274 家企业授权并拥有合作专利，占全部企业的 62.41%。从合作专利数量来看，京津冀国家级制造业专精特新"小巨人"企业共有合作专利 4344 项，占全部专利的 7.98%（见表 9）。

表 9　截至 2022 年京津冀地区国家级制造业专精特新企业专利合作概况

所属省市	合作企业数量（家）	占当地企业比例（%）	合作专利数量（项）	占当地专利数量比例（%）
北京市	64	84.21	1632	11.50
天津市	60	60.61	1208	5.97
河北省	150	56.82	1504	7.53
合计	274	62.41	4344	7.98

资料来源：工业和信息化部、国家知识产权局专利检索与分析平台。

从京津冀合作网络的空间分布来看，以京津冀地区为整体与其他省份合作专利数量呈现东部地区多、西部地区少的特征。其中，广东省为主要合作省份，共 503 项，排首位，江苏省、上海市均多于 200 项，山东省紧随其后，为 104 项，吉林省、河南省、安徽省、浙江省均多于 50 项。

（2）京津冀区域内创新协作情况分析

在京津冀地区内部，国家级制造业"专精特新"企业共联合申请专利2051 项，占全部合作专利的 47.21%（见图 19）。其中，与本省份内部其他企业合作申请专利共 1429 项。跨省份合作中，京冀地区合作专利数量最多，为 309 项，约占跨省份合作专利的半数，京津地区合作专利 246 项，津冀地区合作专利 67 项，说明省份间专利合作产出能力差距较大，特别是三地联合申请专利数量较少，仅 90 项。

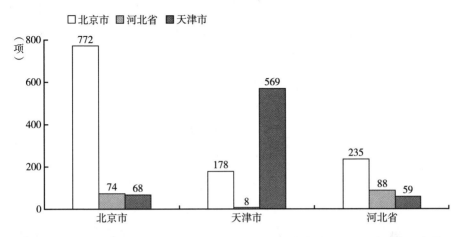

图 19　截至 2022 年京津冀地区内部国家级制造业"专精特新"企业专利合作数量

资料来源：工业和信息化部、国家知识产权局专利检索与分析平台。

从合作对象来看，京津冀地区制造业"专精特新"企业联合申请专利主要合作对象为企业，以天津市（89.07%）最为显著。其次为高校，三地中北京市企业与高校合作最为密切（见图 20）。

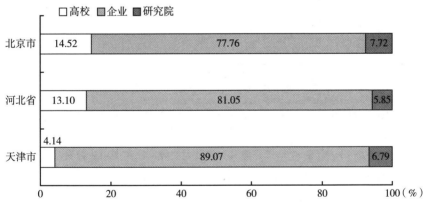

图 20　截至 2022 年京津冀地区制造业"专精特新"企业专利合作对象占比

资料来源：工业和信息化部、国家知识产权局专利检索与分析平台。

基于上述数据分析，京津冀地区企业协同创新呈现以省份内部合作为主、跨省份合作为辅的特征，且合作对象多为企业，产学研合作仍有很大的

发展空间。在区域内部合作中，省份间专利合作产出能力差距较大，北京市与河北省、天津市间协同创新联系最为紧密，而津冀地区合作专利数量及三地联合申请专利数量较少。

3. 资源联动分析——基于共建园区

京津冀三地政府为了整合并有效利用已有的创新资源，促进产业协同发展，合作共建了多个产业园区，为"专精特新"企业发展提供了平台。在地域上，共建园区主要落地天津和河北，北京则主要依托中关村科技园，为京津冀协同创新提供动力源，引领天津与河北打造协同发展平台和创新基地。

共建园区均有自身的定位和主导产业，高端装备制造和智能制造成为各园区主要的招商方向（见图21），这也与京津冀地区制造业"专精特新"企业优势行业的分布相契合。

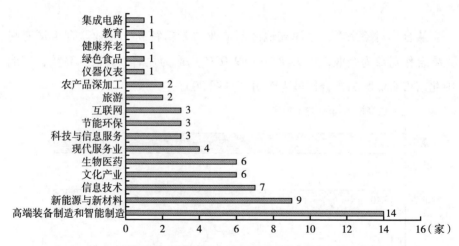

图21 截至2022年京津冀共建园区主导产业类型企业数量

资料来源：北京、天津、河北招商信息网。

通过以上分析可以发现，京津冀共建园区为制造业"专精特新"企业打造了协同发展的空间等硬件环境。依托共建园区，吸引和培育"专精特新"企业将为推动京津冀制造业"专精特新"企业资源联动、区域内集聚和协同发展带来更多的可能性。

（二）京津冀制造业"专精特新"企业协同发展对策

1. 发挥政策效能，加强制造业"专精特新"企业区域协同规划设计

"十四五"时期是推动京津冀产业协同发展的关键时期。根据《北京市"十四五"时期高精尖产业发展规划》《天津市制造业高质量发展"十四五"规划》《河北省制造业高质量发展"十四五"规划》，制造业"专精特新"企业是各省份产业基础再造提升、产业链条优化升级、智能绿色全面覆盖、制造服务深度融合的重要依托，也是京津冀产业协同的重要载体。因此，有必要在现行产业协同的整体指导思想下，针对制造业"专精特新"企业的特点，加强区域协同规划设计。

其中最重要的是培养机制的协同。健全宏观政策统筹机制，加强京津冀制造业"专精特新"企业协同发展的顶层规划设计。以充分发挥制造业"专精特新"企业在三地产业链共建、供应链共享、价值链共创中的作用为出发点，融合北京创新能力的领先优势、天津的创新转化优势和河北的加工制造优势，协同京津冀制造业"专精特新"企业认定标准和培育机制，实现区域内的培育梯度，共享培育经验、整合培育资源，提高其专业化生产、服务和协作配套能力，提升市场竞争力，在大中小企业融通发展中贡献独特价值，推动京津冀制造业协同朝互补均衡、高层次高质量的方向发展。

2. 优化创新协作机制，构建多维度的京津冀制造业"专精特新"企业协同创新网络

从京津冀三地国家级制造业专精特新"小巨人"企业认定情况和三地省（市）级制造业"专精特新"企业认定和培育标准，以及本报告前述行业分布分析和创新能力分析来看，京津冀区位优势显著，专用设备制造业，通用设备制造业，计算机、通信和其他电子设备制造业，化学原料和化学制品制造业等行业资源集聚和创新能力比较突出，但也存在发展不平衡不充分的问题。因此，可以将上述京津冀地区制造业"专精特新"企业创新资源集聚的行业作为重点领域，聚焦创新发展的共性需求和关键短板，精准施策、精准服务，推动多种形式的创新协作。

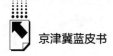

一是支持以供应链为载体的企业间协同创新。根据本报告前文的分析，京津冀制造业"专精特新"企业之间有较为紧密的供应链上下游关系和创新合作关系，为上下游协同创新提供了基础。因此，引导供应链企业间的稳定协同创新，加强技术合作攻关，亦是引导创新资源向制造业"专精特新"企业集聚的有效方式。

二是支持产业链上下游企业、科研院所、高校、投资机构、相关公共服务机构等组建联盟、平台、实验室、孵化器等多种形式的创新联合体，促进多层次、多领域创新资源的融通，引导各类创新要素向制造业"专精特新"企业集聚，充分融合三地在技术研发、标准制定、工艺改进、批量生产等环节的资源优势开展协同攻关，从而带动三地制造业"专精特新"企业以及产业链的协同提升。

三是以京津冀共建园区和成果转化中心为载体促进创新资源的凝聚和流动。发挥各类共建园区和成果转化中心创新资源、创新主体的集聚优势，推动科技、教育、产业、金融等在制造业"专精特新"企业创新中的紧密融合和资源联动。

3. 推进线上线下多种形式的连接，为京津冀制造业"专精特新"企业引智赋能

探索创新形式，通过工业互联网平台、区域协作的企业"诊疗"体系、母子工厂等，为京津冀制造业"专精特新"企业引智赋能，促进资源的高效流动和协同。

一是支持工业互联网平台建设，利用互联网、大数据、人工智能等新一代信息技术，建设协同创新服务云平台，对接需求主体、投资主体、管理主体和市场主体，建立开放共享的行业数据库、材料数据库、通用模型库等资源库，打通设计、生产、资本、市场等各环节，实现各类主体、资源、需求的互联互通，促进京津冀三地制造业"专精特新"企业创新、制造、数字化、服务等资源的跨区域跨界深度联动，深入推动"产业+技术+平台+服务"融合发展，构建平台化研发、设计、制造等协同发展生态圈。

二是推动产学研用合作，建立京津冀制造业"专精特新"企业"诊疗"

体系。大多数制造业"专精特新"企业仍处于发展早期,存在较为突出的资源约束和发展困惑,建立有效的顾问机制将有利于制造业"专精特新"企业突破发展瓶颈。可以充分利用京津冀区域智力资源丰富的优势,组建京津冀区域的制造业"专精特新"企业"诊疗"体系,开展巡诊活动,帮助企业解决发展中管理、技术等方面的问题,加快推进企业降本增效和智能化、绿色化、服务化、协同化发展。

三是针对京津冀三地科技创新资源分布不均衡的现状,在产业集聚和布局优化的原则下,促进优质制造业"专精特新"企业通过在京津冀区域内建设母子工厂的模式发挥优势带动作用,进一步促进区域内制造业"专精特新"企业的协同发展。

4. 深化跨区域产业合作,拓展京津冀制造业"专精特新"企业的协作边界

根据本报告的前述分析可以发现,京津冀制造业"专精特新"企业不但与区域内组织进行创新合作,而且与广东、江苏、上海、山东等地多有合作。因此,可以结合各区域的发展基础、资源特点和能力优势,进一步在企业、园区和政府等层次,通过共建产业研究院、建立母子工厂、构建创新联合体、建设工业互联网平台等方式,加强与长三角、粤港澳大湾区等区域的深层次产业合作,拓展制造业"专精特新"企业的协作边界和协同发展空间。

5. 依托资本市场,促进京津冀制造业"专精特新"企业的优质资源整合

资本是企业间资源整合的重要纽带,战略投资、并购、分拆上市等资本运作能够有效促进京津冀制造业"专精特新"企业的资源整合和协同发展。

一是通过并购进行创新资源的整合。中小企业在从无到有再到经营进入相对稳定状态的过程中大多在某些方面积累了独特的知识和能力,但这些知识和能力就像散落的珍珠,分布在一个个中小企业中。通过并购促进资源整合,将成为制造业"专精特新"企业突破创新资源瓶颈的一种重要方式。

二是上市企业对中小企业进行并购培育后再分拆。根据本报告的前述分析,京津冀地区的制造业"专精特新"企业中上市或挂牌的企业占比较低,而且分布不均匀。推动上市企业对中小企业进行并购和并购后的培育,将有

利于中小企业解决管理、资源、资本等多方面的问题，实现迅速成长，甚至可以进一步通过分拆上市，从而实现跨越式发展。

三是搭建京津冀制造业"专精特新"企业战略投资平台，发挥战略资本投资对中小企业发展的引领作用。资本不足和能力约束是制造业"专精特新"企业普遍面临的成长烦恼。引导和便利战略投资的注入可以成为深入支持制造业"专精特新"企业发展的着力点。合适的战略投资人能以战略协同为投资导向，在注入资本的同时，帮助被投资企业破解供应链协同、研发合作、公共关系、经营管理等方面的发展难题，通过资本和资源的双重支持助力被投资企业成长。

参考文献

江胜名、张本秀、江三良：《"专精特新"中小企业发展的态势与路径选择》，《福建论坛》（人文社会科学版）2022 年第 8 期。

陈旭东、王誉、李思梦：《京津冀科技园区科技创新与政府协同治理效应研究》，《科技进步与对策》2022 年第 14 期。

邵志媛：《100 亿元奖补资金分批下发　将赋能专精特新"小巨人"企业高质量发展》，《中国产经新闻》2021 年 2 月 9 日，第 2 版。

周琳：《助推专精特新企业发展》，《经济日报》2022 年 12 月 3 日，第 6 版。

汪泳、冒刘培、葛子彦：《"专精特新"企业发展与金融支持》，《金融纵横》2022 年第 11 期。

王一鸣：《聚焦硬科技领域 765 家专精特新"小巨人"已上市》，《证券时报》2022 年 9 月 10 日，第 4 版。

借 鉴 篇
Reference Reports

B.15

长三角制造业供应链一体化发展
启示分析*

田学斌 陈艺丹**

摘 要： 改革开放40多年来，长三角地区逐渐发展成为我国最重要的制造业基地以及全球最具影响力的科技创新高地。长三角制造业供应链一体化经历了全面启动、持续拓展、强化提升、高质量一体化发展四个阶段。制度创新、交通互联互通、互联网平台集聚以及新一代信息技术融合是推动长三角制造业供应链一体化发展的关键因素。打造世界级的产业集群，推动制造业数字化、智能化转型是长三角制造业未来的发展趋势。因此，推动长三角制造业供应链一体化发展，需要发挥龙头企业带动作用、联合培育产业集

* 本报告系国家社会科学基金项目"京津冀产业协同发展利益共享与补偿机制研究"（项目编号：21BJL073）的阶段性成果。

** 田学斌，经济学博士，河北经贸大学党委常委、副校长，京津冀协同发展河北省协同创新中心执行主任、区域与产业发展研究中心主任，研究员，硕士生导师，研究方向为制度经济学、区域经济学；陈艺丹，管理学博士，河北经贸大学经济研究所助理研究员，硕士生导师，研究方向为区域经济学、数量经济学。

群、构建现代化综合交通运输体系、推动科技赋能强链固链补链。

关键词： 长三角　制造业　供应链　一体化

长江三角洲地区（以下简称"长三角"，包括上海、江苏、浙江、安徽"三省一市"）是亚太地区重要的国际门户，也是全球先进制造业和现代服务业基地。当前，国际政治经济环境变化莫测，国内需求不足制约犹存，在复杂的国际国内环境下，长三角承担起率先形成新发展格局、打造改革开放新高地以及勇当科技和产业创新先锋的重要使命。制造业供应链一体化作为区域一体化的重要内容，是以制造业为基础，以供应链一体化发展为目标，在各区域政府、市场和社会层面相互融合并建立一体化体制机制的过程。20世纪90年代，英国著名的物流和供应链管理专家马丁·克里斯托弗认为：21世纪的竞争不再是企业与企业之间的竞争，而是供应链与供应链之间的竞争①。供应链的竞争及其重要影响在制造业方面尤为突出。制造业供应链一体化不仅能激发企业活力，推动区域制造业高质量发展，还能为区域一体化的顺利推进提供有力保障。长三角制造业发达、人才集聚、科教优势显著，制造业供应链协作紧密，相互依存度较高。因此，从制造业供应链一体化视角分析长三角制造业发展状况，为其他区域一体化发展提供经验借鉴成为重要的课题。

一　长三角制造业供应链一体化实践探索及其成效

长三角是国家先进制造业集聚发展的中心区域，经过改革开放40多年的发展，在产业规模方面领先全国，在先进制造业发展的质量和动力方面也具备领先优势，不仅成为中国最重要的制造业基地，同时是全球最具影响力

---

① 邱普：《建设"供应链+互联网"商业生态》，《企业管理》2017年第12期。

的科技创新高地。2021 年，长三角围绕制造业重点领域成立新能源汽车、集成电路等四大产业链联盟，三省一市之间的产业链合作进一步深化。长三角工业增加值领跑全国，据统计，长三角新能源汽车、生物医药以及人工智能产业规模分别占全国的 38%、30%、33%，集成电路产业规模占全国的比例高达 60%①。某种程度上来说，长三角制造业产业链供应链的安全稳定对增强我国制造业在全球的竞争力发挥着重要作用。

（一）长三角制造业供应链发展历程

长三角制造业供应链一体化的本质是生产过程的升级，通过消除制度等障碍促进要素在各个环节畅通流动②。作为全国重要的制造业基地，长三角通过国内国际双循环形成了大量的技术沉淀，工业类别比较齐全。改革开放之后，三省一市制造业供应链经历了从全面启动到高质量一体化发展的历程。

首先是全面启动阶段（1992~1999 年）。20 世纪 90 年代，长三角抓住上海浦东开发的历史时机，积极采取措施开展合作，制造业供应链开启一体化模式。一方面，上海出台优惠政策，有限接受长三角其他城市企业在上海开展业务；另一方面，江苏、浙江总结学习上海开放的成功经验，通过上海开展对外贸易合作活动，逐步建立跨区域间政府协商机制③。随着外贸体制改革的启动，长三角通过代工制造成功嵌入全球价值链，制造业规模快速扩张，长三角成为有世界影响力的加工制造基地。长三角工业增加值从 1990 年的 1467.7 亿元增长到 1999 年的 7737.86 亿元。其中江苏、浙江、上海的工业增加值分别从 1990 年的 634.13 亿元、363.74 亿元、469.83 亿元增长到 1999 年的 3387.99 亿元、2679.68 亿元、1670.19 亿元。1999 年，江苏、浙江、上海传统制造业增加值分别占长三角的 44.9%、27.0%、28.1%。

---

① 徐强：《我国制造业区域高质量发展取得积极成效》，《法制日报》2022 年 9 月 30 日，第 1 版。
② 李宁：《长三角生态绿色一体化的实践探索及经验启示》，《学术交流》2022 年第 7 期。
③ 张学良、林永然、孟美侠：《长三角区域一体化发展机制演进：经验总结与发展趋向》，《安徽大学学报》（哲学社会科学版）2019 年第 1 期。

其次是持续拓展阶段（2000~2007年）。该阶段长三角经济发展迅猛，制造业发展态势良好，技术和资本密集型产业逐渐集聚，供应链一体化进一步拓展，区域协作层级和城市经济协调会制度得到进一步完善①。2005年，国务院常务会议审议通过《环渤海京津冀地区、长江三角洲地区、珠江三角洲地区城际轨道交通网规划》，以此为标志，长三角城际轨道交通建设拉开序幕，交通基础设施项目纷纷启动。连接上海、江苏、浙江的高速公路，苏通长江公路大桥以及其他基础设施工程开工建设。城际铁路、高速公路等交通路网的建设，大大缩短了长三角主要城市间的通达时间。

再次是强化提升阶段（2008~2017年）。随着包括高铁网络在内的综合交通运输体系的不断完善，长三角中心城市资源溢出效应明显，经济辐射强度与辐射范围逐渐增大，制造业发展所需原材料、零部件的供需跨区域合作日渐紧密。城市间时空距离的压缩加速了人员的流动，产生了同城化效应。该时期安徽逐渐融入江苏、浙江、上海的区域合作。

最后是高质量一体化发展阶段（2018年至今）。2018年，长三角区域一体化发展上升为国家战略，为三省一市一体化发展带来新机遇。制造业一体化发展不断向纵深推进，产业链供应链上下游企业协同创新进一步深入，充分利用各类产业协同创新平台整合资源，开展联合攻关。三省一市共同签署《联合开展长三角产业链补链固链强链行动合作协议》，以市场化、轮值制原则打造四大产业链联盟，加强产业链供应链上下游生产要素的交流对接，分别牵头开展产业链供应链跨区域协调发展研究，深化产业链联盟之间的交流合作，三省一市供应链协作持续深入，区域间产业合作生态日益优化，推动了长三角供应链一体化高质量发展的进程。

（二）长三角制造业供应链现状分析

2022年公布的经济数据显示，三省一市GDP合计约为29.03万亿元，

---

① 曾凡银主编《长三角构建新发展格局研究报告（2021~2022）》，社会科学文献出版社，2022。

约占全国 GDP 的 1/4，领跑全国城市群。作为经济的"压舱石"，三省一市的制造业工业总产值也呈稳步增长趋势。跨区域的产业协作更加紧密，产业链供应链生态不断优化，先进制造业集群崛起。2022 年公布的 45 个国家先进制造业集群中，长三角占 40%。先进制造业集群的发展对供应链提出更高要求，政府积极响应，联合制定强链固链补链政策措施，制造业供应链保产保供保畅机制不断完善，制造业供应链一体化高质量发展逐步向纵深推进。

长三角制造业集群加速集聚，供应链竞争力稳步提升。三省一市中，江苏省 2022 年制造业增加值约为 45841.7 亿元，占全省 GDP 的比重达 37.3%，居全国首位；制造业高质量发展指数 2021 年、2022 年连续两年排名全国第一，集群领先优势不断巩固。浙江省推进产业提升和科技创新双联动，截至 2022 年，浙江省有 4 个制造业集群入选国家先进制造业集群，分别位于杭州（1 个）、宁波（2 个）和温州（1 个）。2023 年，浙江省以高端化、智能化、绿色化、国际化为主攻方向，启动实施"415X"先进制造业集群培育工程，进一步推进制造业高质量发展。上海市共有 3 个制造业集群入选 2022 年国家级先进制造业集群名单，发展新动能加速提升。2022 年，上海市工业战略性新兴产业总产值占规模以上工业总产值的比重从 2017 年的 30.8% 提高到 42% 左右，集成电路、生物医药、人工智能三大先导产业规模达到 1.4 万亿元，初步形成以三大先导产业为引领、六大重点产业为支撑的新型产业体系，工业总产值迈上 4 万亿元新台阶。安徽省制造业总量和质量迈入全国第一方阵。2012~2022 年，安徽省电子信息产业增加值年均增长 28.4%，占全省规模以上工业的比重由 3% 提高到 9%。电子信息产业成为拉动全省工业增长的第一动力；平板显示产业面板产能约占全球的 10%，集聚京东方、康宁等上下游 200 多家企业，实现完整产业链布局；集成电路产业集聚了 400 多家企业，形成了从原材料获取、设计、制造到人才培养的较为完善的链条。产业集群集聚增强了上下游企业的协同效应，进而提高了合作效率、降低了成本，随着上下游企业协同发展的不断深入，供应链的竞争力持续增强。

制造业规模集聚效应凸显，供应链韧性持续增强。上海、苏州、无锡3座城市均有3个先进制造业集群登上国家级先进制造业集群名单，南京、宁波等4座城市各有2个先进制造业集群上榜。同时，长三角其他城市开展联合协作，共同打造先进产业集群，如南通、泰州、扬州3市组成的海工装备和高技术船舶集群，泰州、连云港、无锡3市组成的生物医药集群，苏州、无锡、南通3市组成的高端纺织集群。长江三角洲城市经济协调会成员覆盖长三角三省一市全部地级市，城市之间联系的广度和深度进一步提升。围绕长三角产业发展特点，三省一市深入实施科技创新共同体联合攻关计划，推动区域优势互补及供应链上下游企业协同，持续增强制造业优势，为推动每一条产业链做大做强给予相应的政策支持并营造良好的发展环境。

新能源汽车产业方面，三省一市各展所长，形成链条完整、韧性较强的供应链体系。上海集聚了一批国内外整车龙头企业；江苏作为制造业大省，汽车零部件产业配套齐全；浙江在互联网领域率先发力，在软件开发与车联网等方面具备优势；安徽提早布局，已成为国内新能源汽车产业高地。产业链联盟整合了“三省一市”各方资源，截至2022年8月，已有会员单位500余家，不仅包括区域内的整车制造商，还涉及电池、电机、氢能、车联网等行业上中下游各类企业。长三角新能源汽车四大系统核心零部件供应分布如表1所示，长三角为新能源汽车生产提供众多关键零部件，在新能源汽车产业链供应链中占据重要地位。

表1 长三角新能源汽车四大系统核心零部件供应分布

四大系统	核心零部件	供应地
三电系统	动力域控制器	上海市
	冷却液流量控制阀	上海市
	驱动电机	浙江省宁波市
	动平衡端板	浙江省台州市
智能网联	鹰眼视觉融合感知系统	浙江省杭州市
	车机系统	浙江省杭州市
	自动驾驶芯片	上海市

四大系统	核心零部件	供应地
电气电子系统	汽车音响系统	上海市
	门把手传感器	上海市
	热缩管热缩编织布	上海市
车身内饰	车身结构/骨架	浙江省杭州市
	座椅	上海市
	通风盖板总成	浙江省台州市
	前灯框架总成	浙江省台州市
	底盘、驱动轴、车身内外饰等高强度金属紧固件	浙江省温州市
	外水切和侧围亮条	浙江省台州市
	内饰用金属卡扣	江苏省苏州市

资料来源:《浙江日报》。

集成电路产业方面,三省一市基于得天独厚的区位优势,在国家政策支持下,形成了包含各环节在内的较为完整的产业链供应链。长三角集成电路产业布局模式如表2所示。

表2　长三角集成电路产业布局模式

产业布局模式	主要城市	具体内容
产业地标引领型	南京市	1. 打造"一核、两翼、三基地"的产业地标 2. 实施集成电路与半导体装备产业基础能力再造工程 3. 将产业地标建成在全国有影响力的产业创新平台
产业链价值链延伸型	无锡市	1. 签约引进天津中环集成电路用大直径硅片研发生产项目、上海华虹无锡基地项目等 2. 补齐芯片设计和自主知识产权的短板 3. 形成集成电路的全产业链发展格局
产业集群推动型	合肥市	1. 推进集成电路与本地新型显示、装备制造、家电等主导产业深度融合 2. 在高新区(智能家电、汽车电子)、经开区(存储、装备)及新站高新区(显示驱动、材料)形成产业集群

续表

产业布局模式	主要城市	具体内容
"互联网+"整合型	杭州市	1. 借助互联网技术优势,推动物联网芯片、数字安防和精密仪器专用芯片、人工智能芯片等领域的开放式创新 2. 加快底层技术研发与软件、智能终端之间的协调联动,增强产业链垂直一体化与横向整合能力
创新链驱动型	上海市	1. 推进张江国家自主创新示范区建设 2. 提升紫竹、杨浦、漕河泾、嘉定、临港、长三角 G60 科创走廊等区域的创新发展能级 3. 全面实施集成电路的"上海方案"

资料来源：作者根据相关资料整理。

生物医药产业方面,长三角工业总产值在全国的占比约为 30%。长三角是我国生物医药产业高地,也是国内医药创新高地以及药品注册申报重要的来源地和集聚地。长三角生物医药产业空间分布特征如表 3 所示。

表 3　长三角生物医药产业空间分布特征

生物医药细分产业	分布特征	具体分布
生物药	"一带"	"上海—苏州—无锡—常州"产业集聚带,生物药企业数量占长三角的比重约为 40%,其中上海最高,达到 27.6%;苏州、无锡、常州的企业数占比分别为 6.3%、3.3%、2.4%
	"三极"	南京、杭州、合肥 3 个重点城市的生物药企业占比达 20.35%,其中杭州占 9.43%,南京占 7.66%,合肥占 3.26%
	"多点"	泰州、南通等生物药产业特色城市
化学药	多点集聚	以浙江台州为中心的区域已经建立化学原料药出口工业园区,具有较大的出口优势;江苏常州等地产品品种多,部分企业与国外制药企业建立了销售渠道;化学药企业最大聚集地是"上海—苏州",企业数占长三角的 21.5%,其次是南京（6.5%）、杭州（6.2%）、台州（6.1%）,南通、泰州、常州的占比也均超过 4.5%

生物医药细分产业	分布特征	具体分布
医疗器械产业	"一带"	"上海—苏州—无锡—常州"沿江产业集聚带,4个城市的医疗器械企业数占长三角的比重约为55.6%,其中上海占29.2%,苏州占14.1%,无锡占4.9%,常州占7.4%
	"多点"	1. 南京、杭州、泰州、扬州等医疗器械企业集聚度相对较高,占比分别为7.1%、6.2%、4.8%、3.9% 2. 部分医疗器械产业呈集聚态势,如南京的微波、射频肿瘤热疗仪器,桐庐的内窥镜,苏州的眼科设备,无锡的医用超声,宁波的MRI,常州的骨料生产以及丹阳的家用医疗器械等,扬州头桥镇还被称为"中国一次性医用耗材之乡"
生物医药研发及外包	"一带"	"上海—苏州—无锡"产业集聚带,生物医药研发企业数占长三角的比重为29.4%,其中上海占17.2%,苏州占6.9%,无锡占5.3%
	"三极"	南京、杭州、合肥等产业相对集聚的中心城市,研发企业占26.7%,其中南京占11.4%,杭州占9.0%,合肥占6.3%
	"多点"	泰州、湖州、南京市高淳区等具有一定产业规模的区域,其中泰州研发企业占7.6%,湖州占4.3%,南通占4.1%

资料来源:作者根据相关资料整理。

人工智能产业方面,长三角企业数量超过2000家,产业规模在全国的占比约为1/3。上海是长三角人工智能产业的龙头,人工智能企业数量约占长三角总数的一半;浙江和江苏人工智能企业数量总体上与上海差距较大,分别占长三角总数的27%和20%;安徽该类企业数量较少,仅占长三角总数的4%左右。长三角人工智能企业分布范围较广,遍及交通、金融、医疗、制造业、农业、物流等行业,形成"多点开花"的局面,产业集聚特征明显,且各有侧重。上海智能金融最为突出,相关企业数超过长三角同类企业总数的60%。浙江、江苏、安徽分别在智能计算、智能医疗、智能语音语义等方面具备较大优势,通过横向扩展范围、纵向整合资源,为人工智能高质量发展提供重要支撑。当前,大部分人工智能企业集中在南京、杭

州、合肥等省会城市或上海、苏州等重点城市，制造业产业集聚效应凸显。

区域间合作机制持续完善，制造业供应链进一步稳定畅通。2022 年 4 月，中共中央、国务院发布《关于加快建设全国统一大市场的意见》，"建立健全区域合作机制"成为新发展格局下中国区域一体化发展的重要方向。2022 年，新冠疫情导致长三角制造业供应链面临断链风险，各地海关迅速响应，联合建立长三角海关保通保畅协调工作机制，加速上海口岸货物报关和提离，建立重点企业重点物资通关绿色通道，提高长三角进出境货物的交接流转速度，最大限度地保障长三角产业链供应链安全畅通。建立长三角重点企业"白名单池"制度，各区域联动，全力保障"白名单池"企业本区域及跨省市供应链物流通畅、三省一市基础设施等资源共享共用，确保货物快运快转，保障长三角物流通道运输畅通。面对上海重点企业对材料供应的需求，江苏、浙江、安徽联合部分重点城市成立保畅通专班，全力协调产业链供应链上下游企业对接，保障原材料、零部件等跨区域运输顺利，并出台政策支持企业生产。江苏省泰州和苏州等市为上海新能源汽车、集成电路等制造业供应链中在当地的企业办理复工复产出入本地通行证，上汽集团、中芯国际等制造业企业在跨区域提取原料中享受较大便利。长三角重要物资应急保供中转站（浙江—上海）在产业链供应链跨区域互联互通中发挥了重要作用。

2022 年 11 月，第三届长三角商协会资源对接会暨产业链供应链合作论坛签署了《助力打造长三角地区产业链供应链生态体系合作协议》，探索建立跨地区协作机制，在产量、价格等方面建立产业链供应链互保机制，合力打造良好的产业链供应链生态环境。鼓励长三角上下游企业加强物流资源整合，探索建立长三角一体化智慧物流信息平台，促进长三角物流信息互联共享，推动优势产业的产业链供应链应急体系建设，确保长三角产业链供应链稳定畅通。

（三）长三角制造业供应链存在的问题

政策机制尚待健全。相较于环保、交通、安全等领域已经建立的三省一市协调机制，长三角各城市产业之间有约束力和执行力的跨区域共建、共享、共保机制还不健全。已推出的一系列政策较偏向规划性和引领性，相对缺乏可操作的政策措施与工具。三省一市在大型科研仪器设备共享网络、长三角 G60 科创走廊、"一网通办"等平台的建设上取得了较大进展，但工作执行层共建共享的有效机制仍有待完善。尚未建立政府、专家、企业、公众广泛参与的一体化协商机制，政府与专家活跃度较高，企业主办的高科技会议或论坛较少，主动性不足，公众参与的积极性也较低，这在很大程度上会影响政府间协商成果的落地实施政策，影响一体化发展政策的制定与执行。

产业层次有待提高。自改革开放以来，长三角产业结构不断优化升级，第一产业占比大幅下降，然而产业创新能力仍显不足，当前制造业仍以中低端为主，高端制造业水平与发达国家差距较大。产业同构现象较明显，区域内部沪苏浙之间拥有较高产业相似度，长三角与周边地区产业融合度较低。加速传统产业现代化转型，推动沪苏浙皖产业结构优势互补，解决"卡脖子"技术问题，是长三角实现更深入发展必须应对的重要挑战。

要素流动不够畅通。长三角部分地市在招商引资、资质认定、财政补贴等方面的标准和规则不统一，评价体系不完善，税费减免政策各异，为了吸引企业打"政策战"。多种原因制约了要素流动的畅通，导致供应链一体化推进困难。例如，在加强区域内流动人口的管理方面还没有出台比较成熟的操作细则；部分地市竞相出台优惠力度较大的税费和补贴政策，以吸引外地企业进驻和防止本土孵化企业外迁，但过度的优惠承诺容易导致兑现困难，不仅干扰了商业竞争的公平性，还对城市营商环境造成损害，不利于产业的转型升级。

区域发展不够协调。以上海为代表的沿海城市凭借先天的区位优势，吸引新理念、新知识、新技术、新资源的能力较强，新旧动能接续转换效果明显，利用新技术新业态促进传统动能改造升级，产业结构持续优化，助推经济现代化发展。受区位、资源等的制约，浙江西部、江苏北部、安徽北部等区域产业结构优化升级受阻，新旧动能转换动力不足、步伐较慢，新兴产业

存量和增量与上海、杭州等地存在较大差距，导致产业总量和质量、制造业水平均落后于先发地区的现实局面。

二　长三角制造业未来发展趋势

长三角内部形成世界级的产业集群。《长三角产业创新发展报告：分布与协同》显示，2020年末，长三角区域内制造业高新企业超7万家，约为2013年的20倍，年增长率超过50%，逐步形成以上海为中心，向西沿长江形成"沪宁合产业带"，向南沿东海岸线形成"沪杭甬瓯产业带"的局部区域集聚态势。上海不断辐射和带动苏浙皖三地联动，经济协同发展新动能持续增强。上海全力推进智能制造高质量发展，预计2025年底建成200家示范性智能工厂；浙江已建成41家"未来工厂"，数字化驱动生产带来企业形态变革，信息技术的广泛运用显著提升了"未来工厂"内企业全要素生产率。"智能+制造"激发长三角制造业创新活力，制造业高新技术企业数量众多、门类齐全，产业集中度非常明显，主要分布在上海以及省会城市。同时，上海具有较低的交易成本，江苏、浙江具有较低的制造成本，区域协调发展综合各地优势产生布局效应，有望围绕上海形成世界级产业集群。

制造业逐步向数字化、智能化转型。长三角"互联网+制造业"发展较快，其数字经济在全国名列前茅。《长三角城市工业互联网发展水平评估评价白皮书（2022）》显示，沪苏浙皖工业互联网发展水平综合指数平均值分别为81.27、30.61、24.23、14.62，形成以上海为核心的"一核引领、三极辐射、五强逐鹿"工业互联网总体发展格局，互联网生态环境不断优化，逐步形成包括数据技术、大数据应用以及大数据周边服务在内的产业链。江苏省政府相关部门联合制定工业互联网发展意见和制造业转型发展行动规划，明确江苏省制造业发展规划及方向，使江苏省成为"互联网+先进制造业"的创新基地。浙江省深化"数实融合"，新一代数字技术不断向传统产业尤其是工业制造领域渗透，产业链供应链创新链深度融合。上海持续推进科技赋能产业优化升级，奋力打造"工业互联网+"应用场景，带动全产业链供应链上下游企业发展。长三角积极培育新模式、新业态、新平台，有力推动了制造业与互联网的深度融合。

三　长三角制造业供应链一体化的现实保障

（一）制度保障

区域一体化顺利推进的重要因素是各区域之间建立完善、协调的合作制度。国家相关部委大力支持长三角制造业转型升级，与长三角建立联席会议制度，进一步完善跨区域协同创新组织和工作机制。长三角发布《长三角G60科创走廊建设方案》等规划，三省一市共同拓展科技创新应用范围，探寻科技创新路径，联合打造科技创新良好生态[①]。制度协同与创新为制造业供应链一体化提供了有力支撑，长三角制造业供应链一体化中的协调机制创新增进了区域公共利益。各地通过让渡一定的权力联合构筑区域性协调发展机制，在法律制度层面明确区域层次的行政管辖权或管理权，在一定程度上突破了行政刚性壁垒。长三角产业链保供协调互助机制有效协调产业链、供应链上下游企业原材料、零部件的供需对接，在帮助制造业应对材料短缺和供应链断链风险方面发挥了较大作用。三省一市共同制定产业链强链固链补链合作协议，聚焦重点产业集群，支持先进制造业四大产业链联盟的发展。

（二）资源保障

长三角制造业供应链一体化水平的提升离不开人力、基础设施等资源的整合。第一，长三角人力资源丰富。《2022年长三角人才发展报告》显示，长三角吸纳了全国47.58%的流动人才，制造业企业提供的岗位比例同比增

---

① 《长三角地区：在区域协同发展中获得先机》，中国经济新闻网，2020年12月17日，http：//www.cet.com.cn/wzsy/ycxw/2734245.shtml。

长了5个百分点。为完善人才流动机制，三省一市全面对接人才发展战略，加快专业技术人才资质互通互认，推动人力资源信息共享。长三角大力发展数字经济，开展产业链强链固链补链行动，加大了对周边区域人才的"虹吸"力度，为长三角区域一体化高质量发展提供了人才和智力保障①。第二，长三角基础设施保障水平持续提升。长三角高速铁路里程超6600公里，高速公路网规模达1.67万公里，运输机场有24个，以上海为中心的世界级机场群保障能力不断提高。完善的交通运输网络加快了制造业供应链上下游企业之间生产要素的流动，推动制造业供应链一体化深入发展。长三角先进的电子通信基础设施为制造业供应链一体化提供了良好的信息交换平台，提高了各地区以及上下游企业的资源整合能力，增强了供应链韧性。

（三）技术保障

科学技术的创新发展推动了制造业供应链一体化的进程。2022年，三省一市联合发布《三省一市共建长三角科技创新共同体行动方案（2022—2025年）》，提出在长三角打造具有全球影响力的科技创新高地，围绕制造业重点领域建立科创联合攻关机制，高新技术企业数量、技术研发经费均占全国的30%左右。"羚羊"工业大脑实现工业企业全场景全链条智能化决策；供应链智能控制塔SCI实现了供应链全过程的可视化、智能化；四足机器人、无人挖掘机等新技术产品不断涌现。三省一市不断探索研究院所、企业、高校等各类创新主体的合作，构建创新资源与信息共享平台，各类创新中心与服务平台的建立为长三角制造业供应链一体化提供了丰富的科技资源。

四 长三角制造业供应链一体化的关键因素

长三角制造业供应链一体化的实现需要基于一定的条件，同时受到诸多

---

① 姚凯：《深化人才一体化，赋能长三角高质量发展》，《光明日报》2021年9月3日，第8版。

因素的影响。制度创新、交通互联互通、互联网平台集聚和新一代信息技术融合是影响长三角制造业供应链一体化的关键因素。

（一）制度创新是实现制造业供应链一体化的强力引擎

区域间制造业协同发展需要跨区域产业协同制度体系的吸引与带动，基于激励约束的制度体系能够有效调整各区域行为主体的行为规则、成本预期和利益配置，能够清晰界定协同主体间的利益分配。各城市利益诉求的趋同是推动一体化的现实动机，创新制度体系建立的核心就是促使区域内各城市在利益调节和利益共享制度机制的调控和制约下，维护彼此的合法正当权益，提升利益共享的可预期性和可获得性。只有通过制度创新保障参与主体利益的充分共享，供应链各环节主体才能认同产业一体化。制度创新以利益的规范转移实现区域间利益的共享，有效激活各参与主体的合作动力，推动制造业供应链一体化发展。

（二）交通互联互通是实现制造业供应链一体化的重要依托

随着长三角区域内交通基础设施的不断完善，三省一市从最初的互联互通走向深度融合。"轨道上的长三角"在"十三五"期间实现高铁营业里程6008公里，南京至上海、杭州、合肥基本实现高频次1小时快速通达。三省一市区域内的41个地级市中仅有7个市尚未开通高铁，长三角已成为全国高速铁路网最为密集和完善的地区之一，城市间时空距离大幅缩短。省际高速"断头路"项目持续推进，长三角机场群携手发展，共有上海虹桥、上海浦东、南京禄口、杭州萧山等26座机场。根据规划，未来长三角的机场总数会超过30座，长三角内通外联的现代化综合交通运输体系日益完善。完善的现代化综合交通运输体系大大加快了区域间生产要素的流通①，降低了主体间的交流阻力；要素运输和产品交易成本大幅下降，实现以较小的成本进行资源配置的优化。

---

① 刘志彪：《建设高质量发展的黄金经济带》，《光明日报》2019年1月29日，第6版。

（三）互联网平台集聚是实现制造业供应链一体化的强劲动力

工业互联网水平的提升成为长三角智能制造发展的新引擎，互联网平台的建设成为制造业全链合作的核心①。2021 年，长三角发布"G60 星链"计划，包括上海、杭州、苏州、合肥等在内的 9 个城市着眼于新一代卫星通信技术，全力打造卫星互联网集群。运营管理方面，采用开放智慧工厂模式，该模式整合打通产业链供应链上下游，从多维度多层次提升企业竞争力，形成灵活、协同、有效的"共享智造"新生态。2023 年 2 月，长三角首个"AI+互联网"基地揭牌，以科技赋能产业转型升级，以数字化、智能化加速产业链、供应链、创新链、人才链的融合发展，助力长三角高质量发展。先进的工业互联网水平不仅为长三角制造业提供了较大的发展优势，也为制造业供应链生态体系的优化与完善提供了强劲助力。

（四）新一代信息技术融合是实现制造业供应链一体化的科技支撑

截至 2022 年 6 月，长三角 5G 基站数量已超 37 万个，其中江苏累计开通 5G 基站数量位居长三角之首、全国第二。三省一市继续加码 5G 基站布局，预计到 2025 年底，长三角将基本实现 5G 网络全覆盖。当前，长三角 5G 技术融入制造业产业链供应链各环节，新一代信息技术蓬勃发展，形成产业集群。家电、汽车零部件等可以独立进行加工的离散型制造业将 5G 技术应用到供应链各个环节，逐步实现原材料选取、产量预测、加工生产和全流程管理的智能化。钢铁、造纸、纺织等连续性生产、流程清晰、工艺连贯的流程型制造业大力采用新技术改造生产设备，实现设备的智能化、数字化，进一步拓展工业互联网技术在生产销售过程中的应用范围，充分利用新一代信息技术探索供、产、销一体化发展路径。

---

① 喻思南：《工业互联网　发展新引擎》，《人民日报》2020 年 7 月 16 日，第 10 版。

五 长三角制造业供应链一体化的经验借鉴

长三角制造业供应链一体化发展取得积极成效，逐渐形成创新资源集聚和流动高地、产业发展联动和投资高地，高质量一体化的创新格局初步形成，为其他区域城市群制造业的发展提供了经验借鉴。

（一）以龙头企业为引领，助力制造业供应链跨区域布局

龙头企业是制造业供应链的核心，以龙头企业为牵引提升产业链竞争力、推动产业链供应链技术创新是推动制造业高质量发展的主要途径。以集成电路产业为例，中芯国际、格科微等总部位于上海的集成电路龙头企业，在上海周边的绍兴、宁波、江阴、嘉善等地进行重大项目建设，通过长三角协作机制不断向外辐射，携手苏浙皖共建产业高地。中芯国际在浙江绍兴建设芯片制造和模组封装两条生产线，"中芯绍兴"加速推进。华虹集团在无锡投资逾100亿美元建造华虹无锡集成电路研发和制造基地，将分期建设数条12英寸集成电路生产线，支持5G和物联网等新兴领域的应用①。龙头企业跨区域布局，带动了供应链的跨区域延展，推动产业合作向要素分工、价值链分工转变。

（二）联合培育产业集群，实现地区间差异化发展

跨区域一体化发展的重点是处理好区域内特色化和同质化发展的关系，形成与其他区域分工协作的发展格局。长三角以共同培育产业集群为抓手，注重各扬所长，形成良好的分工协作格局，共同打造跨区域先进制造业集群。浙江以宁波、舟山为核心，加强与嘉兴、绍兴、衢州的联动，打造绿色

---

① 杨珍莹：《华虹无锡集成电路研发和制造基地（一期）建成投用》，《浦东时报》2019年9月24日，第3版。

石化先进制造业集群①。在培育众多先进制造业集群的过程中，不仅要重视整合各地区优势，而且要强化集群治理模式的创新，在发挥各自产业优势的基础上推进产业链深度合作②。建立跨地区、跨行业的集群发展促进机构，协调企业各方利益，促进多边联系、互利合作，构建形成"大中小""产供销""产学研用"的广泛统一战线。通过集群发展促进机构推动企业、政府、园区等多方主体在跨区域的产业技术创新、集群品牌建设、产业布局等方面展开合作。

（三）构筑适应世界级城市群的现代化综合交通运输体系，织密区域间立体交通网络

在长三角制造业供应链一体化进程中，现代化综合交通运输体系发挥着基础性、先导性和战略性作用。目前，长三角现代化综合交通运输体系日趋完善，民用机场、高速铁路、高速公路覆盖率远超全国平均水平，形成高密度的网络布局与良好的一体化基础。三省一市轨道交通辐射能力持续增强，与民用航空、水路、公路的连接更加紧密。现代化综合交通运输体系的构建与完善，增强了地区之间互联互通的能力，缩短了城市间通达时间，织密了产业链供应链上下游企业的联系网络，节省了时间成本与物流成本，加快了制造业供应链一体化的进程。因此，大力推进综合货运枢纽和物流园区建设，全力构建水陆空紧密衔接，由航空、水运、高速铁路、高速公路等组成的高效、多元、大容量的现代化综合交通运输体系成为推动制造业供应链一体化高质量发展的重要保障。

（四）强化科技赋能，推动"两链"强固补紧密协同

为推动高水平科技自立自强以及科技与产业协同发展，形成协调融合发

---

① 《城市群多中心结构助力外贸高质量发展》，光明网，2021 年 5 月 18 日，https：//m.gmw.cn/baijia/2021-05/18/34852976.html。

② 邵军、杨敏：《数字经济与我国产业链供应链现代化：推动机制与路径选择》，《南京社会科学》2023 年第 2 期。

展新格局，三省一市联合开展产业链供应链强固补行动，跨区域科技合作日益紧密。总部位于上海张江高科技园区的长三角国家技术创新中心开展跨区域、跨领域、跨学科协同创新和开放合作。在创新资源集聚过程中，该中心充分利用长三角产业需求，发挥上海国际化优势，吸引集聚了一批全球优质创新资源和高端创新成果，构建适应大型跨国企业由"全球化"向"本土全球化"转变的创新生态环境，逐步实现由本土制造和销售产品转变为本土研发。长三角科技创新共同体的建设聚焦产业链供应链的高端环节，打造了一批具有核心竞争力的企业，带动长三角产业高质量发展。三省一市分头开展产业链协同研究工作，加强科技创新与制造业集群融合发展。三省一市在强链固链补链过程中，既明确分工，又紧密协同，释放了"1+1+1+1>4"的协同效应。在科技的强势赋能下，长三角产业链供应链韧性更强，安全性、稳定性更高。

B.16
长三角、珠三角与京津冀制造业发展比较研究

祝合良　梁新若　叶堂林*

摘　要： 制造业是实体经济的基础，是衡量一国经济实力的重要依据，是城市群增强国际竞争力的重要支撑。本报告从产业规模、产业增速、产业动力、产业结构和产业集群5个维度对比分析城市群间制造业发展状况；通过构建城市群制造业综合评价指标体系，比较城市群各城市制造业综合发展状况；基于核心城市与腹地城市制造业的互动关系，总结三大城市群制造业协同发展特征。研究发现，与珠三角和长三角相比，京津冀存在制造业产业规模不足、核心城市制造业带动效应不强、腹地城市制造业层次偏低、产业联动仍须深度推进等问题。在此基础上，本报告提出以下对策建议：以共建京津冀生命健康集群为抓手，探索跨区域多领域合作共建国家级先进制造业集群的模式和机制；进一步激发制造业创新潜力，加快推动制造业向高端化、智能化、绿色化转型升级；推动制造业产业链与创新链的深度融合，提升津冀两地高技术制造业发展水平。

关键词： 京津冀　城市群　制造业

---

* 祝合良，北京工业大学教授、博士生导师，研究方向为产业经济与流通经济；梁新若，北京工业大学博士研究生，研究方向为产业经济与流通经济；叶堂林，首都经济贸易大学教授、博士生导师，研究方向为区域产业、区域创新、京津冀协同发展。

一 研究背景及意义

制造业是立国之本、兴国之器、强国之基。2021 年 4 月，习近平总书记在广西考察时强调，制造业高质量发展是我国经济高质量发展的重中之重，建设社会主义现代化强国、发展壮大实体经济，都离不开制造业①。党的二十大报告也强调，坚持把发展经济的着力点放在实体经济上，推进新型工业化，加快建设制造强国。制造业具有强大的吸纳就业能力，不仅是加速科技进步的重要力量，更是衡量一国经济实力的重要依据。然而，当前我国制造业发展面临"两端挤压"的困境。一方面，我国处于全球价值链中低端位置的制造业面临东南亚国家的竞争；另一方面，在制造业高端环节，我国科技水平与国际前沿技术存在明显差距②，关键核心零部件技术受各方力量封锁，自动化、信息化等智能发展基础不强③，恶性竞争现象凸显使得民间投资热情不高④。如何突破发展困境，推动制造业行稳致远，成为我国实现经济高质量发展亟须解决的重要问题。

中国东部三大城市群作为我国经济增长的关键载体，在突破制造业发展困境中担当重任。建设世界级先进制造业集群成为推动制造业行稳致远的重要抓手。"十四五"规划提出，推动先进制造业集群发展，鼓励东部地区加快培育世界级先进制造业集群。东部三大城市群纷纷开展制造业提质增效行动，优化制造业空间布局、推动制造业转型升级成为建设世界级先进制造业集群的重要内容。北京、上海、广州、深圳等城市群核心城市加快"腾笼换鸟"行动，转移低附加值、低科技含量的产业或生产环节，推动战略性新兴产业和高端制造业的发展。承接地基于生态环保等方面的要求，有选择

① 《大力发展制造业和实体经济》，"经济日报"百家号，2022 年 9 月 27 日，https：//baijiahao. baidu. com/s？id=1745067779095411468&wfr=spider&for=pc。

② 叶祥松、刘敬：《政府支持与市场化程度对制造业科技进步的影响》，《经济研究》2020 年第 5 期。

③ 王媛媛、张华荣：《G20 国家智能制造发展水平比较分析》，《数量经济技术经济研究》2020 年第 9 期。

④ 焦勇：《数字经济赋能制造业转型：从价值重塑到价值创造》，《经济学家》2020 年第 6 期。

地引进符合本地发展实际的产业，引导企业建立数字化、绿色化的新生产线，从而实现整个城市群制造业的更新迭代。

本报告首先从产业规模、产业增速、产业动力、产业结构和产业集群5个维度对比分析长三角、珠三角与京津冀三大城市群制造业发展的异同点，其次通过构建城市群制造业综合评价指标体系，对2021年三大城市群各城市制造业发展状况进行综合评价，从城市层面对比分析三大城市群制造业发展的异同点。同时，考虑城市群是由核心城市与腹地城市共同组成且联系密切的集合体，本报告从核心城市与腹地城市产业协同的角度总结三大城市群制造业协同发展的特征。综合上述分析，本报告总结了京津冀制造业发展的不足之处并提出对策建议，为京津冀打造世界级先进制造业集群提供决策参考。

二 城市群间制造业发展状况对比分析

为使分析更清晰，对城市群进行划分。京津冀的制造业核心城市为北京和天津，腹地城市为河北省的石家庄、唐山、秦皇岛、邯郸、邢台、保定、张家口、承德、沧州、廊坊、衡水。长三角的制造业核心城市为上海、南京、杭州；次级核心城市为苏州、扬州、宁波、合肥；腹地城市为江苏省的无锡、常州、镇江、南通、盐城、泰州，浙江省的温州、湖州、嘉兴、绍兴、金华、舟山、台州以及安徽省的芜湖、马鞍山、铜陵、安庆、滁州、池州、宣城①。珠三角的制造业核心城市为广州、深圳，腹地城市为珠海、佛山、韶关、河源、惠州、汕尾、东莞、中山、江门、阳江、肇庆、清远、云浮。

（一）产业规模：北京和天津制造业规模不大，且与腹地城市存在明显产业梯度

三大城市群制造业对劳动力的吸纳能力呈下降态势。北京和天津的制造业能级不高，且与河北省各城市存在明显的产业梯度。京津冀都存在因

---

① 由于长三角包含的城市较多，为使分析更详细，本报告将长三角划分为核心城市、次级核心城市、腹地城市3个层次。

制造业发展不充分而"去制造业"的现象,这是三地制造业产业层次不高、规模不足的重要原因。

1. 京津冀三地制造业产业规模不足、发展不平衡的特征较为明显

一是长三角和珠三角制造业产业规模远超京津冀。从制造业从业人数来看,2013~2021年①,长三角和珠三角制造业从业人数始终高于京津冀,2021年长三角、珠三角制造业从业人数分别为866.42万人、762.29万人,均远高于京津冀(193.73万人)(见图1)。从制造业在营企业数来看,2013~2021年,长三角制造业在营企业数始终高于京津冀、珠三角,2021年长三角制造业在营企业数为139.49万户,是珠三角(73.99万户)的1.89倍,是京津冀(42.76万户)的3.26倍(见图2)。二是北京和天津制造业规模优势不强,且与腹地城市之间存在明显的产业梯度。与上海、深圳相比,北京、天津制造业优势不强,2021年北京和天津制造业从业人员数之和为111.63万人,远低于深圳(196.52万人)、上海(126.33万人)。2021年长三角和珠三角腹地城市制造业从业人数均值分别为18.27万人和33.17万人,远高于京津冀腹地城市均值(6.63万人)。河北省城市间制造业从业人数差异显著。2021年,石家庄制造业从业人数最高,为17.29万人,远高于承德(2.88万人)和衡水(2.20万人)。

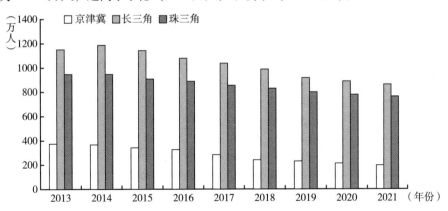

图1　2013~2021年京津冀、长三角、珠三角制造业从业人数

资料来源:笔者根据历年《中国城市统计年鉴》整理所得。

---

① 本报告运用平均年增长率的方法来填补2020年和2021年的缺失值。

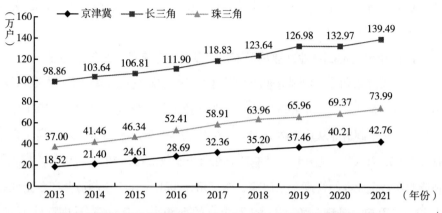

图2　2013～2021年京津冀、长三角、珠三角制造业在营企业数

资料来源：龙信企业大数据平台。

2. 城市群劳动力由制造业逐渐流向生产性服务业①，京津冀生产性服务业吸纳较多劳动力

一是三大城市群劳动力逐渐流向生产性服务业。2013～2021年制造业从业人员占年末从业人员的比重呈下降趋势，生产性服务业从业人员占年末从业人员的比重呈上升趋势。京津冀制造业从业人员占比由2013年的22.05%下降至2021年的12.87%，生产性服务业从业人员占比由2013年的31.12%上升至2021年的42.90%（见表1）。二是京津冀生产性服务业吸纳劳动力的能力远高于制造业。与长三角、珠三角相比，2021年京津冀生产性服务业从业人员占比（42.90%）远高于制造业从业人员占比（12.87%）。生产性服务业与制造业的良好耦合对实现城市群高质量发展至关重要，生产性服务业从业人员占比远高于制造业是京津冀制造业能级不高的重要原因。

---

① 参考吴福象、曹璐、石敏俊等人的研究，本报告中的生产性服务业主要包括：交通运输、仓储和邮政业；信息传输、计算机服务和软件业；批发零售业；金融业；租赁和商务服务业；科学研究、技术服务和地质勘查业。

表1 2013年和2021年京津冀、长三角、珠三角制造业与生产性服务业从业人员占比

单位：%

城市群	制造业从业人员占比		生产性服务业从业人员占比	
	2013 年	2021 年	2013 年	2021 年
京津冀	22.05	12.87	31.12	42.90
长三角	35.80	28.33	19.92	29.34
珠三角	55.58	40.27	17.90	27.88

资料来源：笔者根据历年《中国城市统计年鉴》整理所得。

（二）产业增速：随着核心城市产业疏解，北京和天津与腹地城市的制造业规模差距缩小

一是核心城市制造业增速放缓，与腹地城市间的规模差距呈缩小态势。腹地城市制造业在营企业数增速明显高于核心城市，核心城市扩散效应显著。2021年，京津冀腹地城市制造业在营企业数增速为7.83%，高于核心城市的0.66%；长三角腹地城市制造业在营企业数增速为6.10%，高于核心城市的1.54%、次级核心城市的4.12%；珠三角腹地城市制造业在营企业数增速为8.61%，高于核心城市的3.19%（见表2）。二是随着北京非首都功能疏解，部分制造业企业外迁至津冀两地。2015~2021年北京制造业在营企业数增速均为负值，2020年北京制造业在营企业数增速达到7年来的最低值-7.43%，津冀两地制造业在营企业数始终保持正向增速，且河北制造业在营企业数增速远高于京津两地，尤其是2014~2016年，河北制造业在营企业数增速均高于20%，而天津仅为9%左右。

表2 2014年和2021年京津冀、长三角、珠三角制造业在营企业数增速

单位：%

城市群	分类	2014 年	2021 年
京津冀	核心城市	5.77	0.66
	腹地城市	22.07	7.83
长三角	核心城市	4.12	1.54

续表

城市群	分类	2014 年	2021 年
长三角	次级核心城市	8.98	4.12
	腹地城市	3.54	6.10
珠三角	核心城市	9.25	3.19
	腹地城市	14.09	8.61

资料来源：龙信企业大数据平台。

（三）产业动力：京津冀腹地城市创新能力较弱

腹地城市创新能力较弱且与核心城市存在较大差距，是京津冀制造业整体缺乏创新优势的主要原因。一是珠三角制造业企业创新能力远高于京津冀和长三角。2013~2021 年，珠三角平均每家制造业企业拥有的授权发明专利数均高于长三角和京津冀。2021 年，珠三角平均每家制造业企业拥有的授权发明专利数为 0.39 件，高于长三角（0.26 件）和京津冀（0.29 件）（见图 3）。二是河北制造业创新能力较低，与北京和天津差距明显。2021 年，北京平均每家制造业企业拥有的授权发明专利数为 3.79 件，位居三大城市群之首，天津为 0.24 件，而京津冀腹地城市仅为 0.05 件（见表 3）。分析

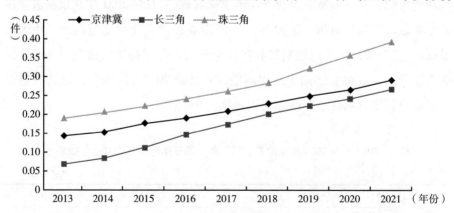

图 3　2013~2021 年京津冀、长三角、珠三角平均每家制造业企业拥有的授权发明专利数

资料来源：龙信企业大数据平台。

发现，珠三角核心城市和腹地城市的创新能力较强，是珠三角城市间开展制造业技术交流与合作的重要保障，而北京、天津与河北的创新能力差距不利于三地制造业协同发展。

表3 2013 年和 2021 年京津冀、长三角、珠三角平均每家制造业企业
拥有的授权发明专利数

单位：件

城市群	分类	2013 年	2021 年
京津冀	北京市	0.58	3.79
	天津市	0.14	0.24
	腹地城市	0.03	0.05
长三角	核心城市	0.15	0.58
	次级核心城市	0.08	0.30
	腹地城市	0.04	0.18
珠三角	广州市	0.07	0.19
	深圳市	0.55	1.08
	腹地城市	0.05	0.21

注：为更清楚地展示数据，本表将京津冀核心城市（北京市、天津市）和珠三角核心城市（广州市、深圳市）分别列出。

资料来源：龙信企业大数据平台。

（四）产业结构：京津冀高技术制造业①企业较少

北京与天津高技术制造业企业较少以及河北制造业层次偏低可能会制约京津冀制造业产业升级。一是相较于珠三角、长三角核心城市，北京、天津高技术制造业产业规模较小。在 2021 年高技术制造业在营企业数排名前十的城市中，深圳、东莞居前二，分别为 51108 户、20822 户，遥遥领先于三大城市群其他城市（见表4）。而京津冀高技术制造业在营企业较少，2021 年北京高技术制造业在营企业数为 2407 户，居第 11 位；天津市高技术制造业在营企业数为 2391 户，居第 12 位。二是与长三角、珠三角腹地城市相比，京津冀

---

① 根据《高技术产业（制造业）分类（2017）》，高技术制造业包括六大行业，分别为医药制造业，航空、航天器及设备制造业，电子及通信设备制造业，计算机及办公设备制造业，医疗仪器设备及仪器仪表制造业以及信息化学品制造业。

腹地城市高技术制造业在营企业数占制造业在营企业数的比重较低。2013~2021年，珠三角腹地城市高技术制造业在营企业数占制造业在营企业数的比重均高于京津冀腹地城市和长三角腹地城市，2021年珠三角腹地城市高技术制造业在营企业数占制造业在营企业数的比重为5.62%，长三角腹地城市为2.68%，京津冀腹地城市为2.64%（见图4）。河北省高技术制造业规模不足会限制其承接北京、天津两地的科技创新成果，不利于城市群制造业整体价值的攀升。

表4 2021年高技术制造业在营企业数排名前十的城市

单位：户

序号	城市	高技术制造业在营企业数	城市群
1	深圳市	51108	珠三角
2	东莞市	20822	珠三角
3	广州市	7945	珠三角
4	上海市	7386	长三角
5	宁波市	7139	长三角
6	杭州市	4218	长三角
7	滁州市	3121	长三角
8	中山市	2652	珠三角
9	惠州市	2584	珠三角
10	合肥市	2572	长三角

资料来源：龙信企业大数据平台。

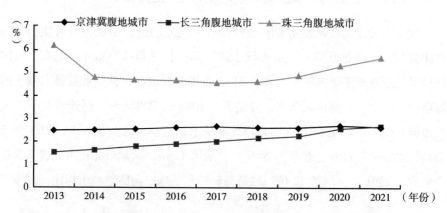

图4 2013~2021年京津冀、长三角、珠三角腹地城市高技术制造业在营企业数占制造业在营企业数的比重

资料来源：龙信企业大数据平台。

（五）产业集群：京津冀专业化优势明显，但先进制造业集群培育不足

京津冀制造业专业化优势明显，在原材料与资源加工制造业[①]等集聚较多优势，但先进制造业集群培育不足，在一定程度上阻碍了京津冀世界级先进制造业集群的打造。本报告通过计算2013年和2021年三大城市群制造业行业的区位熵[②]，选择区位熵大于1的行业反映三地制造业专业化优势。一是京津冀制造业专业化优势较为明显。2021年京津冀制造业优势行业有19个，长三角有14个，珠三角有13个（见表5）。二是京津冀原材料与资源加工制造业的专业化优势显著。与珠三角和长三角相比，2013年和2021年，京津冀原材料与资源加工制造业均具有较大的专业化优势。三是京津冀国家级先进制造业集群较少，应进一步推动跨区域多领域合作共建先进制造业集群。在工信部发布的国家级先进制造业集群中，对比长三角（17个）、珠三角（7个），京津冀仅有2个制造业集群入选，其中京津冀生命健康集群由京津冀三地共同申报。而长三角和珠三角拥有多个跨区域共同打造的国家级先进制造业集群，合作领域更多元，跨区域集聚效应明显。例如，在长三角国家级先进制造业集群中，南通市、泰州市、扬州市共同打造海工装备和高技术船舶集群，泰州市、连云港市、无锡市共同打造生物医药集群；在珠三角国家级先进制造业集群中，广州市、佛山市、惠州市共同打造超高清视频和智能家电集群，广州市、深圳市、佛山市、东莞市共同打造智能装备集群。

---

① 本报告参考孙铁山和席强敏的研究，将制造业行业分为轻加工与都市型制造业、原材料与资源加工制造业、装备与高技术制造业3类。

② 区位熵是一个地区某一行业在营企业数占该地区在营企业数的比重与整个区域这一行业在营企业数占整个区域在营企业数的比重的比值，反映该地区该行业在区域内的相对规模。一般认为，地区产业相对规模越大，专业化优势越强，产业集聚程度越高。

表 5　2013 年和 2021 年京津冀、长三角、珠三角区位熵大于 1 的制造业行业统计

单位：个

	2013 年			2021 年		
	京津冀	长三角	珠三角	京津冀	长三角	珠三角
轻加工与都市型制造业	6	4	6	7	5	6
原材料与资源加工制造业	5	1	2	5	2	2
装备与高技术制造业	6	5	8	7	7	5
合计	17	10	16	19	14	13

资料来源：龙信企业大数据平台。

三　城市群各城市制造业综合评价对比分析

本报告从产业规模、产业结构、产业增速和产业动力 4 个维度入手，运用熵值法进行综合测算，并对 2021 年京津冀、长三角、珠三角各城市制造业综合评价值进行排序。

（一）综合评价指标体系构建

1. 城市群制造业综合评价指标体系构建原则

城市群制造业综合评价指标体系的构建遵循了以下 4 个原则。

一是系统性原则。本报告在筛选指标时，充分考虑市场和政府两方面，根据党的二十大报告等文件精神，以及长三角、珠三角与京津冀“十四五”制造业高质量发展战略等，再结合要素市场供给状况，对比长三角、珠三角与京津冀制造业发展状况。

二是科学性原则。科学性原则要求城市群制造业综合评价指标体系中的指标必须有效反映制造业的发展状况，并且在名称、含义、内容、计算范围、计量单位和计算方法等方面必须科学明确，没有歧义。

三是可操作性原则。可操作性原则主要反映在两个方面：一是指标设置少而精，抓住集中反映制造业发展状况的关键指标；二是在指标设置过程中，当统计标准或者口径不同导致某指标数据无法获取时，用其他近似指标替代。

四是可比性原则。可比性原则有两个含义：一是指标应在不同的时间或空间范围上具有可比性；二是在不同城市间进行比较时，指标在口径、范围等方面具有可比性。

2. 城市群制造业综合评价指标体系

基于构建原则，城市群制造业综合评价指标体系包含产业规模、产业结构、产业增速和产业动力4个维度，从中国知网、龙信企业大数据平台等数据库和历年《中国城市统计年鉴》中筛选相关指标。以制造业从业人员占年末单位从业人员比重、制造业在营企业数反映产业规模，以高技术制造业在营企业数反映产业结构，以制造业在营企业数增速反映产业增速，以平均每家制造业企业拥有的授权发明专利数反映产业动力（见表6）。

表6　城市群制造业综合评价指标体系

维度	指标	单位	指标来源
产业规模	制造业从业人员占年末单位从业人员比重	%	历年《中国城市统计年鉴》
	制造业在营企业数	户	龙信企业大数据平台
产业结构	高技术制造业在营企业数	户	龙信企业大数据平台
产业增速	制造业在营企业数增速	%	龙信企业大数据平台
产业动力	平均每家制造业企业拥有的授权发明专利数	件	龙信企业大数据平台

资料来源：笔者整理所得。

（二）综合评价指标体系测度方法

第一，对原始数据进行极差标准化，公式如下：

$$X_{ij} = \frac{(x_{ij} - x_{\min})}{(x_{\max} - x_{\min})} \tag{1}$$

$$X_{ij} = \frac{(x_{\max} - x_{ij})}{(x_{\max} - x_{\min})} \tag{2}$$

公式（1）（2）分别为正向指标和负向指标的标准化公式。x_{ij}是第 i 个

地区的第 j 个指标的实际值（ $i=1$ ，2，…，n； $j=1$ ，2，…，m）， X_{ij} 为原始数据标准化后的标准值， $x_{\max}$ 为最大实际值， $x_{\min}$ 为最小实际值。

第二，对经过极差标准化后的指标进行比重变换，公式如下：

$$S_{ij} = \frac{X_{ij}}{\sum\limits_{i=1}^{n} X_{ij}} \qquad (3)$$

第三，计算指标的熵值，公式如下：

$$h_j = -k \sum\limits_{i=1}^{n} S_{ij} \ln S_{ij} \qquad (4)$$

$$k = 1/\ln(n) \qquad (5)$$

第四，计算信息熵冗余度，公式如下：

$$\alpha_j = 1 - h_j \qquad (6)$$

第五，计算指标的权重，公式如下：

$$w_j = \frac{\alpha_j}{\sum\limits_{j=1}^{m} \alpha_j} \qquad (7)$$

公式（7）中， w_j 为第 j 个指标的权重。

第六，进行综合评价，公式如下：

$$P_i = \sum\limits_{j=1}^{m} w_j \times X_{ij} \qquad (8)$$

公式（8）中， P_i 为第 i 个地区的综合评价值。

（三）综合评价指数体系测度结果

对2021年长三角、珠三角及京津冀各城市制造业综合评价值进行排序，有以下发现。

1. 京津冀形成以北京、天津为引领的制造业发展格局

2021年，北京制造业综合评价值为0.80，天津制造业综合评价值为

0.41，高于京津冀其他城市（见图5）。北京制造业创新水平高且高技术制造业企业多是其制造业综合评价值较高的主要原因，天津制造业拥有规模大、创新水平高及高技术制造业企业多的相对优势。

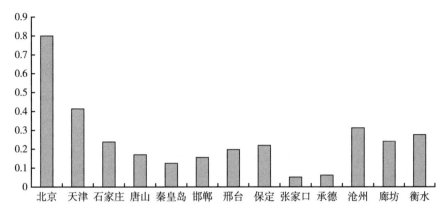

图5　2021年京津冀城市群内部制造业综合评价值

资料来源：笔者根据相关资料整理所得。

2. 长三角形成以上海、宁波、温州、苏州为引领的多中心制造业发展格局

2021年，上海、宁波、温州、苏州的制造业综合评价值分别为0.61、0.57、0.54、0.53，高于长三角其他城市（见图6）。上海、宁波、温州、苏州均在制造业产业规模上具有明显优势，此外，上海制造业创新能力较强，且拥有大量的高技术制造业企业。由此可见，长三角多中心制造业发展格局逐渐形成，有利于城市群间形成联系更为紧密的产业协作体系。

3. 珠三角形成以深圳和东莞为引领的制造业发展格局

2021年，深圳制造业综合评价值为0.78，东莞制造业综合评价值为0.55，高于珠三角其他城市（见图7）。深圳和东莞在制造业产业规模和高技术制造业方面拥有的明显优势，是两市制造业综合评价值较高的主要原因。

4. 京津冀腹地城市制造业综合评价值较低

通过对长三角、珠三角、京津冀所有城市的制造业综合评价值进行统一测算和排序发现，制造业综合评价值排名前二十的城市大多来自珠三角和长

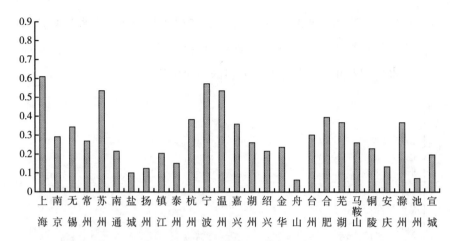

图 6　2021 年长三角城市群内部制造业综合评价值

资料来源：笔者根据相关资料整理所得。

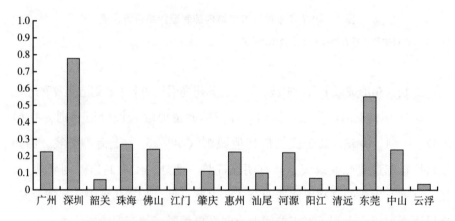

图 7　2021 年珠三角城市群内部制造业综合评价值

资料来源：笔者根据相关资料整理所得。

三角，除北京外，京津冀内其他城市均处于排名中后位置（见图 8）。北京制造业创新能力较强是其制造业综合评价值较高的主要原因，但其在产业规模、产业增速、高技术制造业规模方面具有相对劣势。深圳与东莞不仅拥有较大的制造业规模和较强的创新能力，还拥有大量的高技术制造业企业，使两市排名较高。

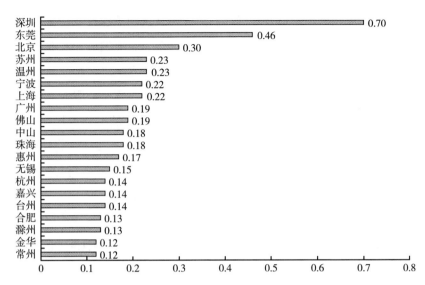

图8　2021年三大城市群制造业综合评价值排名前二十的城市

说明：该图为三大城市群所有城市统一测算的制造业综合评价值，图5~7为各城市群内部城市间对比的制造业综合评价值，因此数值不同。

资料来源：笔者根据相关资料整理所得。

四　城市群制造业协同发展特征分析

城市群制造业协同发展特征主要体现在核心城市与腹地城市制造业的互动关系上，产业转移是实现产业协同发展的重要方式，核心城市与腹地城市通过产业转移，优化制造业空间布局，提高城市群制造业发展能级。

（一）京津冀制造业协同发展特征：疏解北京非首都功能，发挥北京科技创新的辐射带动作用

1. 以河北为产业转移的重要承接地，疏解北京非首都功能

以承接北京非首都功能疏解为目的合作共建产业园区。例如，为承接北京顺义区外迁的装备制造、农产品深加工和商贸物流等产业项目，北京与邢台合作共建威县·顺义产业园。对比2013年与2021年北京制造业各行业在

营企业数发现，除医药制造业和烟草制品业，其余制造业行业在营企业数均出现不同程度的下降，其中，纺织服装、服饰业，金属制品业及非金属矿物制品业下降幅度较大，分别减少 1149 户、891 户、580 户。通过筛选这 3 个行业在营企业数上升幅度较大的 5 个城市，发现纺织服装、服饰业的主要承接地为沧州、邯郸、邢台、廊坊、衡水，金属制品业的主要承接地为邯郸、衡水、邢台、廊坊、沧州，非金属矿物制品业的主要承接地为廊坊、衡水、沧州、石家庄、承德。这进一步说明河北承接了大量北京转移过来的劳动密集型和资源密集型行业，非首都功能疏解取得一定成效。

2. 以中关村为突破点，提升北京科技创新的辐射作用

充分发挥北京中关村的创新资源优势，实现创新产出在津冀的落地转化。例如，围绕人工智能与智能制造、新能源与新材料、生物医药与医疗器械、高端装备制造等产业，北京中关村与天津合作建立京津中关村科技城，围绕智能科技、生命大健康、新能源与新材料、科技服务业等产业设立天津滨海中关村科技园。同时，北京中关村与河北省各城市陆续合作建立了保定·中关村创新中心、中关村海淀园秦皇岛分园、中关村昌平园怀来分园、中关村丰台园保定分园、中关村海淀创业园石家庄分园、雄安新区中关村科技园等。这种模式不仅让津冀更好地利用北京的创新优势促进产业转型升级，也吸引了一大批企业参与京津冀协同发展，形成保定、沧州、张家口、雄安新区、滨海新区等多个企业集聚节点。截至 2021 年底，北京中关村企业累计在京外设立分公司 4 万余家、子公司 3.39 万家；累计在津冀地区设立分支机构 9032 家①。

（二）长三角制造业协同发展特征：以科技合作为主，城市群边缘城市为上海制造业转移主要承接地

1. 安庆、金华、铜陵、滁州、宣城等一批城市群边缘城市为主要承接地

观察上海制造业各行业在营企业数发现，大量行业在缩减，其中，纺织

---

① 《北京科技创新这十年②｜先行先试　中关村示范区十年建设硕果累累》，"北京国际科技创新中心"微信公众号，2022 年 10 月 10 日，https://www.ncsti.gov.cn/kjdt/xwjj/202210/t2022 1010_99616.html。

服装、服饰业，金属制品业，橡胶和塑料制品业，电气机械和器材制造业及纺织业下降幅度较大，分别减少 3209 户、1949 户、1458 户、1417 户、822户。通过筛选这些行业在营企业数上升幅度较大的 5 个城市，发现纺织服装、服饰业的主要承接地为安庆、金华、铜陵、合肥、滁州，金属制品业的主要承接地为金华、滁州、安庆、合肥、宣城，橡胶和塑料制品业的主要承接地为安庆、金华、滁州、池州、宣城，电气机械和器材制造业的主要承接地为滁州、池州、镇江、扬州、安庆，纺织业的主要承接地为安庆、池州、滁州、芜湖、宣城。

2. 以科技合作提升制造业产业能级

2008 年，上海开始通过与周边城市共建产业园区来开展"腾笼换鸟"行动，如上海杨浦（海安）工业园、上海外高桥集团（启东）产业园等。目前，上海与周边城市的经济发展水平和制造业发展水平的差距逐渐缩小，各城市均有提升制造业产业能级的需求，因此，长三角制造业协同发展的目的倾向于技术交流与合作，联合攻克关键核心技术，提升制造业科技含量，解决制造业技术难题。在产业协同方面，一是核心城市与腹地城市产业园区共建科技创新中心，嘉兴经济技术开发区分别与苏州工业园区、上海浦东软件园、上海青浦工业园区签订战略合作协议，深化产业合作，共建一批产业创新中心；二是打造"科创飞地+产业飞地"的"双向飞地"模式，实现技术创新和产业转化的优势互补，如温州在上海嘉定区设立温州（嘉定）科技创新园，上海嘉定区在温州设立嘉定工业区温州园，实现上海嘉定区的优质科创资源与温州制造业的有效对接；三是推动形成沪苏大丰产业联动集聚区、中新苏滁高新技术产业开发区等一批省际合作载体，实现创新成果跨区域快速转化。

（三）珠三角制造业协同发展特征：以结对帮扶为主，核心城市加速扩大产业规模

1. 广州和深圳大量制造业行业依旧处于扩张阶段，疏解的产业较少

观察广州制造业各行业在营企业数发现，大量制造业行业仍在扩张，仅

黑色金属冶炼和压延加工业及铁路、船舶、航空航天和其他运输设备制造业分别缩减了85户、38户，其中黑色金属冶炼和压延加工业的主要承接地为东莞、佛山、深圳、珠海、中山，但承接的企业很少，铁路、船舶、航空航天和其他运输设备制造业的主要承接地为深圳、东莞、珠海、江门、佛山。2013～2021年，深圳制造业在营企业数显著提高，由2013年的102423户上升至153493户，增加了51070户。观察深圳制造业各行业在营企业数发现，大量制造业行业也在扩张，仅文教、工美、体育和娱乐用品制造业减少了129户。

2.结对帮扶是珠三角产业互动的重要特征

目前，珠三角的劳动密集型和资源密集型产业已经基本转移，产业互动从产业转移转向产业链升级的新阶段。为统筹规划各类开发区、实现错位发展，2020年6月，广东省发布的《广东省开发区总体发展规划（2020—2035年）》提出构建"一核一带一区"区域发展新格局，明确广州—梅州、清远，深圳—河源、汕尾，东莞—韶关，珠海—阳江，佛山—云浮，中山—潮州等8对结对帮扶城市，推动一核（珠三角开发区，包括广州、深圳、珠海、佛山、惠州、东莞、中山、江门、肇庆9市辖区内的开发区）与粤东西北加强产业合作，推动粤东西北产业转移工业园建设。深圳与河源积极探索"政府引导、优势互补、政策叠加、园区共建"的跨区域合作新模式，充分发挥两地比较优势，探索"珠三角总部+河源基地"的产业合作共建和利益分配机制，两地共建的深圳（河源）产业转移工业园在承接珠三角产业转移的同时大力引进优质企业，积极推动形成电子信息产业集群、食品饮料和水经济产业集群以及机械与模具产业集群。

五 主要结论与对策建议

（一）主要结论

城市群核心城市与腹地城市产业关联较为紧密。京津冀形成了以北京、天津为引领的制造业发展格局，长三角形成了以上海、宁波、温州、苏州为引领的多中心制造业发展格局，珠三角形成了以深圳和东莞为引领的制造业发展格局。

与珠三角和长三角相比，京津冀制造业发展存在一些显著的问题。一是核心城市制造业带动效应不强。与珠三角和长三角核心城市相比，北京和天津制造业优势不强，产业规模和高技术制造业规模较小。二是腹地城市制造业层次偏低。与珠三角和长三角腹地城市相比，京津冀腹地城市制造业产业规模较小、创新能力较低，高技术制造业发展不足，制造业综合评价值偏低。京津冀腹地城市需积极抓住北京产业疏解的契机，借助北京优质创新资源，提升产业能级和竞争力。三是京津冀三地仍须持续推进产业深度联动。京津冀有较大的原材料与资源加工制造业优势，三地产业互动以产业疏解为主。同时，京津冀国家级先进制造业集群较少，三地仍须进一步拓展在重点领域的合作广度和深度。北京虽在科技创新方面具有显著优势，但三地制造业规模不大、高技术制造业规模偏小、创新能力差距明显，使得三地产业链和创新链融合较为困难。

（二）对策建议

以共建京津冀生命健康集群为抓手，探索跨区域多领域合作共建国家级先进制造业集群的模式和机制。与长三角、珠三角相比，京津冀国家级先进制造业集群较少，三地应进一步探索合作共建。具体可从以下三方面展开。一是基于各地制造业发展的比较优势，聚焦新一代信息技术、高端装备等三地优势产业，采取"政府政策+龙头企业+融资担保+产业链中小企业"的模式，形成"链主"引领、"专精特新"配套的产业分工体系。二是激发产业园区活力，产业园区在组织产业转移的同时要加快对产业链的改造与升级，有针对性地引进国内外龙头企业，形成具有区域特色的先进制造业集群。三是抓住现代化首都都市圈建设的契机，围绕京雄城际、石雄城际、京唐城际、京滨城际等重大交通设施规划布局，充分发挥中关村国家自主创新示范区、天津滨海新区等国家级科技园区的创新资源优势，高标准规划建设先进

制造业集群载体。

进一步激发制造业创新潜力，加快推动制造业向高端化、智能化、绿色化转型升级。与长三角、珠三角相比，京津冀制造业创新能力差距显著，应进一步激发制造业创新潜力，具体可从以下四方面展开。一是推动京津冀创新资源跨区域流动共享，最大限度地发挥三地科技、产业、人才等政策的协同效应。二是释放北京科技创新应用潜力，积极搭建京津冀研发创新供给与制造业改造升级需求的对接平台。三是围绕区域战略性新兴产业的共性关键核心技术难题，设立京津冀共性关键核心技术创新基金，组建跨区域创新联合体，推动京津冀三地联合攻关。四是瞄准前沿领域，实施"揭榜挂帅""赛马制"等新型项目管理模式，以市场化的方式联动产业链上下游企业、科研机构和高校，打造具有前瞻性、战略性的世界级先进制造业集群。

推动制造业产业链与创新链的深度融合，提升津冀两地高技术制造业发展水平。北京、天津高技术制造业发展优势不明显，河北省创新能力和高技术制造业发展水平较低，推动三地产业链与创新链深度融合是推动京津冀高技术制造业稳步发展的关键。具体可从以下三方面展开：一是持续优化协同创新体制机制，破除行政壁垒和体制机制障碍，激发微观主体活力与创造力；二是细分重点产业链的各个环节，引导京津冀围绕产业链的不同环节分别发展，摆脱产业链同质化竞争困境；三是提升科技创新成果的转化效率，激发创新主体进行科技成果转化的积极性，重视科技创新服务平台的作用，鼓励建立社会化的科技成果转化机构，促进科技成果资本化、产业化。

参考文献

苏文松、方创琳：《京津冀城市群高科技园区协同发展动力机制与合作共建模式——以中关村科技园为例》，《地理科学进展》2017年第6期。

窦睿音、杨晓俊：《京津冀城市群不同类型制造业时空分异化与空间布局研究》，《生态经济》2021年第12期。

吴福象、曹璐：《生产性服务业集聚机制与耦合悖论分析——来自长三角 16 个核心城市的经验证据》，《产业经济研究》2014 年第 4 期。

石敏俊等：《基于产业链空间网络的京津冀城市群功能协同分析》，《地理研究》2022 年第 12 期。

孙铁山、席强敏：《京津冀制造业区域协同发展特征与策略》，《河北学刊》2021 年第 1 期。

B.17
国外制造业区域协同发展做法与经验

陆瑞卿　李　莤　车云龙*

摘　要： 欧美日等发达国家在建设首都经济圈、世界级发达城市群的过程
　　　　　中，依托各地区资源禀赋合理规划产业空间布局，共建统一的区
　　　　　域协同价值体系、协同治理体系、协同创新体系和协同生态体
　　　　　系，构建了地区制造业多元化分工、功能互补联动、产业错位发
　　　　　展、经济均衡发展的良好格局，有效缓解了综合性首都资源和功
　　　　　能高度集中带来的诸多社会经济问题，辐射带动经济圈和城市群
　　　　　共同发展。国外制造业区域协同发展的进程普遍与社会法治化约
　　　　　束、政府政策扶持、传统产业转型升级、先进制造业集群集聚、
　　　　　区域产学研协同创新等存在密切联系，其有益经验为京津冀制造
　　　　　业区域协同发展提供了借鉴。

关键词： 国外制造业　协同发展　京津冀

在当今经济全球化与区域经济一体化的发展背景下，以中心城市为核心
形成的首都经济圈、世界级发达城市群已经成为全球经济最活跃、推进地区
参与国际竞争以及区际分工的重要载体。经济发达的城市群空间布局普遍存
在单核集聚、次核扩展、近郊推进、边缘扩散等阶段，基本都经历了从中心
城市资源虹吸到区域经济协同发展的演变过程。国外制造业区域协同发展的

---
* 陆瑞卿，河北省工业和信息化发展研究院正高级工程师，研究方向为数字经济建设；李莤，
河北省工业和信息化发展研究院工程师，研究方向为制造业高质量发展；车云龙，河北工业
大学工学硕士研究生，研究方向为智能制造。

成功经验，将为明确京津冀的城市功能定位、产业分工，构建空间发展格局及显著提升京津冀制造业国际竞争力提供有益借鉴。

一　国外典型区域制造业协同发展的经验做法

国外典型经济圈一般涵盖两个以上的中心城市及不同规模的中小城市群，共同构成复合型中心城市空间布局，而京津冀这种涉及首都和特定地区的经济圈存在公共资源配置落差、人力资源虹吸等问题，其制造业协同发展呈现出复合型首都经济圈的显著结构特征。按照中心城市功能、数量的不同，复合型首都经济圈空间布局主要分为"华盛顿+纽约模式"（首都+一个金融中心城市）、"伦敦+伯明翰+利物浦+曼彻斯特模式"（首都+多个经济中心城市）、"东京+横滨模式"（首都+一个港口型经济中心城市）。随着经济圈制造业协同发展的运行机制、合作模式、产业布局等趋向成熟，经济圈空间特征及制造业协同关系普遍经历了"雏形期—成长期—成熟期"的发展历程（见表1）。

表1　经济圈空间特征及制造业协同关系

发展阶段	空间特征	制造业协同表现
雏形期	从单一核心城市向外呈放射状结构,城市群沿交通轴线布局	不同城市根据自身资源禀赋自由确定自身制造业主导产业,基本处于自发状态,未建立制造业协同关系,区域城市间同质化竞争激烈
成长期	呈现出以核心城市为中心的圈层结构,副中心城市出现并迅速成长,逐步由单一核心向多中心演变	区域内多个中心城市依托核心城市逐步开展结构和功能重组,将具有污染较严重、低附加值等特征的传统制造业逐步外迁并整合形成制造业基地,制造业总部及服务业向核心城市集聚,出现了较为松散的制造业协同关系
成熟期	呈现出多中心网络化结构,多中心演变成熟,成为重要的经济增长点,辐射带动形成了功能互补的经济网络	形成了区域内制造业分工与合作的成熟共赢模式,制造业整体向先进制造业集群转变,区域内行业协会、学会等机构联盟发挥着制造业规划发展的智库主导作用,在网络型高速路网辅助下合力形成强大的区域制造业竞争力

资料来源：根据参考文献［3］、［4］、［10］编制而成。

（一）美国纽约大都会区

美国纽约大都会区位于美国东北部，包括纽约、费城、华盛顿、波士顿和巴尔的摩等5个大城市以及几十个中小城市，拥有1200多万人，面积达1.74万平方公里。2021年美国经济分析局数据显示，全美31个都市区GDP合计近8万亿美元，大都会区GDP达到1.4万亿美元，高居全美都市区之首。大都会区周边的哈佛大学、麻省理工学院和波士顿大学等常春藤学校为其创新发展提供了重要支撑，大都会区被誉为"美国东海岸硅谷"。大都会区建立了以高端装备制造、清洁能源、新一代电子信息技术等先进制造业为主体的现代工业体系。

1. 区域规划与制造业布局

美国纽约大都会区的区域规划由非营利性区域组织纽约区域规划协会承担，该协会先后于1929年、1968年、1996年、2017年开展了4次全域规划，尤其是在1996年第3次规划中明确了大都会区在经济全球化进程中提升地区综合竞争力的核心理念，以及积极推动多核心、再中心化发展的战略。

4次全域规划提出，纽约在整个大都会区中处于地理和地位的双核心位置，依托华尔街国际金融界的"神经中枢"，为其他城市提供不竭动力，其他城市依据自身资源禀赋进行错位发展。华盛顿依托政治中心地位，加快朝信息服务业、国际商务和休闲旅游等方向拓展；费城由重工业逐步发展为以高端制造业和清洁能源为主的高技术产业，可再生电力、地热系统、氢燃料等新兴产业得到了快速发展；波士顿由以纺织品和皮革制品为主的传统制造业向高科技产业、金融和商业服务业等新型产业转型；巴尔的摩由发展传统冶炼、服装工业转型为发展机械制造业、商贸等产业。整个大都会区的经济发展在纽约金融中心的辐射带动下实现了快速转型升级（见表2）。

表2　纽约大都会区五大中心城市规划定位

中心城市	产业布局	区域内核心职能
纽约	金融、商贸、生产性服务业	金融中心、商贸中心
华盛顿	信息服务业、国际商务、休闲旅游	政治中心
费城	高端制造业、清洁能源	制造业中心和交通枢纽
巴尔的摩	机械制造业、商贸	制造业和进出口贸易中心
波士顿	高科技产业、金融和商务服务业	科技中心

资料来源：根据参考文献［3］以及第4次纽约大都会区规划编制而成。

2.制造业协同发展成效

美国纽约大都会区制定的规划和形成的产业布局，对当地产业结构优化产生了重要作用，大都会区形成了以纽约为金融中心、以其他中心城市为功能中心的多核心城市群体系。五大中心城市依托各自的科技、资本和产业优势，借助市场主体的自发调节，加快了制造业生产要素在大都会区内的自由流动，区域内产业协同效应显著增强。

纽约为大都会区制造业协同发展提供了高质量的金融服务，同时逐步发展商务服务、人力资源培训和先进制造业等。纽约坚持制造业与科技高度融合，形成了智慧城市应用、机器人产业等一批高端制造业，最典型的是3D打印技术在珠宝加工等传统制造业及医疗器械等高端定制化领域得到了广泛应用，纽约在全球3D打印之都中位居第一。布鲁克林区在整个纽约市的信息技术产业中占比最高，2018年其科技初创企业增长率达356%，软件、媒体娱乐、互联网服务成为其发展规模较大的产业。

波士顿为大都会区制造业协同发展提供了高端人才和技术供应。依托麻省理工学院等智库资源，以及坎布里奇大学城和滨海创新城区等创新资源，凭借128公路高技术产业区对数以千计的研发机构和生产企业形成的集聚效应，波士顿实现了由传统制造业向新兴产业的快速转型，形成了世界知名的电子工业中心。例如，波士顿动力公司（Boston Dynamics）目前已实现感知、导航、智能功能以及仿真软件在高性能机器人上的完美结合，发展成为移动机器人制造的全球领导者。

华盛顿借助首都政治、商务、旅游等资源优势,大力发展高科技产业,形成了较为集中的科技和信息技术中心。依托临近美国联邦通信委员会、美国国立卫生研究院、美国食品和药物管理局等政府管理机构的区位优势,华盛顿在信息产业领域重点发展信息核心技术研发、信息系统集成与设计、空间科技创新应用等高新技术产业。在生物科技领域,华盛顿涌现了各类生物技术孵化器、生物医药创业公司和一批生物科技龙头企业,如赛莱拉基因组公司、人类基因组科学公司等,在人类基因组学研究、蛋白质组学研究方面位居国际前列。

3. 主要经验做法

一是大都会区各中心城市依据自身特色,形成了合理的产业空间布局。中心城市各具特色,产业互补性强,经济错位发展,使得区域内的产业结构呈现多元化格局,整个大都会区的产业组织模式具有明显的产业结构地域分布和区域职能分工的特征。

二是具有单一功能的协调组织机构在促进区域协同发展的过程中发挥了重要作用。大都会区将政府与非政府、行政手段与市场手段相结合,通过建立一种松散、非政府的协调组织机构实施治理。该机构重点解决和调节区域性问题、利益和冲突等,进而解决整个区域的社会经济问题。

三是产业集群空间组织形式是提升区域制造业竞争力的重要因素。大都会区内的核心区域和其他次级区域的经济关联度是决定产业结构调整和升级的关键,各城市将自身的优势产业相互叠加、紧密结合、自由迁移,逐渐发展成不同的产业集群空间组织形式,高效地推动了大都会区产业结构的调整和升级。

(二)英国伦敦都市圈

英国伦敦都市圈形成于20世纪70年代,包括伦敦、利物浦、伯明翰和曼彻斯特等多个大城市和几十个中小城市,区域总面积约为4.5万平方公里,人口约为3650万人。都市圈属于圈域型结构,在外郊区沿M4科创走廊形成了信息技术、生物医药与企业后台服务产业集聚的高科技与现代服务业带;泰晤士河口则成为以金融后台服务、航空航天和军工、先进制造研发为主的新兴产业带。其中，M4 科创走廊形成了全长 308.8 公里的科技创新带，集聚着超过 1/4 的研发活动，有"英国硅谷"之称。都市圈以金融服务业、高端制造业、文化创意产业为主，吸引了联合利华、力拓集团等 19 家世界 500 强企业总部落户伦敦，75% 的世界 500 强企业在伦敦金融城设有公司或办事处。

1. 区域规划与制造业布局

英国政府先后开展了 3 次全区域规划，1944 年规划建设"单中心四同心圆封闭式系统"；1965 年规划打破封闭式布局，通过 3 条快速交通干线向外辐射形成 3 座具有"反磁力吸引中心"作用的副中心城市，以达到都市圈区域均衡发展的目的；1997 年规划打造由内伦敦、城市劳务区和核心都市圈等构成的都市圈功能区，重点突出经济重振战略，强化都市圈与周边城市的关联性，构筑更有活力的都市结构，优化可持续发展环境。几十年来，伦敦持续推动城市经济转型并调整产业结构，逐步由工业中心向金融中心，再向集全球金融中心、欧洲创新中心于一体的新型都市圈核心区转变，目前已发展成全球创意和设计之都、数字技术研发中心和金融科技孵化中心，吸引了欧洲地区半数以上的金融科技投资，推动创意产业发展成仅次于金融服务业的伦敦第二大支柱产业。

都市圈各中心城市纷纷抓住产业转型发展契机，在原有基础上发展新兴产业或开展传统产业转型升级。伯明翰由纺织工业和以船舶、铁路机车、汽车、自行车等为主的传统单一制造业向高端制造业、高新技术产业、现代服务业等多元产业共存的产业格局转变。利物浦作为欧洲最大的贸易中心和工业中心，逐步由对外进出口贸易和船舶修造产业向航运、金融、服务业等多元产业融合发展。曼彻斯特完成了从纺织、化工等传统制造业向创意产业、媒体产业、体育产业、教育产业、生物医疗产业等知识型、创意型、休闲型多元复合的新兴产业的转型。

2. 制造业协同发展成效

伦敦为都市圈制造业协同发展提供了高质量的金融服务、技术服务和人才储备。伦敦在制造业融资领域拥有 1000 多家风险投资公司，仅在 2021 年

前 7 个月，伦敦的科技初创企业就取得了超 130 亿美元的融资，占欧洲整体的 1/5。安永报告显示，2005~2014 年，伦敦共吸引了 1000 多个跨国技术投资项目落户，位列欧洲城市之首，成为仅次于硅谷的全球第二大科技创业之都。伦敦在金融科技和教育科技领域实现了跨越式发展，培育了 2000 余家金融科技公司和欧洲最大的教育科技生态系统。

伯明翰长期处于全英主要制造业中心地位，作为英国现代冶金和机器制造工业的发源地，英国 25% 以上的出口产品在伯明翰制造，伯明翰有"英国底特律"之称。伯明翰鼓励发展商贸物流、金融服务、高端会展等第三产业，制造业逐步从以汽车制造、装备制造为主向工业管理、高端设计、研发与服务等价值链高端领域拓展。

利物浦政府通过实施"利物浦就业项目""市长投资基金""利物浦2020 发展战略"等政策措施，积极改善贸易投资环境，形成了汽车制造、生命科学、低碳技术、港口物流、商业服务、创意及多媒体等六大主导产业。2010~2016 年，利物浦高增长型企业数量增长了 56%①，宾利、捷豹路虎等知名汽车品牌年产量达 70 万辆以上；赫伯罗特、马士基等全球六大船运公司中有 5 家在利物浦设立分公司；拥有诺华制药、阿特维斯和百特药厂等众多跨国医药公司；拥有 1400 余家低碳企业，已成为英国离岸可再生能源中心之一。

曼彻斯特逐步由传统制造业向金融服务、商业服务和航空服务等第三产业发展，结合城市中心复苏工程，着力打造英国媒体城。通过提供全球领先的信息技术与媒体沟通网络以及丰富的柔性办公空间，吸引了数百家主流媒体和创意科技企业入驻。结合申办奥运会、举办英联邦运动会、推动大型基础设施建设等措施，曼彻斯特服务业在英国排名第一，创意产业在欧洲排名第二，2019 年位列全球城市 500 强榜单②第 173 名。

---

① 数据来源于中国国际贸易促进委员会驻英国代表处于 2016 年发布的"利物浦地区经贸投资总体情况"。
② 该榜单由 2019 年全球城市实验室在纽约发布。

3. 主要经验做法

一是合理的产业结构推动了都市圈成功实现经济转型。通过大力实施产业多元化战略和产业更新战略，各中心城市积极改造老工业优势产业，抓紧构建健康高端的产业生态，"退二进三"成为加快转型发展的有效途径，推动了产业的优化发展。

二是生产性服务业的崛起推动了都市圈实现经济转型。生产性服务业的发展是推动都市圈第二和第三产业融合发展的根本动力，实现了地区经济要素的规模扩大和高效运转。

三是产城融合发展推动了都市圈实现经济转型。都市圈重点围绕科技和文化领域的培育发展，加快完善了产业、生活和社会基础设施，研发应用了各类创业服务平台，为地区经济转型提供了坚实的软硬件基础。

（三）德国柏林勃兰登堡州都市圈

德国现代城市群建设在"均衡城镇化"观念的引导下，已形成 11 个互补共融的都市圈城市群。1997 年，德国规划建设柏林勃兰登堡州都市圈，区域范围包括德国首都柏林、波茨坦、勃兰登堡等中心城市以及 20 余个中小城市，面积超过 3 万平方公里，与京冀地理关系趋同。经过 20 多年的建设，都市圈内汽车制造、电子、光学仪器、制药等制造业蓬勃发展，包括西门子和通用电气等在内的头部企业长期扎根于此，同时活跃着 1800 余家高科技企业，如亚马逊、推特和微软等。2022 年 3 月，特斯拉的第 4 座超级工厂在柏林正式投产，这是德国第一个将碳中和与创造额外工业就业机会相结合的重大项目。

1. 区域规划与制造业布局

1998 年，柏林和勃兰登堡州政府按照地位平等、共享机遇、保护环境、共同提升的原则，协商组建"柏林勃兰登堡联合区域规划部"，共同发布了《柏林勃兰登堡州发展规划》《柏林及近郊地区的州联合发展规划》《柏林勃兰登堡州联合创新战略》等法规文件，共同推动能源科技、交通物流、创意与新媒体、生命科学以及光学等五大新兴产业发展，积极构建多中心区域

发展格局，提高都市圈在全球的综合竞争力。

2. 制造业协同发展成效

2019年11月，德国联邦经济和能源部发布《国家工业战略2030》最终版，鼓励加大创新力度，提升本国制造业龙头企业竞争力。欧盟统计局数据显示，欧盟全体成员国平均研发强度为2.07%，而都市圈的工业研发强度达到了4.00%，远超欧盟平均水平。

柏林市经济管理部坚持推行"未来计划"，主打创新经济，地区IT产业、创意产业和新媒体产业等新兴产业迅速壮大，逐步发展成为柏林的主导产业。柏林在光通信技术、光电子技术、微波技术等领域积累了雄厚的产业基础，大力创建光学创新集群，Adlershof发展成德国重要的光学产业基地，为AR/VR（增强现实/虚拟现实）、自动驾驶、数字健康和机器视觉等新市场奠定了新的发展基础。

勃兰登堡州与柏林在技术和应用上实现了"交叉创新"。2020年，勃兰登堡州经济部长Jrg Steinbach指出，依托勃兰登堡州丰富的可再生能源和良好的基础设施，其太阳能、风能等新能源产业在德国实现了全面领先，新能源满足了该州94%以上的电力需求，远超46%的全国平均水平。2021年，德国柏林勃兰登堡州都市圈生产的电动汽车在全国的占比达到了57%，2022年特斯拉超级工厂的入驻更加巩固了这一地位。同时，都市圈正在积极打造可再生资源供应链，澳大利亚的Altech Chemicals公司在勃兰登堡州建造了电力阳极材料生产基地，我国的宁德时代也在勃兰登堡州投资建造电池工厂，大大推动了都市圈绿色产业生态的形成。

3. 主要经验做法

一是成立专业的联合区域规划部门，协调各地的发展利益，主要任务是制定并执行联合、强制性的法定规划，使其在治理跨州界的都市圈发展问题上具有绝对权威。

二是建立多层次、非正式的区域协作治理机制，这是都市圈治理体系正常运转的重要保障。当产生涉及各地利益的观点冲突或热点问题时，可以选择空间规划部长级会议机制、"分歧台阶"解决机制，也可以依托德国工商大会和德国中小企业联合总会两大商会组织协调解决，并强化交流、凝聚共识和建立信任。

三是始终坚持地区均衡发展和共同富裕的理念，尽管德国整体城镇化率已超过90%，但"分散型集中"始终是德国人口分布的重要特点，都市圈设置了波茨坦、勃兰登堡州等4个地区中心以及两个次中心城市，通过成立共同发展基金加强对薄弱区域的资金支持，减轻了中心城市发展压力，共建协同发展格局。

（四）日本东京都市圈①

日本东京都市圈以东京市区为中心，包括东京都、神奈川县、千叶县、埼玉县，又称为"一都三县"，形成于20世纪50年代，面积约为1.34万平方公里。2020年都市圈人口达3670万人，GDP达1.6万亿美元，占全国的31.7%，都市圈已发展成国际最大的经济核心区之一。都市圈内的京滨工业区长期位居日本工业集聚区之首，服务业就业比重超过80%，都市圈整体进入了后工业化发达阶段。

1. 区域规划与制造业布局

日本东京都市圈分别于1956年、1968年、1976年、1986年、1999年、2001年6次出台《首都圈建设规划》和《首都圈大都市构想》，并颁布《首都圈整治法》，逐步由"一极单核"向"多心多核"，再向"分散型都市圈网络结构"转型，以中心三区为CBD，在东京都区布局8个功能各异的副中心城市，从而使都市圈发展成为兼具安全、舒适、高品质特征的生活区域。

都市圈在空间上形成了梯度分布、特色鲜明的功能圈层，东京都作为日本的政治、文化、经济和金融中心，产业重点向总部经济、信息经济和金融

---

① 目前，日本东京都市圈在称谓上有狭义和广义之分，狭义上指东京都及周边30公里左右的"一都三县"，广义上指东京都及周边70公里左右的"一都七县"（增加了茨城县、山梨县、群马县和栃木县）。学术上普遍以"一都三县"来指代日本东京都市圈，因此本报告中日本东京都市圈指的是狭义范围。

服务转型。埼玉县承接了行政功能，成为行政副中心（见表3）。神奈川县
承接了新兴产业、研发及人才集聚区的职能；神奈川县的横滨拥有日本最重
要的贸易港口，主要发挥都市圈的对外贸易作用；神奈川县的川崎长期作为
日本主要的重工业城市，在钢铁、石油、造船等工业领域具有显著优势。外
圈层主要分散居住压力，承接制造业、农业、旅游服务等职能。

表3　东京都市圈城市主要产业职能

城市	产业职能
东京都	国家政治、文化、经济、金融中心
神奈川县	新兴产业、研发及人才集聚区
埼玉县	行政副中心
千叶县	临空经济、现代海洋经济、物流商务集聚区

资料来源：根据参考文献［2］、［5］、［9］编制而成。

2. 制造业协同发展成效

东京都已发展成日本最大的金融、商业、经济中心，集聚了30%以
上的日本银行总部以及一大批各行业龙头企业总部，东京证券交易所规
模常年位居世界前三。东京都注重发展总部经济，世界500强企业总部
有38家，仅低于中国北京的54家，但东京都拥有的制造领域的世界500
强企业数量远高于北京。东京都城市结构分为核心区、内环和外环3个
圈层，其中核心区主要包括企业总部、研发机构和行政机构，如日本三
大汽车公司以及日立、索尼、东芝等电子巨头的总部，而大多数工厂分
布在外环。

神奈川县抢占了都市圈研发机构与先进制造业迁移的先机，不仅是全日
本科研机构数量增长最快的地区，也是先进机械、机器人等制造业集聚地，
在信息产业、现代海洋产业、新能源产业以及生物医药产业等领域居日本前
列。受日本先进制造业激励政策和科技创新政策的影响，神奈川县的京滨、
京叶工业区以汽车、精密机床、电子产品、钢铁等产业为主，成为日本经济
最发达、制造业最密集的区域，集聚了NEC、佳能、三菱重工等大量具有

技术研发实力的龙头企业和研究机构。

千叶县受益于京叶工业带的建设与东京都的产业外迁，经历了从食品制造业地带向以钢铁、石化为主的临海地区重工业集聚地带，再向先进制造业特色产业集群转型的发展过程。于2006年发布的《千叶新产业振兴战略》提出重点发展七大产业集群，包括东葛地区先进制造产业集群、成田周边地区物流产业集群、千叶地区IT电子产业集群、京叶临海地区绿色化学产业集群、上总地区生物生命科学产业集群、长生山武地区食品产业集群、安房周边地区观光交流产业集群，充分依托成田国际机场等区位优势，推动制造业从沿海向内陆逐步拓展。

3. 主要经验做法

一是强化政府引导，为加强都市圈各中心城市间的战略性协作构建了交通、环境、信息共享平台，不断完善产业一体化与行政体系。日本政府先后印发《首都圈建设法》《工厂再置促进法》等多部法规，支持都市圈规划的落实，通过实施国家项目支持、政策性银行专项贷款、财政转移支付补贴等优惠措施，促进产业转型升级。

二是在都市圈建设过程中，日本政府建立了都市圈整备局、都市圈整备委员会等具有权威性的跨区域协调机构，协调解决各类规划建设问题。例如，2014年，都市圈各县市达成共识，适当扩大税收等方面的地方权利，进一步发挥都市圈整体行政职能，实现经济领域的更大范围协作。

三是合理开展不同圈域的产业分工布局，坚持做到发挥优势、功能互补、共同发展，核心城市与非核心城市之间形成了竞合关系，资源得到有效配置，避免了都市圈同质化竞争。

四是通过区域功能配套联动发展，开展了以东京为商业核心、周边区域服务配套的主辅功能区建设，实现了不同圈域的联动发展，构建形成了既支撑东京核心，又实现差异化发展的国际大都市战略空间布局，增强了缓解城市压力、带动特色产业发展的良好效应。

二　制造业区域协同发展的关键因素

（一）协同发展需要建立统一的区域协同价值体系

现代区域经济合作的一个重要前提是具备价值包容性特征，建立互信是开展区域合作的基础，美国布鲁金斯学会城市政策项目部主任 Amy Liu 在 2016 年发布的报告《重塑经济发展：持续增长与繁荣中的市场与公民》中提出，开展区域合作需要美国地方政府用更宽广的视角和更包容的方式来对待周围地区的发展。自 2015 年以来，美国密尔沃基-7 工业区（简称 M7，由密尔沃基牵头建立的区域性经济发展组织）整合地区优势资源，建立区域性组织，在成员内部建立价值共同体模式，共享价值信息和商业机遇，共同完成某一个成员无法独立完成的委托，打破了恶性竞争的局面。

2019 年 12 月，中共中央、国务院印发《长江三角洲区域一体化发展规划纲要》，明确要求共建公平包容的社会环境，措施包括：推进社会治理共建共治共享，制定出台区域社会治理地方性法规和政府规章；推动信用服务领域供给侧结构性改革；以信用为基础开展区域合作，优化区域信用环境；建立区域合作公共信用信息共享平台，服务区域经济协同高质量发展。

（二）协同发展需要开展协同创新

产业协同创新是国际制造业协同发展的共同做法，区域间各类主体按照科技战略促协同、合作开发促协同、技术转化促协同等共同原则，共建制造业产品质量标准体系，推动制造业专业化、协同化、创新化发展。例如，德国国家科技创新合作体系建立在协同创新市场化应用、对合作体系整体创新价值贡献以及有效协同度等指标之上，从而评判一个地区协同创新的绩效和价值，这一体系的构建保证了德国在欧盟科技创新能力排名中长期位居前三。再如，为保证区域创新协同发展策略柔性推行，美国制定了同业兼并指南，该指南要求评估企业兼并对地区协同创新的影响，健全了区域创新监管机制，促进了区域创新和创新主体协同发展。

产学研协同创新为地区间实现价值增值和提升区域产业技术能力提供了重要智力支撑，已成为产业创新体系的重要组成部分。美国"斯坦福—硅谷"模式是产学研协同创新的成功典范，硅谷建立了斯坦福大学科研基地，特别设置了科研合作项目，硅谷科研人员可以进入大学继续深造，同时斯坦福大学鼓励在校师生在硅谷自主创业，促进学校技术成果在硅谷转化。日本政府近几年发布的"地区振兴"和"域学连携"（区域与大学协同发展）等政策，要求大学以"区域志向"为导向，持续致力于区域能力建设和创新发展。"德国高科技战略 2020"制定了一系列的创新研发资助计划，构建了集德国政府、大学、企业、校外公立科研机构于一体的科技协同创新体系。

科技园区已发展成集聚地区优质产业资源、实现区域经济互补合作的重要承载地。日本在从"贸易立国"向"技术立国"转型的过程中，通过打造筑波科学城开创了政府主导与市场配置紧密结合的科技工业园区建设新模式，先后出台了《筑波科学城规划基本规则》《高技术工业聚集地区开发促进法》等专项支持政策，截至 2021 年底，筑波科学城已集聚近千家科研机构，营造了良好的自主创新和国际化氛围，在生物工程、绿色环保、微电子信息、新材料创新等领域形成了强大的协同创新实力。西斯塔科学城是瑞典最大的 ICT（信息与通信技术）产业集聚地，通过政府出资，整合企业、政府、高校三方力量，由 Electrum 基金会运营，分阶段实施了技术创新动力、资金支持、创新孵化机制、社区生活空间等四大要素建设，西斯塔科学城从一个简单的电子工业园逐渐成长为世界领先的科学城，被誉为"瑞典硅谷"。截至 2021 年底，西斯塔科学城拥有科技企业 972 家、工作人员 3.2 万人，其中 1.8 万人从事 ICT 职业。ICT 领域的龙头企业如诺基亚、爱立信、甲骨文、英特尔等的研发中心的入驻使西斯塔科学城进一步成为世界级创新高地。

（三）协同发展需要培育区域先进产业集群

先进制造业集群是在一个区域里围绕先进制造领域密切联系的企业和机构合作共生的网络化产业组织形态，是制造业高质量发展的重要标志。随着工业化深入推进，集群化发展不断从低级向高级演进。2000 年以来，欧美等发达国家掀起了世界级先进制造业集群建设热潮，通过多部门组织、多渠道支持、多力量联合等途径打造了一批国际先进制造业集群。美国以先进技术和人才资源打造电子信息产业集群，德国通过工艺技术提升和国际品牌塑造打造汽车制造业集群，英国、法国和日本等国也依托本国优势制造业基础建立了十几个国际先进制造业集群。2022 年 10 月，美国发布国家先进制造业集群战略，要求把发展集群作为保持制造业领先地位的战略重点。

美国硅谷科技创新高地依托百万名科技人员和一批世界名校资源，凝聚形成了电子信息、生物医药、新材料等领域的先进产业集群，吸引了一大批世界 500 强企业总部或研发机构入驻，形成了世界最大规模的产业创新生态体系。硅谷通过与全球顶级高校和科研机构建立合作网络，在电子信息、通信、能源等领域吸引了政府和企业一半以上的风险投资，不断加强政府采购转让和公共服务支出等政策支持，确保了硅谷始终保持世界创新高地地位和创新资源吸引力。英国 M4 科创走廊依托特殊的地理位置优势，集聚了微软、华为、甲骨文等一批国际头部企业总部及研发机构，形成了伦敦以外英国最大的以软件开发、信息技术应用为主的产业集聚地。德国慕尼黑工业发展带拥有 100 多个高新技术园区，集聚了宝马、西门子等一批全球制造业头部企业，形成了德国最大规模的高端装备制造、电子信息制造等高科技创新带。首先，德国政府以信息物流形态为核心，聚焦智能生产和智能工厂，推动"工业 4.0"指引制造业智能化转型。其次，西门子、宝马等大型企业率先在企业应用最新成果，带动中小企业产业集群转型升级。最后，德国政府和行业联合建立了一套集法规、标准以及资格认证等于一体的质量管理体系，严谨的工艺流程和高水平的智能制造保证了德国始终处于制造品牌领先地位。

（四）协同发展需要建立良好的产业生态环境

共建区域协同法治化生态是区域协同发展的重要制度保证，包括对资源开发、环境保护、生态补偿等方面以法律形式做出明确规定。英国政府通过颁布《特别区域法》《工业布局法》等一系列法规，改善落后地区的经济发展环境，增强边缘地区对产业资本和劳动力的吸引力，对英国地区均衡发展产生了积极影响。日本政府通过一系列制度机制建设来促进地区协同发展和产业合作，2007年修改《学校教育法》，明确大学应将科研成果广泛地提供给社会及企业，建立了高校为区域社会发展服务的"第三职能"。德国通过颁布《改善区域经济结构共同任务法》，确定"区域经济促进区"，加大落后地区基础设施建设力度，对投资者给予财政贴息和投资补助。建立创新型金融扶持体系能够促进区域内金融业与产业协同发展、实现共赢。2009年，日本成立株式会社产业革新机构，鼓励社会力量对科技型中小企业加大投资力度，为创新型企业和项目争取了大笔资金支持。欧盟结构与投资基金对落后地区的基础设施建设、生产扩建以及环境改善等项目提供一定比例的财政投入，在推进欧洲经济一体化过程中发挥了重要的作用。

三　国外制造业区域协同发展的有益借鉴

（一）强化保障，注重发挥政府和区域组织的引领作用

纵观国外典型区域制造业协同发展历程，政府或区域性、权威性组织机构在区域协同发展过程中发挥着制度制定、创新引领、资源统筹、成果转化等突出作用。借鉴国外的创新经验，京津冀制造业协同发展需要政府深化"放管服"改革，不断完善相关法律政策，积极搭建各种公共服务平台，加大重点项目投入力度，鼓励行业机构或社会团体组织参与京津冀制造业协同发展的各个环节并发挥建设性作用。

（二）发挥优势，形成合理的制造业空间布局

各都市圈先后数次优化地区产业空间布局的经验，为京津冀制造业协同发展提供了参考。建议在 2015 年《京津冀协同发展规划纲要》制定的建设世界级城市群的目标基础上，结合京津冀各地区区位优势和资源禀赋，以法律法规的形式明确地区产业发展重心和发展规划，进一步明确主导产业的定位与布局，在此基础上强链、延链、补链、建链，围绕产业链部署创新链，围绕创新链部署资金链和政策支撑体系，有效推动京津冀制造业协同高质量发展。

（三）强基固本，推动产学研协同创新

首先，确立清晰的产学研协同创新需求导向，巩固企业在产学研协同创新活动中的市场主体、技术创新主体和成果应用主体地位，鼓励企业加大自主创新力度，实现产业化和市场化快速落地转化。其次，参考 2020 年教育部、科技部发布的《关于规范高等学校 SCI 论文相关指标使用 树立正确评价导向的若干意见》等政策文件要求，建立创新链整体价值贡献度以及有效协同度等评价指标体系，以协同创新贡献度和制造业高质量发展为导向，保证产学研协同创新的高效性和可持续性。最后，顺应产学研协同创新向多学科融合、多主体合作、多场景应用发展的趋势，建立不同层次的高效信息交流互动平台，共同打造利益风险共担的产业创新合作联盟。

（四）紧抓机遇，大力发展先进制造业集群

党的二十大做出专门部署，要求推动战略性新兴产业融合集群发展，打造具有国际竞争力的数字产业集群。2022 年 11 月，工业和信息化部宣布第三批国家先进制造业集群名单，京津冀生命健康集群成功入选；2022 年 12 月，河北省工业和信息化厅发布第一批省级先进制造业集群名单。这些都预示着先进制造业集群将进入新的重要战略机遇期。应借鉴国外先进制造业发展经验，紧紧扭住承接北京非首都功能疏解这一"牛鼻子"，依托一批省级及以上重点承接平台，以产业链创新链供应链协同为纽带，在传统制造业以及新兴

产业、高潜产业和未来产业等领域携手打造具有全球竞争力的战略性新兴产业集群和先进制造业集群，培育形成适合企业转型升级和高质量发展的良好产业生态。

参考文献

［1］薛万新：《产学研融合创新的国际借鉴及其发展对策》，《创新科技》2020 年第 7 期。

［2］付婷婷：《东京都市圈发展经验对京津冀协同发展的启示》，《中国国情国力》2018 年第 2 期。

［3］何芬：《国外首都城市群协同发展对京津冀的启示》，《中国国情国力》2017 年第 6 期。

［4］陈曦：《国内外区域协同发展模式及对京津冀区域合作的启示》，《中国城市化》2014 年第 6 期。

［5］张玉棉、尹凤宝、边楚雯：《京津冀城市分工与布局协同发展研究——基于日本首都圈的经验》，《日本问题研究》2015 年第 1 期。

［6］李娣：《欧洲西北部城市群发展经验与启示》，《全球化》2015 年第 10 期。

［7］刘辛元：《企业协同发展机制的构建与协同发展——基于"日本式经营"的启示与借鉴》，《西安文理学院学报》（社会科学版）2014 年第 2 期。

［8］方晓霞：《日本九州半导体产业集群的发展与借鉴》，《中国经贸导刊》2020 年第 6 期。

［9］田庆立：《日本首都圈建设及对京津冀协同发展的启示》，《社科纵横》2017 年第 3 期。

［10］张景秋、孟醒、齐英茜：《世界首都区域发展经验对京津冀协同发展的启示》，《北京联合大学学报》（人文社会科学版）2015 年第 4 期。

［11］王明睿、仇渊勋：《瑞士跨域协同性空间规划的实践及启示》，《中国城市林业》2021 年第 4 期。

Abstract

Accelerating the construction of a modern industrial system dominated by manufacturing is an important guarantee for promoting the high-quality coordinated development of industries in the Beijing-Tianjin-Hebei region. This book begins by analyzing the current situation of the development of the manufacturing industry in Beijing-Tianjin-Hebei region generally, and explores the main problems and key paths faced by promoting the coordinated development of the manufacturing industry in the Beijing-Tianjin-Hebei region from the perspectives of system and mechanism construction, "three chains" integration, digital development, and the construction of world-class advanced manufacturing clusters. Furthermore, selecting five key industries: information technology industry, pharmaceutical and health manufacturing industry, new energy intelligent automotive industry, steel industry, and intelligent manufacturing software industry, to analyze the current situation of its coordinated development and the main breakthrough points for the future development, thereby providing a decision-making reference for promoting the high-quality development of the manufacturing industry in the Beijing-Tianjin-Hebei region.

From 2010 to 2022, the proportion of industrial value-added in the Yangtze River Delta region consistently remained above 20%, while that of Beijing-Tianjin-Hebei region experienced a decrease in the proportion of industrial value-added from 7. 84% to 6. 25%, the proportion of manufacturing added value in the regional GDP has declined rapidly, and the lack of momentum in the primarily industrial real economy sectors has significantly weakened the economic growth dynamics in Beijing-Tianjin-Hebei region. Based on this, this book proposes the "Double 10%" bottom-line thinking, that is, the combined regional GDP of the three provinces and cities should account for no less than 10% of the national GDP, and the total industrial value-added of the three provinces and cities should also account for no less than 10% of the national industrial value-added. The structural changes in the industries of Beijing-Tianjin-Hebei exhibit a trend of convergence, with Beijing and Tianjin simultaneously experiencing the phenomenon of accelerated weakening in their real economy sectors which primarily focused on the manufacturing industry. There is a prominent phenomenon of independence and isolation within the manufacturing systems of the Beijing-Tianjin-Hebei region, and the main industrial products not only exhibit weak complementarity but also a certain degree of homogenous competition phenomenon. Since the implementation of the coordinated develop-ment strategy of the Beijing-Tianjin-Hebei region in 2014, the pillar industries in the manufacturing sectors of Beijing-Tianjin-Hebei have failed to form a reasonable division of labor in terms of industry chains and supply chains, nor have they achieved a collaborative development pattern. Instead, they have exhibited basic characteristics of isolated and competitive growth. Furthermore, Beijing's high-tech innovations achievements have failed to achieve priority transformation and industrialization in the Beijing-Tianjin-Hebei region. At present, in the process of promoting the coordinated industrial development of the three provinces and cities, the most prominent institutional and mechanistic problem is how to correctly understand and grasp the intrinsic laws governing the aggregation or dispersion effects of various industry chain supply chain links, modern finance, scientific and technological innovation, and human resources within the region.

This book posits that the core driving force for the continuous and profound advancement of the coordinated development strategy of the Beijing-Tianjin-Hebei region lies in the capital, Beijing, fully playing the role of the "leading figure", that is, assuming different leading roles of varying natures in different stages of the coordinated development of the Beijing-Tianjin-Hebei region, as well as taking the lead in the system of the collaborative development of the industrial chain, supply chain, innovation chain, talent chain, and capital chain. In the process of establishing a modern industrial system pivoted on manufacturing and promoting the high-quality coordinated development of the manufacturing industry in the

Beijing-Tianjin-Hebei region, firstly, reconsider the new architecture of Beijing's role as the "leading figure" from a strategic standpoint. Secondly, reconceptualize the three specific stages of Beijing's role as the "leading figure". The first stage, "dominant position of industrial direct competition + limited industrial spillover" (radiating within a 50-kilometer range of the southern boundary of Beijing to the industrial development zones in Hebei and Tianjin); The second stage, "dominant position of industry competition and coordination development pattern + initial industrial spillover" (radiating within a 100-kilometer range of the southern boundary of Beijing to the industrial development zones in Hebei and Tianjin); The third stage, "effective division of labor and the dominant pattern of coordinated development of the industrial chain system + organized division and cooperation system of high-end manufacturing and high-end productive service industries within the Beijing-Tianjin-Hebei region". And finally, actively harness Beijing's role as the "leading figure" in the key industrial layout.

To address the ongoing challenges of the coordinated development of the manufacturing industry in the Beijing-Tianjin-Hebei region, based on the current development state and strategic goals of the manufacturing industry in the Beijing-Tianjin-Hebei region, as well as drawing from advanced experiences in the coordinated development of manufacturing regions both domestically and internationally, this book presents the following recommendations. Firstly, Beijing should take the lead in developing world-class advanced manufacturing clusters and strategic emerging industry integration clusters that cover the entire industry and innovation chain, serving as the core approach and crucial leverage to promote the collaborative development of a modern industrial system with manufacturing at its core in the Beijing-Tianjin-Hebei region; Secondly, it is essential to accelerate the implementation of the "Beijing-Tianjin-Hebei Industrial Coordinated Development Implementation Plan", further refining and implementing the top-level planning and design for the coordinated development of the manufacturing industry in the Beijing-Tianjin-Hebei region, breaking down institutional and mechanistic barriers, coordinating the division of labor and synergistic development tasks of the industrial chain, supply chain, factor chain and innovation chain among the three provinces and cities, and completely eliminating the issues of isolation, fragmentation, homogenization, and overlap in the pillar industries of Beijing-Tianjin-Hebei, thus, harnessing the collaborative multiplication and shared development effects that embody "1 +1 +1 >3"; Finally, it is crucial to place a high emphasis on and coordinate the resolution of the issue of the continuous decline in the proportion of manufacturing value added to the regional gross domestic product in Beijing-Tianjin-Hebei, while establishing world-class advanced manufacturing clusters and strategic emerging industry integration clusters.

Keywords: Beijing-Tianjin-Hebei; Manufacturing Industry; Modern Industrial System; Coordinated Development

Contents

I General Report

Abstract：Accelerating the construction of a modern industrial system dominated by advanced manufacturing, creating world-class advanced manufacturing clusters and strategic emerging industry integration clusters, within coordinated division of labor, is the new mission for the coordinated development of the manufacturing industry in the Beijing-Tianjin-Hebei region. The region should truly achieve coordinated unity and orderly division of labor in four key elements field：the real economy, scientific and technological innovation, modern finance, and human resources. Efforts should be made to form a division of labor and cooperation system in the Beijing-Tianjin-Hebei region, primarily based on the development of modern manufacturing clusters, encompassing industrial chains, supply chains, innovation chains, capital chains, and talent chains; Accelerate the resolution of issues related to isolation, fragmentation, and homo-geneity in the manufacturing industries of Beijing-Tianjin-Hebei to varying degrees, and reverse the unfavorable trend of the continuous decline in the national share of industrial added value in the Beijing-Tianjin-Hebei region; Draw from advanced experiences nationwide, further refine and implement the manufacturing top-level design for the coordinated development of the Beijing-Tianjin-Hebei region, eliminate institutional and mechanistic barriers, and create a "1+1+1>3" synergistic multiplication and shared development effects.

Keywords: Beijing-Tianjin-Hebei; Manufacturing Industry; Industrial Clusters; Coordinated Development

II Sub-reports

B. 2 Research on the System and Mechanism of Collaborative

Development of Manufacturing Industry

in Beijing-Tianjin-Hebei

Xu Aiguo, Zhang Zhijie, Li Zhengxuan and Yao Xuemin / 022

Abstract: Since the coordinated development strategy of the Beijing-Tianjin-Hebei region, three provinces and cities anchor their respective function orientation, innovation of regional coordinated development system, constantly promote regional industrial cooperation, the revitalization of regional manufacturing: increasing proportion of high-end advanced manufacturing in Beijing, Tianjin modern industrial development is good, speed up the construction of the national industrial transformation and upgrading of the experimental area construction made significant achievements. Due to regional administrative restrictions and industry level, resources and environment differences, the coordinated development of Beijing-Tianjin-Hebei manufacturing still exist institutional barriers, this chapter through the Beijing-Tianjin-Hebei manufacturing-synergy mechanism and the collaborative development of manufacturing effective research, to promote the revitalization of Beijing-Tianjin-Hebei manufacturing institutional barriers, targeted to continue to improve the top architecture, establish regional manufacturing industry chain cooperation, play to the role of market and enterprise main body active such as the revitalization of Beijing-Tianjin-Hebei manufacturing policy advice.

Keywords: Beijing-Tianjin-Hebei; Manufacturing; Industrial Synergy

京津冀蓝皮书

B . 3　Research on the Characteristics of Location Quotient and the

　　Path of Cooperative Development on Beijing-Tianjin-Hebei

　　Manufacturing Industry　　　*Tian Xuebin*，*Hong Shuai* / 035

Abstract：The coordinated development of Beijing-Tianjin-Hebei is the key force to optimize the layout of national regional development and build the growth pole of national economic. As an important part of the real economy of China, the manufacturing industry of Beijing-Tianjin-Hebei plays an important role in accelerating the regional coordinated development. This report takes the Beijing-Tianjin-Hebei manufacturing industry in 2014－2021 as the research object, and the main business income, number of enterprise units, and current assets are respectively substituted into the location quotient calculation formula. The results indicate that the current basic situation of manufacturing development in Beijing-Tianjin-Hebei is that the growth advantage of the manufacturing industry in the Beijing region is greater than that of the two regions. A large number of manufacturing enterprises have successively withdrawn from Beijing and gradually transferred to the two regions. Tianjin and Hebei, which have small overlap and high complementary in manufacturing advantage industries, provide practical space for the transfer of Beijing's manufacturing industry. From the results of coupling coordination, it can be seen that there is a challenge where the coupling coordination degree of manufacturing advantageous industries between any two regions is not high. Based on this, countermeasures and suggestions are proposed to accelerate the construction of a hierarchical cultivation and development system for the Beijing-Tianjin-Hebei manufacturing industry cluster, fill the gaps in the supply chain connection of the manufacturing industry chain, promote the transformation and upgrading of traditional manufacturing industry technology, innovate the collaborative construction of manufacturing industry cooperation and cross regional transfer of technological achievements.

Keywords：Beijing-Tianjin-Hebei Manufacturing；Location Quotient；Coupling Coordination；Coordinated Development

B.4 Challenges and Countermeasures for the Integrated Development
of the Three Manufacturing Chains in Beijing-Tianjin-Hebei

Yu Haibo, Zhang Xinyuan, Chen Xuan and Yu Hongli / 056

Abstract: By combing the research on the integration of industrial chain, supply chain and innovation chain, this report deeply analyzes the research significance, current situation and development goals, development problems, integration mode and countermeasures of the "three-chain" integration of the industrial chain and innovation chain of Beijing, Tianjin and Hebei. Firstly, it introduces the relevant research of "triple chain" and "triple chain" fusion and analyzes the research significance of "triple chain" fusion. Secondly, it analyzes the current situation and development goals of the integration of the manufacturing industry chain, supply chain and innovation chain in the Beijing-Tianjin-Hebei region. The research and development investment in the Beijing-Tianjin-Hebei region is gradually increasing, the collaborative innovation index is growing rapidly, and the development potential is huge. However, the innovation capability gap between the three regions is large, and the overall structure is unbalanced. At present, the conversion rate of scientific and technological achievements in the integration of manufacturing industry chain, supply chain and innovation chain in Beijing-Tianjin-Hebei is low; The "three chains" of manufacturing in Beijing, Tianjin and Hebei do not match; The industrial structure is uncompetitive and other challenges. Third, the report proposes the integration model of Beijing-Tianjin-Hebei manufacturing industry chain, supply chain and innovation chain, including the integration model of government incentive research institution design and R&D innovation and innovation achievement transformation, and the innovation integration model of government introduction of innovative "chain master" enterprises, and explains how the integration of Beijing-Tianjin-Hebei "three chains" is realized through case analysis. Fourthly, six countermeasures are proposed, such as increasing policy support for the design and research of innovative products in the manufacturing industry of the three places, building a platform for

industry-university-research cooperation and industrial innovation in the three places, introducing innovative "chain master" enterprises, strengthening collaborative innovation around key areas and key links, improving the capital chain required for the operation of the industrial chain and supply chain, and establishing and improving the "three chain" integration and fair benefit distribution mechanism.

Keywords: Beijing-Tianjin-Hebei Manufacturing; Industrial Chain; Supply Chain; Innovation Chain; Integration Model

B. 5 Current Status of Digital Development in the Manufacturing Industry in the Beijing-Tianjin-Hebei Region and Collaborative Advancement Path

Du Chuanzhong, Hao Yuan, Li Zhiqiao, Li Haowei

and Zhao Yanwen / 077

Abstract: The collaborative development of the Beijing-Tianjin-Hebei region as a whole involves adjusting and optimizing urban layout and spatial structure, building a modern transportation network system, expanding environ-mental capacity and ecological space, promoting industrial upgrading and transfer, advancing the co-construction and sharing of public services, and accelerating market integration. These tasks constitute the core objectives of the collaborative development in the Beijing-Tianjin-Hebei region. A comprehensive analysis is conducted to study the development mechanisms, capabilities, and innovation gaps in the manufacturing industry across the different regions of the Beijing-Tianjin-Hebei area. A digital development path for the manufacturing industry is designed, encompassing six aspects: strengthening top-level planning, leveraging regional advantages, coordinating and linking various stakeholders, breaking down data barriers, enhancing cooperation and co-construction, and establishing colla-borative mechanisms. These efforts aim to promote the digital transformation of the manufacturing industry in the Beijing-Tianjin-Hebei region. Furthermore, a robust collaborative advancement guarantee system is established to comprehensively develop a modernized and new capital region, fostering a collaborative development pattern characterized by aligned goals, integrated measures, complementary advantages, and mutual benefits in the Beijing-Tianjin-Hebei region.

Keywords: Beijing-Tianjin-Hebei; Digital Development; Collaboration Development

B.6　Feasibility Analysis of Building up a World-class Advanced Manufacturing Cluster in the Region of Beijing-Tianjin-Hebei

Liu Yong, Yang Huipeng / 094

Abstract: Developing advanced manufacturing industry is an important strategic layout for enhancing comprehensive national strength and building a powerful nations in the world. At present, the development scale and speed of advanced manufacturing industry in Beijing Tianjin Hebei are constantly increasing, their technological progressiveness and innovation ability are on the rise, the industrial chain and supply chain are more resilient, and the innovation ecosystem is more coordinated and smooth. However, there are problems in the Beijing Tianjin Hebei region, such as the fracture of industrial structure, the gap between the innovation vitality and ability of market entities, shortage of industrial innovation ecology and supporting capacity, lack of industrial benefit sharing mechanism. This article believes that in order to build a world advanced manufacturing cluster in Beijing Tianjin Hebei, it is necessary to establish an open innovation cooperation mechanism with the characteristics of the capital metropolitan area, and empower the development of advanced manufacturing industry with the gathering of high-end factors; We need to be guided by high-end, intelligent, and green development, and focus on enhancing the global influence of advanced manufacturing clusters; We should promote the strengthening of the manufacturing industry's supply chain, strengthen resource, technology, and equipment support,

and accelerate the cultivation of new driving forces for the development of advanced manufacturing industries; We want to cultivate a vibrant industrial innovation ecosystem, promote the transfer and transformation of scientific and technological achievements, and promote the leapfrog development of the technology service industry; We must break down administrative barriers and establish a joint construction mechanism for advanced manufacturing clusters across administrative regions.

Keywords: Beijing-Tianjin-Hebei; Advanced Manufacturing Cluster; Industry Chain

Ⅲ   Industrial Reports

B.7   Research on Coordinated Development of Information
Technology Industry in Beijing-Tianjin-Hebei

Xu Shuo, *Li Xinyao* / 112

Abstract: As a leading, strategic and basic industry, the information technology industry plays a vital role in promoting the high-quality development of the national economy. In the context of digital economy, it is of great practical significance to promote the coordinated development of information technology industry in Beijing, Tianjin and Hebei for economic development of three provinces. This chapter collects and organized relevant data on information technology industry in Beijing, Tianjin, and Hebei from 2011 to 2020. The current situation of information technology industry in Beijing, Tianjin, and Hebei is sorted out from temporal and spatial perspectives. Then, the industrial symbiosis model is utilized to analyze the symbiosis patterns of information technology industry in Beijing, Tianjin, and Hebei, and the coupling coordination degree model to explore the degree of coordination of information technology industry in Beijing, Tianjin, and Hebei. The following conclusions can be drawn from experimental results. (1) The information technology industry occupies a high proportion of the industries in Beijing and Tianjin, but is a marginal industry in Hebei province. (2) Within ten years, the degree of synergy of information technology industry in the Beijing-Tianjin-Hebei region has gradually improved. In more detail, Beijing has increased from intermediate level to good level in term of the degree of synergy of information technology industry, Tianjin fluctuates between reluctant level and primary level, and Hebei province from insufficient level to reluctant level.

Keywords: Beijing-Tianjin-Hebei; Information Technology Industry; Industrial Synergy; Industrial Symbiosis; Coupling Coordination Degree

B.8 Coordinated Development of Beijing-Tianjin-Hebei Pharmaceutical and Health Manufacturing Industry

Yu Hongli, Li Quanlin / 144

Abstract: As a new growth point of China's national economy, the pharmaceutical and health industry plays an increasingly important role in the process of Beijing-Tianjin-Hebei coordinated development. In this chapter, the current situation of the coordinated development of Beijing-Tianjin-Hebei pharmaceutical and health industry are studied, especially the pharmaceutical manufacturing indus-try and medical instrument and equipment manufacturing industry. The short-comings in the process of the coordinated development of the three places in this field are discussed, and corresponding countermeasures and suggestions are proposed. The research results show that the pharmaceutical and health manufacturing industry of Beijing-Tianjin-Hebei has a good momentum of coordinated development. However, there are still problems such as too similar industrial structure, unreasonable resource layout, unbalanced regional development, and insufficient system innovation. It is suggested that the cooperation between the governments of the three places should be further strengthened, the division of labor among the three places should be clarified, the industrial layout should be optimized, capital investment should be increased, and talent training and interaction should be

strengthened to better promote the innovative and coordinated development of the pharmaceutical and health industry in Beijing-Tianjin-Hebei region.

Keywords: Beijing-Tianjin-Hebei Coordinated Development; Pharmaceutical Manufacturing Industry; Medical Instrument and Equipment Manufacturing Industry

B.9 Research on the Collaborative Development of New Energy Intelligent Vehicle Industry in the Beijing-Tianjin-Hebei Region

Yang Xiaochun, *Li Shuangjie*, *Fu Tao and Xie Qiwei* / 168

Abstract: Since the implementation of the coordinated development of the Beijing-Tianjin-Hebei region, the three regions have made breakthroughs in key areas such as transportation integration, ecological and environmental protection, and the relocation of non-capital functions in Beijing. Although the automobile industry in Beijing-Tianjin-Hebei region has made some development achievements, formed an industrial cluster led by BAIC Group, Great Wall Motors, and Tianjin FAW. In 2021, the production of new energy vehicles in Beijing, Tianjin, and Hebei will be approximately 113800 Vehicles. Compared with the Yangtze River Delta, Pearl River Delta and other advantageous regions, there are still weaknesses that restrict the regional industrial development, such as low level of industrial development, slow transformation and upgrading of new energy vehicles, few docking and communication platforms, and insufficient institutional and mechanism innovation. The automobile industry in Beijing, Tianjin and Hebei, and the development trend in recent years. On this basis, we calculate and compares the location business indicators of the operating income and average number of employees in Beijing、Tianjin and Hebei, then further analyze the coordinated development of the automobile industry in Beijing-Tianjin-Hebei Region and the Yangtze River Delta and Pearl River Delta, and proposed Strengthening government communication, Optimizing industrial layout, Building an industrial platform, Increasing investment attraction, Optimizing the development environment.

Keywords: Beijing-Tianjin-Hebei Coordinated Development; Automobile Industry; Location Quotient

B.10　Coordinated Development of the Steel Industry

　　in the Beijing-Tianjin-Hebei Region

Zhao Lixiang, Li Jiaojiao, Ren Haiying, Ai Xiaoqing

and Liang Yuhang / 190

Abstract: This report analyzes the macro and micro factors that affect the coordinated development of the steel industry in the Beijing-Tianjin-Hebei Region. It finds that changing the systems and mechanisms of steel enterprises, improving the steel industry chain and industrial layout, and enhancing the production technology level of the steel industry are important factors that affect the coordinated development of the steel industry in this region. In the future, the total demand for domestic steel will gradually decrease, and technological innovation in steel production will mainly focus on improving carbon efficiency. The production of high-end steel products and the development of manufacturing technologies tailored to user needs are becoming increasingly important. Therefore, it is suggested that the coordinated development of the steel industry in the Beijing-Tianjin-Hebei Region should aim to meet the demand for high-end steel products and innovate the collaborative development model. Specifically, to drive the transformation and upgrading of steel enterprises, it is recommended to utilize end product-oriented enterprises that can supplement and strengthen the steel industry chain. Additionally, it is advisable to encourage and support industry-university cooperation, as this will promote the supplementation and strengthening of the steel industry chain, and will build an ecosystem for universities and scientific research units to serve the high-quality

development of the steel industry.

Keywords: Steel Industry; Collaborative Development; Beijing-Tianjin-Hebei Region

B . 11   The Collaborative Development of the Intelligent Manufacturing Software Industries in Beijing-Tianjin-Hebei

Zhou Chi, *Zhou Wenwen* / 209

Abstract: The Beijing-Tianjin-Hebei region is one of the important manufacturing bases in China. As China's economic development enters a new era, the intelligent manufacturing software industry in the Beijing-Tianjin-Hebei region has become a new driving force for the transformation and upgrading of the manufacturing industry. Intelligent manufacturing software industry is an important part of the development of high-end manufacturing industry in the Beijing-Tianjin-Hebei region, with the continuous upgrading and further maturity of intelligent manufacturing technology, the market demand is increasing, and the market scale is constantly expanding. However, due to the improvement of market requirements for the convenience of new technologies, the development of the manufacturing industry in the Beijing-Tianjin-Hebei region is still facing severe challenges. The digital transformation of manufacturing enterprises and the optimization of regional industrial layout have become an important way to promote the development of the intelligent manufacturing software industry in the region. This chapter analyzes the current situation of Beijing-Tianjin-Hebei intelligent manufacturing software industry, discusses the situation of industrial collaboration, points out the existing problems in the collaborative development of software industry in the region including institutional obstacles, uncoordinated development, industrial distribution and other problems. Finally, from the aspects of improving the Beijing-Tianjin-Hebei intelligent manufacturing software industry collaborative development system and mechanism, promoting the coordinated development of Beijing-Tianjin-Hebei intelligent manufacturing software industry, optimizing the layout of Beijing-Tianjin-Hebei intelligent manufacturing software industry, we puts forward the countermeasures and suggestions for the collaborative development of Beijing-Tianjin-Hebei intelligent manufacturing software industry.

Keywords: Beijing-Tianjin-Hebei; Intelligent Manufacturing; Software Industry; Collaborative Development; Transformation and Upgrading

B.12 Research on the Transformation of Manufacturing Industry Towards Service-Oriented in the Beijing-Tianjin-Hebei Region

Liu Tingli, Wang Jingyi, Liu Jianing and Yun Shiji / 228

Abstract: Against the backdrop of building a new development pattern featuring the "dual circulation" with the domestic cycle as the mainstay and the mutual reinforcement of the international and domestic cycles, promoting the innovative development of service-oriented manufacturing holds significant practical significance. This research is based on the current structure of the manufacturing industry in the Beijing-Tianjin-Hebei region and analyzes the degree of service-oriented manufacturing from both the industry and enterprise perspectives, empirically examining the economic consequences of manufacturing industry service-oriented transformation. The research process primarily relies on input-output tables and utilizes MATLAB to calculate the coefficient of consumption to evaluate the degree of service-oriented transformation at the industry level. Additionally, using financial data from listed companies, regression analysis is conducted through STATA to verify the impact of the degree of service-oriented transformation at the enterprise level on investment efficiency. The research findings indicate an overall increasing trend in the degree of service-oriented manufacturing in the Beijing-Tianjin-Hebei region, while significant regional and industry disparities exist. Furthermore, the degree of manufacturing industry service-oriented transformation significantly

promotes the enhancement of enterprise investment efficiency, with digitalization playing a positive facilitating role.

Keywords: Beijing-Tianjin-Hebei; Manufacturing Industry; Service-oriented Transformation; Investment Efficiency

B.13 Collaborative Development of Green Manufacturing in Beijing-Tianjin-Hebei

Dai Tiejun, Li Jiaojiao, Liu Man and Hu Huijing / 255

Abstract: Beijing-Tianjin-Hebei has gradually formed a new pattern of multi-disciplinary synergy to promote the regional manufacturing industry as a whole to achieve green upgrading, and presents better policy, location, industry, clusters, scientific research and talent advantages. However, Beijing-Tianjin-Hebei green manufacturing synergistic development, but also faced with green manufacturing structure, organization, association, mechanism of synergy problems, as well as poor convergence of industrial chain and resource environmental protection constraints. In view of this, this report proposes five Beijing-Tianjin-Hebei green manufacturing synergistic development paths, respectively, to optimize the industrial layout, to achieve the deep integration of the industrial chain and the innovation chain; to promote the complementary advantages, to build a regional green manufacturing collaborative innovation system; to promote the policy landing, and to actively carry out the demonstration of the application of intelligent manufacturing; to promote the win-win cooperation and the construction of green manufacturing platforms; and to promote the integration of the development of the accelerated process of the green manufacturing industry servicing.

Keywords: Beijing-Tianjin-Hebei; Green Manufacturing Platform; Industrial Distribution; Collaborative Innovation System; Collaborative Development

B.14 The Development of "Specialized and New" Manufacturing

Enterprise in Beijing-Tianjin-Hebei

Wang Wanqiu, Dong Yujie / 273

Abstract: This chapter will mainly focus on the support policies, certified enterprise, industry and regional distribution, innovation capacity, supply chain collaboration and innovation collaboration of the "specialized and new" manufacturing enterprises in the Beijing-Tianjin-Hebei region. In general, the development have shown powerful and flourishing trend. The horizontal comparison shows that: the number of "specialized and new" manufacturing enterprises in Hebei is significantly more than that in Beijing and Tianjin; In terms of innovation quality, the "specialized and new" enterprises in Tianjin and Beijing are more prominent; In addition, the three regions have misplaced distribution and agglomeration effect in the advantageous industries. This report proposes to create a new pattern of innovation-driven economic development in the three regions from five aspects: giving full play to policy effectiveness, optimizing innovation cooperation mechanisms, promoting various forms of connectivity, deepening cross-regional industrial cooperation, and promoting the integration of high-quality resources.

Keywords: "Specialized and New" Enterprises; Beijing-Tianjin-Hebei; Manufacturing Industry; Collaborative Development

IV　Reference Reports

B.15 Enlightenment Analysis of Manufacturing Supply Chain

Integration in Yangtze River Delta

Tian Xuebin, Chen Yidan / 301

Abstract: Since the reform and opening up more than 30 years ago, the Yangtze River Delta region has gradually developed into the most important

manufacturing base in China and the most influential scientific and technological innovation highland in the world. The integration of manufacturing supply chain in this region has experienced four stages: comprehensive start-up, continuous expansion, enhancement and high quality integration. Institutional innovation, transportation connectivity, aggregation of Internet platforms, and integration of next-generation information technologies are considered key factors of manufacturing supply chain integration in Yangtze River Delta. Building world-class industrial clusters and digital and intelligent transformation are the future development trend of manufacturing industry in the Yangtze River Delta. To promote integrated development of regional manufacturing supply chains, it is necessary to realize the role of driving function of leading enterprise, foster industrial clusters Jointly, build a modern and comprehensive transportation system and technology empowers supply chains stronger, completer and solider.

Keywords: Yangtze River Delta; Manufacturing Industry; Supply Chains; Integration

B . 16   A Comparative Study of Manufacturing Development in Yangtze River Delta, Pearl River Delta and Beijing-Tianjin-Hebei

Zhu Heliang, Liang Xinruo and Ye Tanglin / 320

Abstract: The manufacturing industry is the foundation of the real economy, an important basis for measuring a country's economic strength, and an important support for urban agglomerations to enhance international competitiveness. This report compares the development status of the manufacturing industry from five dimensions: industrial scale, industrial growth rate, industrial innovation, industrial structure and industrial cluster. By constructing a comprehensive evaluation index system of manufacturing industry, the comprehensive development status of manufacturing industry in each city of urban agglomeration is compared. Based on the interaction of manufacturing industry between core cities and hinterland cities, the collaborative development characteristics of manufacturing industry in the three major urban agglomerations are summarized. The research finds that the industrial scale of Beijing-Tianjin-Hebei manufacturing industry is relatively small, the driving effect of the manufacturing industry in the core city is not strong, the manufacturing level in the hinterland city is low, and the industrial linkage still needs to be further promoted. On this basis, it is proposed that the model and mechanism of cross-regional and multi-field cooperation to build national manu-facturing cluster should be explored by jointly building the Beijing-Tianjin-Hebei life and health cluster; To further stimulate the innovation potential of the manufacturing industry, and accelerate the transformation and upgrading of the manufacturing industry to high-end, intelligent and green development; Promote the deep integration of the manufacturing industry chain and the innovation chain, and improve the development level of high-tech manufacturing in Tianjin and Hebei.

Keywords: Beijing-Tianjin-Hebei; Urban Agglomeration; Manufacturing Industry

B.17 Practice and Experience of Foreign Manufacturing Regional Coordinated Development

Lu Ruiqing, Li Ran and Che Yunlong / 342

Abstract: In the process of building Europe, America, Japan and other developed countries in the capital economic circle and world-class developed city clusters, Reasonable planning of industrial spatial layout based on the resource endowment of each region, to build a unified regional collaborative value system, collaborative governance system, collaborative innovation system and collaborative ecological system, Realize the regional manufacturing industry diversified division of labor, functional complementary linkage, industrial dislocation development, balanced economic development of a good pattern, Effectively alleviated many

social and economic problems caused by the high concentration of resources and functions in the comprehensive capital city, Radiation drives the common development of the overall economic circle and urban agglomeration. The process of regional coordinated development of foreign manufacturing industry is generally closely related to the social legal constraints, government policy support, transformation and upgrading of traditional industries, advanced manufacturing cluster agglomeration, and collaborative innovation of regional industry-university-research and research. Its beneficial experience provides credible reference for the regional coordinated development of manufacturing industry in Beijing-Tianjin-Hebei region.

Keywords: Foreign Manufacturing; Coordinated Development; Beijing-Tianjin-Hebei

社会科学文献出版社

皮 书

智库成果出版与传播平台

❖ 皮书定义 ❖

皮书是对中国与世界发展状况和热点问题进行年度监测，以专业的角度、专家的视野和实证研究方法，针对某一领域或区域现状与发展态势展开分析和预测，具备前沿性、原创性、实证性、连续性、时效性等特点的公开出版物，由一系列权威研究报告组成。

❖ 皮书作者 ❖

皮书系列报告作者以国内外一流研究机构、知名高校等重点智库的研究人员为主，多为相关领域一流专家学者，他们的观点代表了当下学界对中国与世界的现实和未来最高水平的解读与分析。截至 2022 年底，皮书研创机构逾千家，报告作者累计超过 10 万人。

❖ 皮书荣誉 ❖

皮书作为中国社会科学院基础理论研究与应用对策研究融合发展的代表性成果，不仅是哲学社会科学工作者服务中国特色社会主义现代化建设的重要成果，更是助力中国特色新型智库建设、构建中国特色哲学社会科学"三大体系"的重要平台。皮书系列先后被列入"十二五""十三五""十四五"时期国家重点出版物出版专项规划项目；2013~2023 年，重点皮书列入中国社会科学院国家哲学社会科学创新工程项目。

皮书网

（网址：www.pishu.cn）

发布皮书研创资讯，传播皮书精彩内容
引领皮书出版潮流，打造皮书服务平台

栏目设置

◆关于皮书

何谓皮书、皮书分类、皮书大事记、
皮书荣誉、皮书出版第一人、皮书编辑部

◆最新资讯

通知公告、新闻动态、媒体聚焦、
网站专题、视频直播、下载专区

◆皮书研创

皮书规范、皮书选题、皮书出版、
皮书研究、研创团队

◆皮书评奖评价

指标体系、皮书评价、皮书评奖

◆皮书研究院理事会

理事会章程、理事单位、个人理事、高级
研究员、理事会秘书处、入会指南

所获荣誉

◆2008年、2011年、2014年，皮书网均
在全国新闻出版业网站荣誉评选中获得
"最具商业价值网站"称号；
◆2012年，获得"出版业网站百强"称号。

网库合一

2014年，皮书网与皮书数据库端口合
一，实现资源共享，搭建智库成果融合创
新平台。

皮书网

"皮书说"
微信公众号

皮书微博

权威报告·连续出版·独家资源

皮书数据库
ANNUAL REPORT(YEARBOOK)
DATABASE

分析解读当下中国发展变迁的高端智库平台

所获荣誉

- 2020年，入选全国新闻出版深度融合发展创新案例
- 2019年，入选国家新闻出版署数字出版精品遴选推荐计划
- 2016年，入选"十三五"国家重点电子出版物出版规划骨干工程
- 2013年，荣获"中国出版政府奖·网络出版物奖"提名奖
- 连续多年荣获中国数字出版博览会"数字出版·优秀品牌"奖

皮书数据库　　　"社科数托邦"
　　　　　　　　微信公众号

成为用户

　　登录网址www.pishu.com.cn访问皮书数据库网站或下载皮书数据库APP，通过手机号码验证或邮箱验证即可成为皮书数据库用户。

用户福利

- 已注册用户购书后可免费获赠100元皮书数据库充值卡。刮开充值卡涂层获取充值密码，登录并进入"会员中心"—"在线充值"—"充值卡充值"，充值成功即可购买和查看数据库内容。
- 用户福利最终解释权归社会科学文献出版社所有。

数据库服务热线：400-008-6695
数据库服务QQ：2475522410
数据库服务邮箱：database@ssap.cn
图书销售热线：010-59367070/7028
图书服务QQ：1265056568
图书服务邮箱：duzhe@ssap.cn

社会科学文献出版社 皮书系列
SOCIAL SCIENCES ACADEMIC PRESS (CHINA)

卡号：931633265331
密码：

S 基本子库
SUB DATABASE

中国社会发展数据库（下设 12 个专题子库）

紧扣人口、政治、外交、法律、教育、医疗卫生、资源环境等 12 个社会发展领域的前沿和热点，全面整合专业著作、智库报告、学术资讯、调研数据等类型资源，帮助用户追踪中国社会发展动态、研究社会发展战略与政策、了解社会热点问题、分析社会发展趋势。

中国经济发展数据库（下设 12 专题子库）

内容涵盖宏观经济、产业经济、工业经济、农业经济、财政金融、房地产经济、城市经济、商业贸易等 12 个重点经济领域，为把握经济运行态势、洞察经济发展规律、研判经济发展趋势、进行经济调控决策提供参考和依据。

中国行业发展数据库（下设 17 个专题子库）

以中国国民经济行业分类为依据，覆盖金融业、旅游业、交通运输业、能源矿产业、制造业等 100 多个行业，跟踪分析国民经济相关行业市场运行状况和政策导向，汇集行业发展前沿资讯，为投资、从业及各种经济决策提供理论支撑和实践指导。

中国区域发展数据库（下设 4 个专题子库）

对中国特定区域内的经济、社会、文化等领域现状与发展情况进行深度分析和预测，涉及省级行政区、城市群、城市、农村等不同维度，研究层级至县及县以下行政区，为学者研究地方经济社会宏观态势、经验模式、发展案例提供支撑，为地方政府决策提供参考。

中国文化传媒数据库（下设 18 个专题子库）

内容覆盖文化产业、新闻传播、电影娱乐、文学艺术、群众文化、图书情报等 18 个重点研究领域，聚焦文化传媒领域发展前沿、热点话题、行业实践，服务用户的教学科研、文化投资、企业规划等需要。

世界经济与国际关系数据库（下设 6 个专题子库）

整合世界经济、国际政治、世界文化与科技、全球性问题、国际组织与国际法、区域研究 6 大领域研究成果，对世界经济形势、国际形势进行连续性深度分析，对年度热点问题进行专题解读，为研判全球发展趋势提供事实和数据支持。

法律声明

"皮书系列"（含蓝皮书、绿皮书、黄皮书）之品牌由社会科学文献出版社最早使用并持续至今，现已被中国图书行业所熟知。"皮书系列"的相关商标已在国家商标管理部门商标局注册，包括但不限于 LOGO（▉）、皮书、Pishu、经济蓝皮书、社会蓝皮书等。"皮书系列"图书的注册商标专用权及封面设计、版式设计的著作权均为社会科学文献出版社所有。未经社会科学文献出版社书面授权许可，任何使用与"皮书系列"图书注册商标、封面设计、版式设计相同或者近似的文字、图形或其组合的行为均系侵权行为。

经作者授权，本书的专有出版权及信息网络传播权等为社会科学文献出版社享有。未经社会科学文献出版社书面授权许可，任何就本书内容的复制、发行或以数字形式进行网络传播的行为均系侵权行为。

社会科学文献出版社将通过法律途径追究上述侵权行为的法律责任，维护自身合法权益。

欢迎社会各界人士对侵犯社会科学文献出版社上述权利的侵权行为进行举报。电话：010-59367121，电子邮箱：fawubu@ssap.cn。

社会科学文献出版社